SCOTTISH GAELIC -ENGLISH/ ENGLISH- SCOTTISH GAELIC

SCOTTISH GAELIC -ENGLISH/ ENGLISH- SCOTTISH GAELIC

R.W. Renton &
J.A. MacDonald

HIPPOCRENE BOOKS, INC.
New York

Hippocrene paperback edition, 1994.
Eighth printing, 2004

Originally published by Gairm Publications, Glasgow, in
1979.

For information, address:
HIPPOCRENE BOOKS, INC.
171 Madison Avenue
New York, NY 10016

ISBN 0-7818-0316-0

Printed in the United States of America.

ROIMH—RADH Introduction

This pocket dictionary is intended for the learner of Gaelic. In a book of this size it is impossible to hope to include all of the common words and concepts of modern Gaelic, nor is it possible to give as many examples of usage as we would have liked. In the end our choice has had to be arbitrary, based on our combined experience as teacher and learner. Our aim is threefold: first, to provide an extensive list of Gaelic words whose descriptions both in the Gaelic–English and English–Gaelic sections are sufficiently detailed to enable the learner familiar with the basic grammar of the language to identify and use them immediately. Secondly, we hope that the book will go some way to bridging the huge gap between the many very useful word lists at the back of course books and Dwelly's indispensable Gaelic–English dictionary—a gap which for many learners is very time-consuming and even discouraging. Thirdly, we hope to stimulate composition and conversation by providing a reasonably large English–Gaelic section.

Experience has taught us that explicit detail is vital for learners, and so we feel justified in giving the spelling of Gaelic words in full and in duplicating the principal parts of nouns, verbs and adjectives in both sections of the dictionary. Furthermore, the many forms of the definite article ("the") have always appeared to us a serious hurdle for learners; we have, therefore, deviated from the practice of all previous dictionaries and have included it in italics with each noun in order to reinforce the rules and assist recall.

We regret that considerations of space have made it necessary to omit proper names and place names, but, since these are readily available elsewhere, we felt it preferable to sacrifice them in the interests of basic vocabulary. We have, however, included a short Appendix on irregular verbs.

Suas leis a' Ghàidhlig.

R. W. RENTON
J. A. MacDONALD
Glasgow, April, 1979

LIST OF ABBREVIATIONS

Please read the following abbreviations and notes before using the dictionary

+	followed by	infin.	infinitive
abbr.	abbreviation	interr.	interrogative
acc.	accusative	intrans.	intransitive
adj.	adjective	irr.	irregular
adv.	adverb	lit.	literally
alt.	alternative	m.	masculine noun
App.	Appendix	n.	noun
art.	article	neg.	negative
asp.	aspiration of follow-	nom.	nominative case
	ing word	pl.	plural
coll.	collective noun	p.p.	past participle
comp.	comparative	prep.	preposition
cond.t.	conditional tense	pres.t.	present tense
conj.	conjunction	pron.	pronoun
contr.	contraction	p.t.	past tense
dat.	dative case	rel.	relative
dep.	dependent	sing.	singular
f.	feminine noun	sp.	spelling
fut.	future tense	trans.	transitive
gen.	genitive case	v.	verb
imp.	imperative	voc.	vocative case
indep.	independent		

NOTES

PARTS OF SPEECH The part of speech of each entry in the dictionary is indicated as follows: **dean, a'deanamh (v.)** i.e. **verb; without (prep.)** i.e. preposition. Nouns, however, are identifiable by the inclusion of gender **(m)** or **(f)** after the Gaelic entry.

ASPIRATION When a Gaelic word is followed by the abbreviation **(+ asp.)**, this indicates that the following word (unless it begins with **sg, sm, sn, sp, st, l, n, r** or a **vowel**) is aspirated:

> e.g. **mu (+ asp.): mu shia uairean,** about six o'clock;
>
> **gle (+ asp.): glé mhath,** very good.

NOUNS Four forms of each noun along with its gender are usually given:

> e.g. **balach (nom. sing.)** boy, a boy: *am* **balach (nom. sing.)** the boy, *a'* **bhalaich (gen. sing.)** of the boy, *na* **balaich (nom. pl.)** the boys (m).
>
> OR e.g. **caileag (nom. sing.)** girl, a girl: *a'* **chaileag (nom. sing.)** the girl, *na* **caileige (gen. sing.)** of the girl, *na* **caileagan (nom. pl.)** the girls (f).

If any of the above forms of a word are not shown, they are not usually used in Gaelic. Other irregularities will be dealt with as they occur.

To find the **indefinite** form of the genitive singular and nominative plural one simply omits the **article** (shown in italics) and the letter **h** if it is the second letter of the noun:

> e.g. *a'***bhalaich,** of the boy, becomes **balaich,** of a boy;
>
> *na h –* **uinneige,** of the window, becomes **uinneige,** of a window;
>
> *na* **caileagan** the girls becomes **caileagan** girls.

VERBS Two forms of the verb are given:

(1) the second person singular imperative.

(2) the preposition **a'** or **ag** (at) followed by the verbal noun:

> e.g. **ceannaich** buy!, **a'ceannach** buying (Lit. at buying).
>
> **òl** drink!, **ag òl** drinking. (Lit. at drinking).

We make reference in the text to the independent and dependent forms of the verb. The independent form refers to the simple, positive form of the verb:

e.g. **tha (mi)** I am;
bha (mi) I was;
cheannaich (mi) I bought;
òlaidh (mi) I shall drink.

The dependent form means the form of the verb which follows the particles **an (am)**, **cha**, **gun**, and **nach**:

e.g. **am bheil (mi)**? am (I)?;
cha robh (mi) (I) was not;
gun do cheannaich (mi) that (I) bought;
nach òl (mi) that (I) will not drink.

ADJECTIVES Two forms of the adjective are usually given:

(1) the simple positive form.

(2) the comparative form preceded by the particle *nas*. When the comparative form is not shown it is usually not used. The particle *nas* is included because it is usually used with the comparative form:

e.g. **Tha Iain nas motha na Seumas** John is bigger than James.

PREPOSITIONS

(1) when a preposition is followed by the simple nominative/accusative form of a noun no case is indicated:

e.g. **eadar, seach.**

When, however, a preposition is followed by the genitive or dative cases these will be indicated:

e.g. **airson (+ gen.)**;
air (+ dat.)

(2) some prepositions are followed by both aspiration and a genitive or dative case:

e.g. **do (+ asp + dat)**: **do chaileig** to a girl;
thar (+ asp + gen): **thar chuain** over an ocean.

(3) Gaelic idiom demands that certain verbs and adjectives be followed by a particular preposition. These are indicated in brackets after the word in question:

e.g. **tadhail, a'tadhal (air) (v.)** visit: **Thadhail mi air Mairi** I visited Mary.

freagarrach, *nas* **freagarraiche (do) (adj.)** suitable (for): **Tha an leabhar seo freagarrach do chloinn** This book is suitable for children.

GAIDHLIG-BEURLA

GAELIC–ENGLISH

A

a (+ no asp.)
  her, its (f.)
a (+ asp.)
  his, its (m.)
a (+ asp.) (prep.)
  to
    e.g. **a Bharraidh**
         to Barra
a (+ no asp.) (prep.)
  from, out of
    e.g. **a Barraidh**
         from Barra
a (rel. pron.)
  who, which, that
abair, ag radh (Irr. v. See App: **abair**)
  say
abair (grunn)!
  what a (crowd)!
ris an abrar
  which is called
abhag: *an abhag, na h-abhaige, na h-abhagan* (f.)
  terrier
abhainn: *an abhainn, na h-aibhne, na h-aibhnichean* (f.)
  river
àbhaist: *an àbhaist, na h-àbhaiste* (f.)
  custom
is àbhaist dhomh (+ v. n.)
  I am accustomed, I am usually
    e.g. **Is abhaist dhomh fuireach an seo**
         I usually stay here
       Is abhaist dhomh sin a dheanamh
         I usually do that

mar is àbhaist
  as usual
àbhaisteach *nas àbhaistiche* (adj.),
  usual
aca (See **agam**)
  at them
acair: *an t-acair, an acair, na h-acraichean* (m.)
  anchor
acarsaid: *an acarsaid, na h-acarsaid, na h-acarsaidean* (f.)
  anchorage, harbour
acfhuinn: *an acfhuinn, na h-acthuinne, na h-acfhuinnean* (f.)
  harness
ach (conj.)
  but
achadh: *an t-achadh, an achaidh, na h-achaidhean* (m.)
  field
achd: *an t-achd, an achda, na h-achdan* (m.)
  act (of law)
achlais: *an achlais, na h-achlaise, na h-achlaisean* (f.)
  arm-pit
fo m'achlais
  under my arm
acras: *an t-acras, an acrais* (m.)
  hunger
ad: *an ad, na h-aide, na h-adan* (f.)
  hat
a dh' (form of a before a vowel)
  to
a dh'aindeoin (prep.)
  despite, in spite of
adhartas: *an t-adhartas, an adhartais, na h-adhartasan* (m.)
  progress

adhlaic, ag adhlacadh (v.)
 bury

adhradh: *an t-*adhradh, *an* adhraidh,
*na h-*adhraidhean (m.)
 worship

agair, ag agairt (v.)
 claim

agam (prep. pron.
 from aig)

agam	at me
agad	at you (sing.)
aige	at him, it (m.)
aice	at her, it (f.)
againn	at us
agaibh	at you (pl.)
aca	at them

aghaidh: *an* aghaidh, *na h-*aghaidhe,
*na h-*aghaidhean (f.)
 face

an aghaidh (+ gen.) (prep.)
 against

agus (conj.)
 and

aibidil: *an* aibidil, *na h-*aibidile, *na
h-*aibidilean (f.)
 alphabet

aice (See agam)
 at her, it (f.)

aidich, ag aideachadh (v.)
 admit, confess

aig (+ dat.) (prep.)
 at

aige (See agam)
 at him, it (m.)

aigeannach, *nas* aigeannaiche (adj.)
 lively

aighearach, *nas* aighearaiche (adj.)
 gay

aigne: *an* aigne, *na h-*aigne, *na
h-*aignidhean (f.)
 spirit

àile: *an* àile, *na h-*àile (f.)
 air

àilleagan: *an t-*àilleagan, *an* àilleagain,
*na h-*àilleagain (m.)
 jewel

aimhreit: *an* aimhreit, *na h-*aimhreite,
*na h-*aimhreitean (f.)
 discord, disturbance, riot

aimsir: *an* aimsir, *na h-*aimsire (f.)
 weather

aineolach, *nas* aineolaiche (adj.)
 ignorant

aingidh, *nas* aingidhe (adj.)
 wicked, vicious

ainm: *an t-*ainm, *an* ainm, *na
h-*ainmean (m.)
 name

ainmeil, *nas* ainmeile (adj.)
 famous

ainmich, ag ainmeachadh (v.)
 name

ainneamh, *nas* ainneimhe (adj.)
 rare, unusual

ainnir: *an* ainnir, *na h-*ainnire, *na
h-*ainnirean (f.)
 maid

air (+ dat.) (prep.)
 on

air (See orm)
 on him, it (m.)

air ais
 back(wards)

airc: *an* airc, *na h-*airce (f.)
 povery, destitution

àirde: *an* àirde, *na h-*àirde, *na
h-*àirdean (f.)
 height

aire: *an* aire, *na h-*aire (f.)
 attention

àireamh: *an* àireamh, *na h-*àireimh,
*na h-*àireamhan (f.)
 number

airgead (alt. sp. of airgiod)
 money

airgiod: *an t-*airgiod, *an* airgid, (m.)
 money

airidh, *nas* airidhe (air) (adj.)
 worthy (of)

àirneis: *an* àirneis, *na h-*àirneise (f.)
 furniture

airson (+ gen.) (prep.)
 for

aisde (See asam)
 out of her, it (f.)

aiseag: *an* aiseag, *na h-*aiseige, *na
h-*aiseagan (f.)

ferry

aisling: *an* aisling, *na h-*aislinge, *na h-*aislingean (f.)
dream

àite: *an t-*àite, *an* àite, *na h-*àitean AND *na h-*àiteachan (m.)
place

àite sam bith (m.)
anywhere

àiteachd: *an* àiteachd, *na h-*àiteachd (f.)
agriculture

aithghearr, *nas* aithghearra (adj.)
1 brief, 2 abrupt

a dh'aithghearr (adv.)
soon

aithnich, ag aithneacheadh (v.)
recognise

is aithne dhomh (+ n. nom.)
I know (i.e. a person)
e.g. Is aithne dhomh a'chaileag seo
I know this girl

aithreachas: *an t-*aithreachas, *an* aithreachais (m.)
repentance

aithris: *an* aithris, *na h-*aithrise, *na h-*aithrisean (f.)
report

a reir aithris
according to report

aithris, ag aithris (v.)
tell, narrate, report

aiteamh: *an* aiteamh, *na* h-aiteimh (f)
thaw

àlainn, *nas* àlainne (adj.)
elegant, beautiful, splendid

Alba (nom.), *na h-*Alba (gen.)
Scotland

Albannach: *an t-*Albannach, *an* Albannaich, *na h-*Albannaich (m.)
Scot

Albannach, *nas* Albannaiche (adj.)
Scottish

allt: *an t-*allt, *an* uillt, *na h-*uillt (m.)
stream

am (before b, f, m, p) (adj.)
their

am: *an t-*am, *an* ama, *na h-*amannan (m.)
time (specific occasion)

bho am gu am
from time to time

amadan: *an t-*amadan, *an* amadain, *na h-*amadain (m.)
fool, idiot

amais, ag amas (v.)
aim

amhach: *an* amhach, *na h-*amhaich, *na h-*amhachan (f.)
neck

amhairc, ag amharc (air) (v.)
look (at)

amharus: *an t-*amharus, *an* amharuis, *na h-*amharuis (m.)
suspicion

amhran (alt. sp. of òran)
song

an (adj.)
their

an deidh (+ gen.) (prep.)
after

anabarrach (adv.)
exceptionally

anail: *an* anail, *na h-*analach (f.)
breath

leig anail (See leig) (v.)
rest

anart: *an t-*anart, *an* anairt, *na h-*anairt (m.)
linen (sheet)

anmoch, *nas* anmoiche (adj.)
late (at night)

(ann) an (am) + dat. (prep.)
in a
e.g. (ann) am bàta
in a boat

annam (prep. pron.)

(from ann)	
annam	in me
annad	in you (sing.)
ann	in him, it (m.)
innte	in her, it (f.)
annainn	in us
annaibh	in you (pl.)
annta	in them

annas: *an t-*annas, *an* annais, *na*

3

h-annasan (m.)
  novelty
annasach, *nas* annasaiche (adj.)
  rare, unusual
annlan: *an t*-annlan, *an* annlain, *na*
h-annlain (m)
  condiment
anns (+ article + dat)
  in (the)
    e.g. anns a' bhàta
      in the boat
an-shocair, *nas* an-shocraiche (adj.)
  uncomfortable
aobhar: *an t*-aobhar, *an* aobhair, *na*
h-aobharan (m.)
  reason
air an aobhar sin
  therefore, for that reason
aobrann: *an t*-aobrann, *an* aobrainn,
na h-aobrannan (m.)
  ankle
aodach: *an t*-aodach, *an* aodaich (m.)
  clothes, clothing
aodann: *an t*-aodann, *an* aodainn,
na h-aodainnean (m.)
  face
aoibhneas: *an t*-aoibhneas, *an*
aoibhneis, *na h*-aoibhneasan (m.)
  joy, happiness
aoidheil, *nas* aoidheile (adj.)
  cheerful, hospitable
aois: *an* aois, *na h*-aoise, *na h*-aoisean
(f.)
  age
aon (adj.)
  one, same
a *h*-aon (n.)
  one
as aonais (+ gen.) (prep.)
  without
aonar (n.)
alone
    e.g. tha mi 'nam aonar
      I am alone
aonaran: *an t*-aonaran, *an* aonarain,
na h-aonaranan (m.)
  hermit, recluse
aonaranach, *nas* aonaranaiche (adj.)

  lonely, solitary, alone
aosda, *nas* aosda (adj.)
  aged
aontaich, ag aontachadh (le) (v.)
  agree (with)
ar (adj.)
  our
ar leam (defective v.) (See leam)
  I think, I thought (Lit. me thinks)
àraich, ag àrachadh (v.)
  rear (e.g. a family)
àraidh (adv.)
  special, particular
gu *h*-araidh (adv.)
  especially
aran: *an t*-aran, *an* arain (m.)
  bread
arbhar: *an t*-arbhar, *an* arbhair (m.)
  corn
àrc: *an* àrc, *na h*-àirce, *na h*-àrcan (f.)
  cork
àrd, *nas* àirde (adj.)
  high
An Ard-Sheanadh (nom. sing.) An
Ard Sheanaidh (gen. sing.) (m.)
  The General Assembly
àrd-ùrlar: *an t*-àrd-ùrlar: *an*
àrd-ùrlair, *na h*-àrd-ùrlaran (m.)
  stage (theatre)
argumaid: *an* argumaid, *na*
h-argumaide, *na h*-argumaidean (f.)
  argument
arm: *an t*-arm, *an* airm, *na h*-airm (m.)
  army
arsa (p.t. of defective v. used only
  after direct speech)
  said
àrsaidheachd: *an t*-àrsaidheachd, *an*
àrsaidheachd (m.)
  archaeology
as (+ art.) (prep.)
  from out of (the)
    e.g. as a' bhàta
      out of the boat
asam (prep. pron.)
  from as)   out of me
asad   out of you (sing.)
as   out of him, it (m.)

4

aisde   out of her, it (f.)
asainn   out of us
asaibh   out of you (pl.)
asda   out of them
as deidh (+ gen.) (prep.)
  after
asgaidh: *an asgaidh, na h-asgaidh* (f.)
  present
an asgaidh (adv.)
  free (Lit. in a gift)
a staigh (adv.)
  in(side)
astar: *an t-astar, an astair, na h-astair* (m.)
  distance, speed
a steach
  into, inwards (motion)
    e.g. tha e a' dol a steach do'n
        tigh
        he is going into the house
at, ag at (v.)
  swell
ath (precedes n. + asp.) (adj.)
  next, following
athair: *an t-athair, an athar, na h-aithrichean* (m.)
  father
an t-Ath-Leasachadh (nom. sing.)
an Ath-Leasachaidh (gen. sing.) (m.)
  the Reformation
atharraich, ag atharrachadh (v.)
  change

B

bac, a' bacadh (v.)
  hinder, obstruct
bacach, *nas bacaiche* (adj.)
  lame, crippled
bad: *am bad, a' bhaid, na baid* (m.)
  1 clump, tuft, 2 spot, place
anns a' bhad
  on the spot
badhar: *am badhar, a' bhadhair* (m.)
  wares, goods
bagair, a' bagradh AND **a' bagairt** (air) (v.)

  threaten
bàgh: *am bàgh, a' bhàigh, na bàigh* AND *na bàghan* (m.)
  bay
baile: *am baile, a' bhaile, na bailtean* (m.)
  town
baile beag: *am baile beag, a' bhaile bhig, na bailtean beaga* (m.)
  village
baile: *am baile mór, a' bhaile mhóir, na bailtean móra* (m.)
  city, town
bainne: *am bainne, a' bhainne* (m.)
  milk
baisteadh: *am baisteadh, a' bhaistidh* (m.)
  baptism
balach: *am balach, a' bhalaich, na balaich* (m.)
  boy, lad
balachan: *am balachan, a' bhalachain, na balachain* (m.)
  little boy
balbh, *nas bailbhe* (adj.)
  dumb
ball: *am ball, a' bhuill, na buill* (m.)
  1 ball, 2 member
ball-coise (m.) (See **ball**)
  football
Ball Parlamaide (m.) (See **ball**)
  Member of Parliament
air ball
  immediately
balla: *am balla, a' bhalla, na ballachan* (m.)
  wall
bàn, *nas bàine* (adj.)
  white, fair
banail, *nas banaile* (adj.)
  feminine, womanly
banais: *a' bhanais, na bainnse, na bainnsean* (f.)
  wedding
banaltrum: *a' bhanaltrum, na banaltruim, na banaltruim* (f.)
  nurse
banca: *am banca, a' bhanca, na*

bancan (m.)
  bank (for money)
bancharaid: a' bhancharaid, na
bancharaide, na banchàirdean (f.)
  female friend
ban-mhaighstir (f.) (See maighstir)
  Mrs., mistress
bann: am bann, a' bhanna, na
bannan (m.)
  hinge
banntrach: a' bhanntrach, na
banntraiche, na banntraichean (f.)
  1 widow 2 widower (when m.)
banrigh: a' bhanrigh, na banrighe,
na banrighean (f.)
  queen
baoit: a' bhaoit, na baoite (f.)
  bait
barail: a' bharail, na baralach, na
barailean (f.)
  opinion
bàrd: am bàrd, a' bhàird, na bàird
(m.)
  poet, bard
bàrdachd: a' bhàrdachd, na
bàrdachd (f.)
  poetry
bàrr: am bàrr, a' bharra, na barran
(m.)
  1 top (e.g. of a hill), 2 cream
barrachd (m.)
  more
a bharrachd
  in addition
a bharrachd air (sin)
  in addition to (that)
barrantas: am barrantas, a'
bharrantais (m.)
  1 pledge, 2 authority
bàs: am bàs, a' bhàis (m.)
  death
bas: a' bhas, na boise, na basan (f.)
  palm (of hand)
bàsaich, a' bàsachadh (v.)
  die
bascaid: a' bhascaid, na bascaide, na
bascaidean (f.)
  basket

bàta: am bàta, a' bhàta, na
bàtaichean (m.)
  boat
bàt-aiseige (m.) (See bàta)
  ferry boat
bàt-iasgaich (m.) (See bàta)
  fishing boat
bàta-smùid (m.) (See bàta)
  steamer
bata: am bata, a' bhata, na
bataichean (m.)
  walking stick
batal: am batal, a' bhatail, na
batail (m.)
  battle
bàth, a' bàthadh (v.)
  drown
bathais: a' bhathais, na bathais, na
bathaisean (f.)
  forehead
beachd: am beachd, a' bheachd, na
beachdan (m.)
  1 opinion, 2 idea
beachdaich, a' beachdachadh (v.)
  consider, criticise
beag, nas lugha (adj.)
  small, little
beagan (m.) (+ gen. when followed by
sing. n.; + asp. + gen. when
followed by pl. n.)
  a little, a few
beagan is beagan
  little by little
bealach: am bealach, a' bhealaich,
na bealaichean (m.)
  pass (mountain)
bean, a' bhean, na mnà, a'mhnaoi
(dat. sing.) na mnathan (nom. pl.)
nam ban (gen. pl.) (f. irr.)
  wife, woman
bean na bainnse (f.) (See bean)
  bride
bean-taighe (f.) (See bean)
  housewife
bean-teagaisg (f.) (See bean)
  teacher (female)
bean-uasal (f.) (See bean)
  lady

beannachd: *a*' bheannachd, *na*
beannachd, *na* beannachdan (f.)
  blessing
gabh beannachd (le)
  take farewell (of)
beannachd leat (sing.); beannachd
leibh (pl.)
  goodbye, farewell
beannaich, a' beannachadh (v.)
  bless
beannaichte (p.p. of beannaich)
  blessed
beàrn: *a*' bheàrn, *na* beàrna, *na*
beàrnan (f.)
  gap
beàrnan-bride: *am* beàrnan-bride, *a*'
bheàrnain-bride, *na* beàrnanan-bride
(m.)
  dandelion
beairt: *a*' bheairt, *na* beairte, *na*
beairtean (f.)
  loom
beartach, *nas* beartaiche (adj.)
  wealthy
beartas: *am* beartas, *a*'bheartais
(m.)
  wealth
beatha: *a*' bheatha, *na* beatha, *na*
beathannan (f.)
  life
'se do bheatha (sing.); 'se ur beatha
(pl.)
  you are welcome
beathach: *am* beathach, *a*'
bheathaich, *na* beathaichean (m.)
  beast, animal
beiceir: *am* beiceir, *a*' bheiceir, *na*
beiceirean (m.)
  baker
beinn: *a*' bheinn, *na* beinne, *na*
beanntan (f.)
  mountain
beir, a' breith (Irr. v. See App: beir)
  bear
beir, a' breith (air) (v.)
  take hold of, catch
béist: a'bhéist, *na* béiste, *na* béistean (f.)
  beast

beith: a' bheith, *na* beithe, *na* beithean
(f.)
  birch (tree)
beò (adj.)
  alive
ri m' bheò
  as long as I live
beò-shlàinte: a' bheò-shlàinte, *na*
beò-shlàinte (f.)
  livelihood
beothaich, a' beothachadh (v.)
  enliven
beòthail, *nas* beòthaile (adj.)
  lively
beuc, a' beucail (v.)
  roar
beud: *am* beud, *a*' bheud, *na* beudan
(m.)
  loss, harm
beul: *am* beul, *a*' bhèoil, *na* bèoil (m.)
  mouth
beul-aithris: *a*' bheul-aithris, *na*
beul-aithris (f.)
  oral tradition, folk-lore
beulaibh: *am* beulaibh, *a*' bheulaibh
(m.)
  front
air beulaibh (+ gen.)
  in front
air mo bheulaibh
  in front of me
beum: *am* beum, *a*' bheuma, *na*
beumannan (m.)
  blow
Beurla: a' Bheurla, *na* Beurla (f.)
  English (language)
beus: *a*' bheus, *na* beusa, *na* beusan (f.)
  virtue
bha
  was, were
bheir (fut. t. See App.: thoir)
  will give, will take, will bring
bhiodh (Alt. sp. of bhitheadh)
  would be
bhios (Alt. sp. of bhitheas)
  will be (after a = which, who)
a bhith
  to be

bhitheas (rel. fut. of bi)
  will be (after a = which, who)
bhitheadh (cond. t. of bi)
  would be
bhitheamaid (cond. t. of bi)
  we would be
bhithinn (cond. t. of bi)
  I would be
bho (+ asp. + dat.) (prep.)
  from
bho'n (conj.) (+ indep. form of v.; + rel. fut.)
  since (time and reason)
air a bhò'n dé
  the day before yesterday
a bhos (adv.)
  here, on this side
thall 's a bhos
  here and there
bhuam
(prep.
pron. from
  bho   from me
  bhuat   from you (sing.)
  bhuaithe from him, from it (m.)
  bhuaipe   from her, from it (f.)
  bhuainn   from us
  bhuaibh   from you (pl.)
  bhuapa   from them
bhur (adj.)
  your (pl.)
biadh: *am* biadh, *a'* bhidh (m.)
  food
biadh, a' biadhadh (v.)
  feed
bian: *am* bian, *a'* bhéin, *na* béin (m.)
  hide (on an animal)
biast: *a'* bhiast, *na* beiste, *na* beistean (f.)
  beast
bile: *a'* bhile, *na* bile, *na* bilean (f.)
  lip
air bilean an t-sluaigh
  on the lips of the people
bileag: *a'* bhileag, *na* bileig, *na* bileagan (f.)
  ticket
binn, *nas* binne (adj.)

  melodious, sweet (of a tune)
Biobull: *am* Biobull, *a'* Bhiobuill (m.)
  Bible
biodag: *a'* bhiodag, *na* biodaige, *na* biodagan (f.)
  dirk, dagger
biolair: *a'* bhiolair, *na* biolaire, *na* biolairean (f.)
  water-cress
biorach, *nas* bioraiche (adj.)
  sharp, pointed
birlinn: *a'* bhirlinn, *na* birlinne, *na* birlinnean (f.)
  galley
biseagal: *am* biseagal, *a'* bhiseagail, *na* biseagalan (m.)
  bicycle
bitheadh
  would be
(am) bitheantas
  generally, habitually
bith-eòlas: *am* bith-eòlas, *a'* bhith-eòlais (m.)
  biology
bithibh (pl. imp.)
  be!
bithidh
  will be
bhithinn (cond. t. of bi)
  I would be
blàr: *am* blàr, *a'* bhlàir, *na* blàran (m.)
  battle (field), moor
blas: *am* blas, *a'* bhlais (m.)
  1 taste, 2 accent
blasda, *nas* blasda (adj.)
  tasty
blàth: *am* blàth, *a'* bhlàith, *na* blàthan (m.)
  blossom, bloom
blàth, *nas* blàithe (adj.)
  warm
blàthach: *a'* bhlàthach, *na* blàthaiche (f.)
  buttermilk
blàths: *am* blaths, *a'* bhlàiths (m.)
  warmth
bleith, a' bleith (v.)
  grind, wear away

bliadhna: *a'* bhliadhna, *na* bliadhna, *na* bliadhnachan (f.)
  year
am bliadhna
  this year
Bliadhn' Ur (f.)
  New Year
Bliadhna Mhath Ur dhut!
  A good New Year to you!
blian, a' blianadh (v.)
  to sunbathe, bask (in the sun)
bleoghainn, a' bleoghann (v.)
  milk
bò: *a'* bhò, *na* bà, *a'*bhoin (dat. sing.)
na bà (nom. pl.) (f. irr.)
  cow
bòcan: *am* bòcan, *a'* bhòcain, *na*
bòcain (m.)
  ghost
bochd, *nas* bochda (adj.)
  poor
bochdainn: *a'* bhochdainn, *na*
bochdainne (f.)
  poverty
bocsa: *am* bocsa, *a'* bhocsa, *na*
bocsaichean (m.)
  box
bocsa-ciùil (m.) (See bocsa)
  accordion
bodach: *am* bodach, *a'* bhodaich, *na*
bodaich (m.)
  old man
bodach-rocais (m.) (See bodach)
  scarecrow
bodhar, *nas* bodhaire (adj.)
  deaf
bog, *nas* buige (adj.)
  soft
bogha: *am* bogha, *a'* bhogha, *na*
boghachan (m.)
  1 bow, 2 reef
bogha-froise (m.) (See bogha)
  rainbow
bogaich, a' bogachadh (v.)
  to steep (e.g. in water)
boglach: *am* boglach, *a'* bhoglaich, *na*
boglaichean (m.)
  bog

bòid: *a'* bhòid, *na* bòide, *na* bòidean
(f.)
  oath
boidheach, *nas* boidhche (adj.)
  pretty
boile: *a'* bhoile, *na* boile (f.)
  1 rage, madness, 2 excitement
boinne: *am* boinne, *a'* bhoinne, *na*
boinnean (m.)
  drop
boireannach: *am* boireannach, *a'*
bhoireannaich, *na* boireannaich (m)
  woman
boirionn (adj)
  female, feminine
bonaid: *a'* bhonaid, *na* bonaide, *na*
bonaidean (f)
  bonnet
bonn: *am* bonn, *a'* bhuinn, *na* buinn
(m)
  1 bottom, 2 sole of foot, 3 coin,
  medal
bonn-airgid (m.) (See bonn)
  silver medal
bonn-òir (m.) (See bonn)
  gold medal
bonnach: *am* bonnach, *a'* bhonnaich,
na bonnaich (m)
  bun, bannock
borb, *nas* buirbe (adj.)
  cruel, fierce
bòrd: *am* bòrd, *a'* bhùird, *na* bùird
(m)
  table
bòrd-dubh: *am* bòrd-dubh, *a'* bhùird-
dhuibh, *na* bùird-dhubha (m)
  blackboard
**Bord Leasachaidh na Gaidhealtachd
agus nan Eilean (m)**
  The Highlands and Islands
  Development Board
bothan: *am* bothan, *a'* bhothain, *na*
bothain (m)
  hut
botul: *am* botul, *a'* bhotuil, *na* botuil
(m)
  bottle
bracaist: *a'* bhracaist, *na* bracaiste,

na bracaistean (f)
  breakfast
bradan: *am* bradan, *a'* bhradain, *na*
bradain (m.)
  salmon
bragail, *nas* bragaile (adj.)
  over-confident, boastful
bras, *nas* braise (adj)
  1 swift, 2 quick-tempered
brat: *am* brat, *a'* bhrata, *na* bratan
(m.)
  carpet
bratach: *a'* bhratach, *na* brataiche, *na*
brataichan (f.)
  banner
(gu) brath (adv.)
  forever
bràthair: *am* bràthair, *a'* bhràthar, *na*
bràithrean (m.)
  brother
bràthair-athar (m.) (See brathair)
  uncle (paternal)
bràthair-cèile (m.) (See bràthair)
  brother in law
bràthair-màthar (m.) (See brathair)
  uncle (maternal)
breab: *am* breab, *a'* bhreaba, *na*
breaban (m.)
  kick
breab, *a'* breabadh (v.)
  kick
breabadair: *am* breabadair, *a'*
bhreabadair, *na* breabadairean (m.)
  1 weaver, 2 daddy long legs
breac: *am* breac, *a'* bhric, *na* bric (m.)
  trout
breac, *nas* brice (adj.)
  speckled
breacan: *am* breacan, *a'* bhreacain,
na breacannan (m.)
  1 tartan, 2 plaid
breacan-beithe (m.) (See breacan)
  chaffinch
breagha (briagha), *nas* breagha
(briagha) (adj.)
  beautiful, fine (of weather)
Breatannach (adj.)
  British

Breatannach: *am* Breatannach, *a'*
Bhreatannaich, *na* Breatannaich (m.)
  Briton
breislich: *a'* bhreislich, *na* breislich (f.)
  panic, delirium
a' breith (See beir)
  bearing
breith: *a'* bhreith, *na* breithe (f.)
  1 birth, 2 judgment, sentence
breitheamh: *am* breitheamh, *a'*
bhreitheimh, *na* breitheamhan (m.)
  judge
breitheanas: *am* breitheanas, *a'*
bhreitheanais, *na* breitheanasan (f.)
  judgment, sentence
breug: *a'* bhreug, *na* breige, *na* breugan
(f.)
  lie, untruth
briagha, *nas* briagha (adj)
  lovely, beautiful, fine (of weather)
briathar: *am* briathar, *a'* bhriathair,
na briathran (m.)
  word
briathrail, *nas* briathraile (adj.)
  talkative, wordy
brigh: *a'* bhrigh, *na* brighe (f.)
  substance (e.g. of an argument)
briogais: *a'* bhriogais, *na* briogaise, *na*
briogaisean (f.)
  trousers
briosgaid: *a'* bhriosgaid, *na* briosgaide,
na briosgaidean (f)
  biscuit
bris, *a'* briseadh (v.)
  to break
briseadh-cridhe: *am* briseadh-cridhe,
a' bhrisidh-cridhe, *na* brisidhean-
cridhe (m.)
  heartbreak
briste (p.p. of bris)
  broken
broc: *am* broc, *a'* bhruic, *na* bruic (m.)
  badger
brochan: *am* brochan, *a'* bhrochain (m.)
  porridge, gruel
bròg: *a'* bhròg, *na* bròige, *na* brògan
(f.)
  shoe

broilleach: *am* broilleach, *a'* bhroillich, *na* broillichean (m.)
chest, breast

am broinn (+ gen.) (prep.)
inside

brònach, *nas* brònaiche (adj.)
sad

brosnaich, a' brosnachadh (v.)
encourage

brot: *am* brot, *a'* bhrota (m.)
broth, soup

brù: *a'* bhrù, *na* bronn *a'* bhroinn
(dat. sing.) *na* brùthan (nom. pl.) (f.)
(irr.)
belly, stomach

bruach: *a'* bhruach, *na* bruaiche, *na*
bruachan (f.)
bank (of a river)

bruadair, a' bruadar (v.)
dream

bruadar: *am* bruadar, *a'* bhruadair, *na*
bruadaran (m.)
dream

bruich, a' bruich (v.)
boil, cook

bruidhinn, a' bruidhinn (ri) (v.)
speak, talk (to)

bu (+ asp.) (p.t. of is)
was, were

buachaille: *am* buachaille, *a'*
bhuachaille, *na* buachaillean (m.)
cow-herd, shepherd

buadh: *a'* bhuadh, *na* buaidh, *na*
buadhan (f.)
1 virtue, 2 faculty, talent

buadhmhor, *nas* buadhmhoire (adj.)
triumphant

buaidh: *a'* bhuaidh, *na* buaidhe, *na*
buaidhean (f.)
1 success, victory, 2 effect

buail, a' bualadh (v.)
hit, strike

buaile: *a'* bhuaile, *na* buaile, *na*
buailtean (f.)
fold (for sheep or cattle)

buain, a' buain (v.)
reap

buain: *a'* bhuain, *na* buana (f.)
harvest

buaireadh: *am* buaireadh, *a'* bhuairidh,
na buairidhean (m.)
1 disturbance, 2 temptation

buan, *nas* buaine (adj.)
durable, long lasting

buannachd: *a'* bhuannachd, *na*
buannachd (f.)
profit

buannaich, a' buannachd (v.)
profit, win

buidhe, *nas* buidhe (adj.)
yellow

buidheann: *a'* bhuidheann, *na* buidhne,
na buidhnean (f.)
group

buidheann-cluich (f.)
play-group

bùidseir: *am* bùidseir, *a'* bhùidseir, *na*
bùidseirean (m.)
butcher

buil: *a'* bhuil, *na* buile (f.)
consequence, effect

thoir gu buil (See thoir)
bring to fruition

buileach (adv.)
completely, quite

buill (See ball)
balls, members

buille: *a'* bhuille, *na* buille, *na* buillean
(f.)
blow

buin, a' buntainn (do) (v.)
belong (to)

buinteanas: *am* buinteanas, *a'*
bhuinteanais (m.)
relevance

bùird (See bord)
tables

bun: *am* bun, *a'* bhuin *na* buin AND
na bunan (m.)
1 root, 2 bottom, base

bun os cionn
upside down

bunait: *a'* bhunait, *na* bunaite, *na*
bunaitean (f.)
basis, foundation

buntàta: *am* buntàta, *a'* bhuntàta (no

plural) (m.)
 potato(es)
bùrn: *am* bùrn, *a'* bhùirn (m.)
 water (fresh)
bùth: *a'* bhùth, *na* bùtha, *na* bùthan (f.)
 shop

C

cabhag: *a'* chabhag, *na* cabhaige (f.)
 hurry
tha cabhag orm
 I am in a hurry
cabhagach, *nas* cabhagaiche (adj.)
 hurried
cabhsair: *an* cabhsair, *a'* chabhsair, *na* cabhsairean (m.)
 pavement
càch (pron.)
 the rest, the others
cadal: *an* cadal, *a'* chadail, (m.)
 sleep
cagailt: *an* cagailt, *a'* chagailt, *na* cagailtean (m.)
 fireplace
cagainn, *a'* cagnadh (v.)
 chew
cagair, *a'* cagair (v.)
 whisper
cagar: *an* cagar, *a'* chagair, *na* cagairean (m.)
 1 whisper, 2 darling
caibidil: *a'* chaibidil, *na* caibidile, *na* caibidilean (f.)
 chapter
caidil, *a'* cadal (v.)
 sleep
cail (f.) (used after neg. & interr. v.)
 anything
   e.g. "De tha seo?"
      "What is this?"
     "Chaneil cail"
       "It isn't anything"
      (i.e. nothing)
cailc: *a'* chailc, *na* cailce, *na* cailcean (f.)
 chalk
caileag: *a'* chaileag, *na* caileige, *na* caileagan (f.)
 girl
caill, *a'* caill (v.)
 lose
cailleach: *a'* chailleach, *na* cailliche, *na* cailleachan (f.)
 old woman
càin, *a'* càineadh (v.)
 decry, revile
cainnt: *a'* chainnt, *na* cainnte, *na* cainntean (f.)
 speech
càirdeach, *nas* càirdiche (do) (adj.)
 related (to)
càirdeas: *an* càirdeas, *a'* chàirdeis (m.)
 relationship
càirdeil, *nas* càirdeile (ri) (adj.)
 friendly (with)
cairteal: *an* cairteal, *a'* chairteil, *na* cairtealan (m.)
 quarter
càise: *an* càise, *a'* chàise, *na* càisean (m.)
 cheese
a' Chàisg, *na* Càisge, *na* Càisgean (f.)
 Easter
caisteal: *an* caisteal, *a'* chaisteil, *na* caistealan (m.)
 castle
càite (an)? (+ dep. form of v.) (adv.)
 where?
caith, *a'* caitheamh (v.)
 spend (money and time)
càl: *an* càl, *a'* chàil (m.)
 cabbage
caladh: *an* caladh, *a'* chaladh, *na* calaidhean (m.)
 harbour
call: *an* call, *a'* challa, *na* callaidhean (m.)
 loss
calltainn: *a'* challtainn, *na* calltainne, *na* calltainn (f.)
 hazel
calma, *nas* calma (adj.)
 hardy

calman: *an* calman, *a'* chalmain, *na* calmain (m.)
dove

calpa: *an* calpa, *a'* chalpa, *na* calpannan (m.)
calf (of leg)

caman: *an* caman, *a'* chamain, *na* camain (m.)
shinty stick

camhanaich: *a'* chamhanaich, *na* camhanaiche (f.)
dawn

can, *a'* cantainn (v.) (p.t. obsolete)
say

canach: *an* canach, *a'* chanaich (m.)
bog cotton

cànain: *a'* chànain, *na* cànaine, *na* cànainean (f.)
language

caochail, *a'* caochladh (v.)
1 change, 2 die

caochladh: *an* caochladh, *a'* chaochlaidh, *na* caochlaidhean (m.)
variety
e.g. caochladh dhaoine
a variety of people

caog, *a'* caogadh (v.)
wink

caogach, *nas* caogaiche (adj.)
squint-eyed

caoin, *a'* caoineadh (v.)
weep (for)

caol, *nas* caoile (adj.)
narrow, thin

caora: *a'* chaora, *na* caorach, *na* caoraich, *nan* caorach (gen. pl.) (f.)
sheep

caorann: *a'* chaorann, *na* caorainne, *na* caorainn (f.)
rowan

càr: *an* càr, *a'* chàir, *na* càraichean (m.)
car

car: *an* car, *a'* chuir, *na* cuir AND *na* caran (m.)
twist, turn, job

cuir car (v.) (See cuir)
twist, turn

car (+ acc.) (prep.)
for, during
e.g. car tiota
for a moment

car (adv.)
quite, somewhat
e.g. car fliuch
quite wet

carach, *nas* caraiche (adj.)
cunning

caraich, *a'* carachadh (v.)
move

caraid: *an* caraid, *a'* charaid, *na* càirdean (m.)
friend

càraid: *a'* chàraid, *na* càraide, *na* càraidean (f.)
pair

car-a-mhuiltean: *an* car-a-mhuiltean, *a'* chuir-a-mhuiltean, *na* cuir-a-mhuiltean (m.)
somersault

carbad: *an* carbad, *a'* charbaid, *na* carbadan (m.)
coach

càrn: *an* càrn, *a'* chùirn, *na* cùirn (m.)
cairn

carraig: *a'* charraig, *na* carraige, *na* carraigean (f.)
cliff

carson (a)? (+ ind. form of v.; + rel. fut.) (adv.)
why?

cas: *a'* chas, *na* coise, *na* casan (f.)
foot, leg

cas, *nas* caise (adj.)
steep

casad: *an* casad, *a'* chasaid (m.)
cough

casadaich, *a'* casadaich (v.)
cough

cat: *an* cat, *a'* chait, *na* cait (m.)
cat

cathair: *a'* chathair, *na* cathrach, *na* cathraichean (f.)
chair

cead: *an* cead, *a'* chead (m.)
permission

cead-coimhead (m.) (See cead)
T.V. licence

cead-dol-thairis: *an* cead-dol-thairis, *a'*
chead-dol-thairis (m.)
passport

cead-rathaid charaichean (m.) (See
cead)
vehicle licence

ceadaich, a' ceadachadh (v.)
allow

ceadha: *an* ceadha, *a'* cheadha, *na*
ceadhachan (m.)
pier

cèaird: *a'* chèaird, *na* cèairde, *na*
cèairdean (f.)
trade

cealla: *an* cealla, *a'* chealla, *na*
ceallan (m.)
cell (biological)

ceangail, a' ceangal (v.)
tie

ceann: *an* ceann, *a'* chinn, *na* cinn (m.)
1 head, 2 end

an ceann (+ gen.)
in (the end of) a
e.g. an ceann greise
in a short time

air a cheann thall
in the end

ceannaich, a' ceannach (v.)
buy

ceannard: *an* ceannard, *a'*
cheannaird, na ceannardan (m.)
leader

ceannsaich, a' ceannsachadh (v.)
subdue, tame

ceann-suidhe: *an* ceann-suidhe, *a'*
chinn-suidhe, na cinn-suidhe (m.)
president

ceann-uidhe: *an* ceann-uidhe, *a'*
chinn-uidhe, na cinn-uidhe (m.)
destination

ceap: *an* ceap, *a'* chip, *na* cip (m.)
cap

cearc: *a'* chearc, *na* circe, *na* cearcan
(f.)
hen

ceàrd: *an* ceàrd, *a'* cheàird, *na*

ceàrdan (m.)
tinker

ceàrn: *an* ceàrn, *a'* cheàrnaidh, *na*
ceàrnaidhean (m.)
district

ceàrr, nas cearra (adj.)
1 wrong, 2 left (hand side)

ceart, nas cearta (adj.)
right, fair, just

an ceartair (adv.)
in a moment, in a short time

ceartas: *an* ceartas, *a'* cheartais (m.)
justice

ceasnaich, a' ceasnachadh (v.)
question

ceathramh (adj.)
fourth

ceathrar (n.)
four persons

céile: *an* céile (*a'* chéile (f.)) *a'*
chéile (na céile (f.)) (m. and f.)
spouse

le cheile
with each other, together

ceilidh: *a'* cheilidh, *na* ceilidhe, *na*
ceilidhean (f.)
concert

céin, nas céine (adj.)
foreign, remote

ceimiceachd: *an* ceimiceachd, *a'*
cheimiceachd (m.)
chemistry

céis: *a'* chéis, *na* céise, *na* céisean (f.)
envelope

ceist: *a'* cheist, *na* ceiste, *na* ceistean
(f.)
question, problem

cuir ceist (air) (See cuir)
put a question to, question

an **Céitean, *a'* Chéitein** (m.)
May

ceithir (adj.)
four

a ceithir (n.)
four

ceò: *an* ceò, *a'* cheò (m.)
mist, smoke

ceòl: *an* ceòl, *a'* chiùil, *na* ciùil (m.)

music

ceud (+ asp.) **(adj.)**
  first
    e.g. **a cheud fhear**
        the first man

ceud (+ sing. n.) **(adj.)**
  hundred

ceudna (adj.)
  same

mar an ceudna
  likewise

ceum: *an* **ceum**, *a'* **cheuma**, *na* **ceuman** **(m.)**
  step

chaidh (p.t. See App.: rach)
  went

a chaoidh (adv.)
  ever (of future time)

cheana (adv.)
  already

chi (v.) (fut. See App.: faic)
  will see

a chionn 's gu (+ dep. form of v.) **adv.)**
  because, since

cho (adv.)
  so

cho ... ri
  as ... as
    e.g. **cho mór ri Seumas**
        as big as James

fa chomhair (prep. pron.)
  opposite, before him, it (m.)

fa chomhair (+ gen.) **(prep.)**
  opposite to

chon (+ art. + gen.) **(prep.)**
  to (the), as far as (the)

air chor-eigin
  some ... or other
    e.g. **fear air chor-eigin**
        someone or other

chuala (p.t. See App.: cluinn)
  heard

a chum (+ infin.)
  in order to, for the purpose of
    e.g. **a chum fiodh a thional**
        in order to gather wood

chun (+ art. + gen.) **(prep.)**

to (the), as far as (the)

chunnaic (p.t. See App.: faic)
  saw

cia mheud (+ sing.)
  how many?
    e.g. **Cia mheud craobh a tha air**
      an eilean?
      How many trees are on the island?

ciad (alt. sp. of ceud)
  1 hundred, 2 first

ciall: *a'* **chiall**, *na* **céille (f.)**
  sense

ciallaich, a' ciallachadh (v.)
  mean

cian *nas* **céine (adj.)**
  distant

cianail, *nas* **cianaile (adj.)**
  sorrowful, sad

cianalas: *an* **cianalas**, *a'* **chianalais (m.)**
  home-sickness

cidhe: *an* **cidhe**, *a'* **chidhe**, *na* **cidhean (m.)**
  quay

cinneadh: *an* **cinneadh**, *a'* **chinnidh**, *na* **cinnidhean (m.)**
  surname

cinnt: *a'* **chinnt**, *na* **cinnte (f.)**
  certainty

cinnteach, *nas* **cinntiche (adj.)**
  sure, certain

ciobair: *an* **ciobair**, *a'* **chiobair**, *na* **ciobairean (m.)**
  shepherd

Ciod air bith (a)? (pron.)
  whatever?
    e.g. **Ciod air bith a chunnaic e?**
      Whatever did he see?

cion: *an* **cion**, *a'* **chion (m.)**
  lack

ciontach, *nas* **ciontaiche (adj.)**
  guilty

ciotach, *nas* **ciotaiche (adj.)**
  left handed; sinister

cir: *a'* **chir**, *na* **cire**, *na* **cirean (f.)**
  comb

ciste: *a'* **chiste**, *na* **ciste**, *na* **cisteachan (f.)**

chest

ciùin, *nas* ciùine (adj.)
  calm

clach: *a'* chlach, *na* cloiche, *na* clachan (f.)
  stone

clachair: *an* clachair, *a'* chlachair, *na* clachairean (m.)
  stonemason

cladach: *an* cladach, *a'* chladaich, *na* cladaichean (m.)
  shore

cladh: *an* cladh, *a'* chlaidh, *na* cladhan (m.)
  graveyard

cladhaich, *a'* cladhach (v.)
  dig

clag: *an* clag, *a'* chluig, *na* clagan (m.)
  bell

claidheamh: *an* claidheamh, *a'* chlaidheimh, *na* claidhmhnean (m.)
  sword

claigionn: *an* claigionn, *a'* chlaiginn, *na* claignean (m.)
  skull

àrd mo chlaiginn
  at the top of my voice

clann: *a'* chlann, *na* cloinne (f. coll.)
  children

clàr: *an* clàr, *a'* chlàir, *na* clàran (m.)
  record, disc

clàrsach: *a'* chlàrsach, *na* clàrsaiche, *na* clàrsaichean (f.)
  harp

clàrsair: *an* clàrsair, *a'* chlàrsair, *na* clàrsairean (m.)
  harpist

cleachd, *a'* cleachdadh (v.)
  use

cleachdadh: *an* cleachdadh, *a'* chleachdaidh, *na* cleachdaidhean (m.)
  custom

cleasachd: *a'* chleasachd, *na* cleasachd (f.)
  exercising, sport, play

cléireach: *an* cléireach, *a'* chléirich, *na* cleirich (m.)
  clerk

cleoc: *an* cleoc, *a'* chleoca, *na* cleocannan (m.)
  cloak

clì, *nas* clìthe (adj.)
  left (hand side)

cliabh: *an* cliabh, *a'* chléibh, *na* cléibh (m.)
  1 rib cage, 2 creel, basket

clisg, *a'* clisgeadh (v.)
  start (through fear)

cliù: *an* cliù, *a'* chliù (m.)
  fame, renown, reputation

cliùiteach, *nas* cliùitiche (adj.)
  famous

clò: *an* clò, *a'* chlò, *na* clòthan (m.)
  tweed

clo: *an* clo, *a'* chlodha, *na* clodhan (m.)
  print, printing press

cuir (ann) an clò (v.)
  print
    e.g. Chuir e leabhar an clò
           He printed a book

clò-bhualadair: *an* clò-bhualadair, *a'* chlò-bhualadair, *na* clò-bhualadairean (m.)
  printer

clò-sgriobhadair (m.) (See sgriobhadair)
  typewriter

clobha: *an* clobha, *a'* chlobha, *na* clobhaichean (m.)
  tongs

clogaid: *a'* chlogaid, *na* clogaide, *na* clogaidean (f.)
  helmet

cloimh: *a'* chloimh, *na* cloimhe (f.)
  wool

cluas: *a'* chluas, *na* cluaise, *na* cluasan (f.)
  ear

cluasag: *a'* chluasag, *na* cluasaige, *na* cluasagan (f.)
  pillow

cluich, *a'* cluich (v.)
  play

cluicheadair: *an* cluicheadair, *a'* chluicheadair, *na* clucheadairean (m.)
  player

16

cluinn, a' cluinntinn (Irr. v. See App.:
cluinn)
  hear

cnàimh: an cnàimh, a' chnàimh, na
cnàmhan (m.)
  bone

cnap-starradh: an cnap-starradh, a'
chnap-starraidh, na cnap-starraidh (m.)
  obstruction, obstacle

cnatan: an cnatan, a' chnatain, na
cnatain (m.)
  cold

cnò: a' chnò, na cnòtha, nà cnothan
(f.)
  nut

cnoc: an cnoc, a' chnuic, na cnocan
(m.)
  hillock

cnog, a' cnogadh (v.)
  knock

có?
  who? (Interr.)

có air bith (a)? (pron.)
  whoever?

có leis (a)?
  whose?
    e.g. Có leis a tha an leabhar?
      Whose is the book?

cobhar: an cobhar, a' chobhair (m.)
  foam

cobhair: a' chobhair, na cobhrach (f.)
  assistance

còcaire: an còcaire, a' chòcaire, na
còcairean (m.)
  cook

co-cheangailte (ri)
  connected (with) attached (to)

co-chomunn: an co-chomunn, a'
cho-chomuinn, na co-chomuinn (m.)
  co-operative, partnership

co-dhiù (adv.)
  1 however, anyway, 2 whether

co-dhùnadh: an co-dhùnadh, a'
cho-dhùnaidh, na co-dhùnaidh (m.)
  conclusion

co-fharpais: a' cho-fharpais, na
co-fharpaise, na co-fharpaisean (f.)
  competition

cogadh: an cogadh, a' chogaidh, na
cogaidhean (m.)
  war

coibhneil, nas coibhneile (ri) (adj.)
  kind (to)

cóig (adj.)
  five

a cóig (n.)
  five

cóigeamh (adj.)
  fifth

cóignear (n.)
  five people

coigreach: an coigreach, a' choigrich,
na coigrich (m.)
  stranger

coileach: an coileach, a' choilich, na
coilich (m.)
  cockerel

coille: a' choille, na coille, na
coilltean (f.)
  forest

an coimeas ri
  in comparison with

coimheach, nas coimhiche (adj.)
  strange, foreign

coimhid, a' coimhead (air) (v.)
  look (at)

coimhearsnachd: a' coimhearsnachd,
na coimhearsnachd (f.)
  neighbourhood, vicinity

coimhlionta, nas coimhlionta (adj.)
  complete

coimhthional: an coimhthional, a'
choimhthionail, na coimhthionail (m.)
  congregation

coineanach: an coineanach, a'
choineanaich, na coineanaich (m.)
  rabbit

còinneach: a' chòinneach, na còinniche
(f.)
  moss

coinneal: a' choinneal, na coinnle, na
coinnlean (f.)
  candle

coinneamh: a' choinneamh, na
coinneimh, na coinneamhan (f.)
  meeting

17

mu choinneamh (+ gen.) (prep.)
  opposite

coinnich, a' coinneachadh (ri) (v.)
  meet

còir: a' chòir, na còrach, na còraichean (m.)
  right, justice

còir, nas còire (adj.)
  1 decent, 2 kind

is còir dhomh AND bu choir dhomh (+ verbal n.)
  I ought
    e.g. Bu choir dhomh fàgail
        I ought to leave
        Bu choir dhomh aran a cheannach
        I ought to buy bread

coirce: an coirce, a' choirce (m.)
  oats

coire: a' choire, na coire, na coireannan (f.)
  fault

coire: an coire, a' choire, na coireachan (m.)
  kettle

coireach, nas coiriche (ri) (adj.)
  at fault, guilty (of)

an cois (+ gen.) (prep.)
  near

coisich, a' coiseachd (v.)
  walk

coisinn, a' cosnadh (v.)
  earn

còisir: a' chòisir, na còisire, na còisearan (f.)
  choir

colaisde: a' cholaisde, na colaisde, na colaisdean (f.)
  college

colladeug (contr. of ceithir-latha-deug)
  a fortnight

coltach, nas coltaiche ri (adj.)
  like, similar to

coltas: an coltas, a' choltais (m.)
  likeness; likelihood

a reir coltais
  in all likelihood

coma (adj.)
  indifferent

is coma leam (+ n. nom.)
  I am indifferent to
Tha mi coma co-dhiù!
  I couldn't care less!

comasach, nas comasaiche (adj.)
  able, possible

comhachag: a' chomhachag, na comhachaig, na comhachagan (f.)
  barn-owl

comhairle: a' chomhairle, na comhairle, na comhairlean (f.)
  1 advice, counsel, 2 council

comhairle sgìreil (f.)
  district council

comharradh: an comharradh, a' chomharraidh, na comharraidhean (u.)
  1 sign, 2 mark (i.e. exam)

comhartaich a' comhartaich (v.)
  bark

comhfhurtail, nas comhfhurtaile (adj.)
  comfortable

còmhla (adv.)
  together

còmhla ri + dat. (prep.)
  (together) with

comhlan: an comhlan, a' chomhlain, na comhlain (m.)
  band, troop, group

comhlan-ciùil (m.)
  band (musical), dance band

an còmhnaidh (adv.)
  always

comhnard: an comhnard, a' chòmhnaird, na còmhnardan (m.)
  plain

còmhnard, nas còmhnairde (adj.)
  level

còmhradh: an còmhradh, a' chòmhraidh, na còmhraidhean (m.)
  conversation, discussion

companach: an companach, a' chompanaich, na companaich (m.)
  companion

comunn: an comunn, a' chomuinn, na comuinn (m.)
  association, club, committee

comunn ionadail (m.) (See comunn)

18

community council

comunn soisealta (m.) (See comunn)
social committee

connrag: *a'* chonnrag, *na* connraige, *na* connragan (f.)
consonant

còntraigh: *a'* chòntraigh, *na* còntraighe, *na* còntraighean (f.)
neap-tide

còrd, a' còrdadh (ri) (v.)
please
e.g. Tha sin a' còrdadh rium
That is pleasing to me
i.e. I like that

corp: *an* corp, *a'* chuirp, *na* cuirp (m.)
body

corr is (+ n. nom.)
more than

corrach, *nas* corraiche (adj.)
uneven

corrag: *a'* chorrag, *na* corraige, *na* corragan (f.)
finger

cosg, a' cosg (v.)
1 spend, cost, 2 waste (time)

cosgail, *nas* cosgaile (adj.)
expensive

co-shamladh: *an* co-shamladh, *a'* cho-shamlaidh, *na* co-shamlaidhean (m.)
parable

cosnadh: *an* cosnadh, *a'* chosnaidh, *na* cosnaidhean (m.)
job, employment

còta: *an* còta, *a'* chòta, *na* còtaichean (m.)
coat

cothrom: *an* cothrom, *a'* chothruim, *na* cothroman (m.)
opportunity

cràbhach, *nas* cràbhaiche
1 religious, 2 pious

craiceann: *an* craiceann, *a'* chraicinn, *na* craicinn (m.)
skin

crann: *an* crann, *a'* chroinn, *na* croinn (m.)
1 plough, 2 mast

crann-ola (m.) (See crann)
oil rig

crann-sgaoilidh (m.) (See crann)
transmitter

crann-tara (m.) (See crann)
fiery cross

craobh: *a'* chraobh, *na* craoibhe, *na* craobhan (f.)
tree

craobh-sgaoileadh: *an* craobh-sgaoileadh, *a'* chraobh-sgaoilidh (m.)
broadcasting

crath, a' crathadh (v.)
shake

Mo chreach!
Good heavens! Alas!

creag: *a'* chreag, *na* creige, *na* creagan (f.)
rock

creid, a' creidsinn (v.)
1 believe, 2 suppose

creideamh: *an* creideamh, *a'* chreidimh, *na* creideamhan (m.)
creed, belief

creutair: *an* creutair, *a'* chreutair, *na* creutairean (m.)
creature

criadh: *an* criadh, *a'* chriadha (m.)
clay

cridhe: *an* cridhe, *a'* chridhe, *na* cridheachan (m.)
heart

cridheil: *nas* cridheile (adj)
hearty, cheerful

crìoch: *a'* chrìoch, *na* crìche, *na* crìochan (f.)
end, limit, border

crìochnaich, a' crìochnachadh (v.)
end, finish

Crìosdaidh: *an* Crìosdaidh, *a'* Chrìosdaidh *na* Crìosdaidhean (m.)
Christian

Crìosdail, *nas* Crìosdaile (adj.)
Christian

crith, a' crith (v.)
shiver, shake

air crith

19

shivering, shaking

croch, a' crochadh (air) (v.)
  1 hang, 2 depend (on)

crodh: an crodh, a' chruidh (m.)
  cattle

croit: a' chroit, na croite, na croitean (f.)
  croft

croitear: an croitear, a' chroiteir, na croitearan (m.)
  crofter

crom, a' cromadh (v.)
  bend

cron: an cron, a' chroin (m.)
  1 harm, 2 defeat

crosda, nas crosda (adj.)
  bad tempered

crotal: an crotal, a' chrotail (m.)
  lichen

cruach: a' chruach, na cruaiche, na cruachan (f.)
  stack

cruaidh, nas cruaidhe (adj.)
  hard

crùbach, nas crùbaiche (adj.)
  lame

crùbag: a' chrùbag, na crùbaige, na crùbagan (f.)
  crab

cruinn, nas cruinne (adj.)
  round, circular

cruinnich, a' cruinneachadh (v. trans. & intrans.)
  collect, gather, assemble

crùn: an crùn, a' chrùin, na crùin (m.)
  crown

cruthaich, a' cruthachadh (v.)
  create

cù: an cù, a' choin, na coin (nom. pl.), nan con (gen. pl.) (m. irr.)
  dog

cuairt: a' chuairt, na cuairte, na cuairtean (f.)
  trip

air chuairt
  on a trip, on tour

cuan: an cuan, a' chuain, na cuantan (m.)

ocean

cùbaid: a' chùbaid, na cùbaide, na cùbaidean (f.)
  pulpit

cudthromach, nas cudthromaiche (adj.)
  important

cuibhle: a' chuibhle, na cuibhle, na cuibhleachan (f.)
  wheel

cuibhrionn: an cuibhrionn, a' chuibhrinn, na cuibhrinnean (m.)
  allotment, portion

cuid: a' chuid, na codach (f.)
  portion

cuide ri (+ dat.)
  along with

cuideachd: a' chuideachd, na cuideachd, na cuideachdan (f.)
  company, society

cuideachadh: an cuideachadh, a' chuideachaidh (m.)
  help (n.)

cuideachd (adv.)
  also

cuideigin (pron.)
  someone

cuidich, a' cuideachadh (v.)
  help

cuileag: a' chuileag, na cuileige, na cuileagan (f.)
  fly

cuilean: an cuilean, a' chuilein, na cuileanan (m.)
  puppy

cuimhne: a' chuimhne, na cuimhne (f.)
  memory

cuine (a)? (interr.) (+ indep. form of v.; + rel. fut.)
  when?

cuinneag: a' chuinneag, na cuinneige, na cuinneagan (f.)
  bucket

cuip: a' chuip, na cuipe, na cuipean (f.)
  whip

cuir, a' cur (v.)
  put

cuir fios air (See cuir)
  send for

cuir roimh (v.)
  decide
    e.g. chuir mi romham
            I decided
cuireadh: an cuireadh, a' chuiridh, na
cuiridhean (m.)
  invitation
cùirt: a' chùirt, na cùirte, na cùirtean (f.)
  court
cùirtear: an cùirtear, a' chùirteir, na
cùirtearan (m.)
  curtain
cùis: a' chuis, na cùise, na cuisean (f.)
  affair
cùl: an cùl, a' chùil, na cùil (m.)
  back
air cùlaibh (+ gen.) (prep.)
  behind
cùm, a' cumail (v.)
  keep
cumadh: an cumadh, a' chumaidh, na
cumaidhean (m.)
  shape
cuman: an cuman, a' chumain, na
cumain (m.)
  pail
cumanta, nas cumanta (adj.)
  common
cumhachd: a' chumhachd, na
cumhachd, na cumhachdan (f.)
  power
cumhang, nas cumhainge (adj.)
  narrow
cunbhalach, nas cunbhalaiche (adj.)
  constant, steady
cungaidh: a' chungaidh, na
cungaidhe, na cungaidhean (f.)
  medicine, drug
cunnart: an cunnart, a' chunnairt, na
cunnartan (m.)
  danger
cunnartach, nas cunnartaiche (adj.)
  dangerous
cùnntas: an cùnntas, a' chùnntais, na
cùnntais AND na cunntaisean (m.)
  1 counting, arithmetic, 2 account
cupa: an cupa, a' chupa, na cupannan
(m.)
  cup

cùram: an cùram, a' chùraim (m.)
  care
cùramach, nas cùramaiche (adj.)
  careful
currac: an currac, a' churraic, na
curracan (m.)
  bonnet
curran: an curran, a' churrain, na
currain (m.)
  carrot
cur-seachad: an cur-seachad, a'
chuir-seachad (m.)
  pastime(s), leisure
cus (adv.)
  too much
cuspair: an cuspair, a' chuspair, na
cuspairean (m.)
  subject
cuthag: a' chuthag, na cuthaige, na
cuthagan (f.)
  cuckoo

D

dà (+ asp. + sing. n.)
  two
    e.g. dà fhear
            two men
a dhà (n.)
  two
dachaidh: an dachaidh, na dachaidh,
na dachaidhean (f.)
  home
dhachaidh (adv.)
  home(wards)
da-chànanach, nas da-chànanaiche
(adj.)
  bilingual
dad (m.) (used after neg. & interr. v.)
  anything
daga: an daga, an daige, na dagaichean
(m.)
  pistol
dail: an dail, an dail, na dailean (m.)
  meadow
dàil: an dàil, na dàlach, na dàilean (f.)

delay
dàimh, *an* dàimh, *an* dàimh, *na*
dàimhean (m.)
  relationship (i.e. family)
daingeann, *nas* daingne (adj.)
  firm
dall, *nas* doille (adj.)
  blind
damh: *an* damh, *an* daimh, *na* daimh
(m.)
  stag
damhan-allaidh: *an* damhan-allaidh,
an **damhain-allaidh**, *na* damhain-
allaidh (m.)
  spider
an **Dàmhar**, *an* **Dàmhair** (m.)
  October
dàn: *an* dàn, *an* dàin, *na* dàin (m.)
  poem, song
danns, *a'* **dannsadh** (v.)
  dance
daolag: *an* daolag, *na* daolaig, *na*
daolagan (f.)
  beetle
daonda, *nas* daonda (adj.)
  human, humane
daonnan (adv.)
  always
daor, *nas* daoire (adj.)
  dear
daorach: *an* daorach, *na* daoraich (f.)
  intoxication
dara (darna) (adj.)
  second
darach: *an* darach, *na* daraich, *na*
daraich (m.)
  oak (tree)
da-rìribh
  indeed
dath: *an* dath, *an* datha, *na* dathan (m.)
  colour
dé? (pron.)
  what ?
an **dé** (adv.)
  yesterday
de (asp. f.w. + dat.)
  of
deach(aidh) (dep. form of p.t. of rach

See App.: rach)
  went
deagh (precedes n. + asp.) (adj.)
  good
    e.g. deagh charaid
      good friend
dealachadh: *an* dealachadh, *an*
dealachaidh, *na* dealachaidh (m.)
  parting, separation
dealaich, *a'* dealachadh (v.)
  part
dealan: *an* dealan, *an* dealain (m.)
  electricity
dealanach: *an* dealanach, *an*
dealanaich (m.)
  lightning
dealasach, *nas* dealasaiche (adj.)
  eager, diligent, enthusiastic
dealbh: *an* dealbh, *na* deilbhe, *na*
dealbhan (f.)
  picture
dealbh-chluich: *an* dealbh-chluich, *an*
deilbh-chluich, *na* dealbhan-cluiche (m.)
  play (theatre)
dealraich, *a'* dealrachadh (v.)
  shine
deamhais: *an* deamhais, *na* deamhaise,
na deamhaisean (f.)
  shears
dean, *a'* **deanamh** (Irr. v. See App.:
dean)
  do, make
deanntag: *an* deanntag, *na* deanntaige,
na deanntagan (f.)
  nettle
deante (p.p.) (See dean)
  done, made
dearbh, *a'* **dearbhadh** (v.)
  prove
dearg, *nas* deirge (adj.)
  red
dearmad, *a'* dearmad (v.)
  neglect
dearmad: *an* dearmad, *an* dearmaid, *na*
dearmadan (m.)
  neglect, omission
deàrrs, *a'* **deàrrsadh** (v.)
  shine

deàrrsanta, *nas* deàrrsanta (adj.)
  shining

deas, *nas* deise (adj.)
  1 south, 2 right (hand side)

mu dheas
  in the south

deasaich, a' deasachadh (v.)
  prepare

deich (adj.)
  ten

a deich (n.)
  ten

deicheamh (adj.)
  tenth

deichnear (n.)
  ten people

déideadh: *an* déideadh, *an* déididh (m.)
  toothache

an deidh (+ gen.) (prep.)
  after

deidheadh (dep. form cond. t. See App.: rach)
  would go

déidheil, *nas* déidheile (air) (adj.)
  fond (of), keen (on)

deidhinn (dep. form of cond. t. See App.: rach)
  I would go

deigh: *an* deigh, *na* deighe (f.)
  ice

deirc: *an* deirc, *na* deirce, *na* deircean (f.)
  charity

deireadh: *an* deireadh, *an* deiridh, *na* deiridhean (m.)
  end

air dheireadh (+ gen.) (prep.)
  behind

mu dheireadh thall
  at long last, finally

deireannach, *nas* deireannaiche (adj.)
  last

deise: *an* deise, *na* deise, *na* deiseachan (f.)
  suit

deisealaich, a' deisealachadh (v.)
  prepare, get ready

deiseil, *nas* deiseile (adj.)
  ready

deireadh, *an* deireadh, *an* deiridh (m.)
  end

deoch: *an* deoch, *na* dibhe, *na* deochan (f.)
  drink

deònach, *nas* deònaiche (adj.)
  willing

deuchainn: *an* deuchainn, *na* deuchainne, *na* deuchainnean (f.)
  test, exam

deur: *an* deur, *na* deura, *na* deuran (f.)
  tear

dheidheadh (cond. t. See App.: rach)
  would go

dheidhinn (cond. t. See App.: rach)
  I would go

mu dheidhinn (+ gen.) (prep.)
  about, concerning

dh' fheumadh (p.t. of feumaidh)
  would have to

dhiom (prep. pron. from de)
  of, off me

  dhiot   of, off you (sing.)
  dheth   of, off him, it (m.)
  dhith   of, off her, it (f.)
  dhinn   of, off us
  dhibh   of, off you (pl.)
  dhiubh   of, off them

dhomh (prep. pron. from do)
  to me

  dhuit   to you (sing.)
  dha   to him, it (m.)
  dhi   to her, it (f.)
  dhuinn   to us
  dhuibh   to you
  dhaibh   to them

Di-Domhnaich (m.)
  Sunday

Di-Luain (m.)
  Monday

bho Dhi-Luain gu Di-haoine
  from Monday to Friday

Di-Màirt (m.)
  Tuesday

Di-Ciadaoin (m.)
  Wednesday

Diardaoin (m.)

Thursday

Di-Haoine (m.)
Friday

Di-Sathurna (m.)
Saturday

dia: *an* **dìa,** *an* **dé** *na* **diathan** (m.)
god

diamhair, *nas* **diamhaire** (adj.)
1 private, 2 mysterious

dian, *nas* **déine** (adj.)
keen, eager

dìchioll: *an* **dìchioll,** *an* **dìchill** (m.)
diligence, utmost
e.g. **Rinn mi mo dhìchioll**
I did my utmost

dìchiollach, *nas* **dìchiollaiche** (adj.)
diligent, industrious

difir: *an* **difir,** *an* **difir,** *na* **difirean** (m.)
difference

dìg: *an* **dìg,** *na* **dìge,** *na* **dìgean** (f.)
ditch

dìleab: *an* **dìleab,** *na* **dìleib,** *na* **dìleibean** (f.)
legacy

dìleas, *nas* **dìlse** (adj.)
faithful

dìnnear: *an* **dìnnear,** *na* **dìnnearach,** *na* **dìnnearan** (f.)
dinner

diollaid: *an* **diollaid,** *na* **diollaide,** *na* **diollaidean** (f.)
saddle

diombach, *nas* **diombaiche** (adj.)
annoyed

diomhain, *nas* **diomhaine** (adj.)
idle

diomhair, *nas* **diomhaire** (adj.)
secret

diochuimhnich, a' **diochuimhneachadh** (v.)
forget

dion, a' dion (v.)
protect, defend

dionach, *nas* **dionaiche** (adj.)
waterproof

dìreach, *nas* **dìriche** (adj.)
straight

dìreach (adv.)

exactly

dìreach sin
just so

dìrich, a' dìreadh (v.)
climb

dìth: *an* **dìth,** *na* **dìth** (f.)
need, lack

a dhìth air (v.)
need
e.g. **Tha biadh a dhìth air Mairi**
Mary needs food (Lit.
Food is lacking on Mary)

dìthean: *an* **dìthean:** *an* **dìthein,** *na* **dìtheanan** (m.)
flower

dìthis (n.)
two people

diùid, *nas* **diùide** (adj.)
shy

an diugh
today

diùlt, a' diùltadh (v.)
refuse, deny

dleasdanas: *an* **dleasdanas,** *an* **dleasdanais,** *na* **dleasdasan** (m.)
duty

dlùth, *nas* **dlùithe** (adj.)
near

do (+ asp.) (adj.)
your (sing.)

do (+ asp. + dat.) (prep.)
to (a)

dóbhran: *an* **dóbhran,** *an* **dóbhrain,** *na* **dobhrain** (m.)
otter

is dòcha gu (+ dep. form of v.)
it is probable, it is likely
e.g. **Is dòcha gu bheil thu ceart**
You are probably right

dòchas: *an* **dòchas,** *an* **dòchais,** *na* **dòchais** (m.)
hope

·**tha mi an dòchas gu** (+ dep. form of v.)
I hope that (Lit. I am in hope)
e.g. **Tha mi an dòchas gu bheil thu deiseil**
I hope that you are ready

do dh' (form of do before a vowel or fh.)
to

dòigh: *an dòigh, na dòighe, na dòighean* (f.)
way, method

dòigh-beatha (f.) (See dòigh)
way of life, lifestyle

dòigh-labhairt (f.) (See dòigh)
pronunciation

dòigheil, *nas dòigheile* (adj.)
orderly

doineann: *an doineann, na doininne, na doineannan* (f.)
storm

doirbh, *nas doirbhe* (adj.)
difficult

doire: *an doire, na doire, na doireachan* (f.)
grove, copse

doirt, a' dortadh
pour, spill, shed

dol fodha na gréine
sunset

dolaidh: *an dolaidh, na dolaidhe* (f.)
harm, injury

domhain, *nas doimhne* (adj.)
deep

do'n (+· asp. + dat.)
to the

dona, *nas miosa* (adj.)
bad

donn, *nas duinne* (adj.)
brown

dorcha, *nas duirche* (adj.)
dark

dorchadas: *an dorchadas, an dorchadais* (m.)
darkness

dòrn: *an dòrn, an dùirn, na dùirn* (m.)
fist

dorus: *an dorus, an doruis, na dorsan* (m.)
door

dotair: *an dotair, an dotair, na dotairean* (m.)
doctor

dragh: *an dragh, an dragha, na draghan* (m.)
annoyance

cuir dragh air + dat. (v.)
annoy
e.g. Chuir an cat dragh air a' chù
The cat annoyed the dog

an dràsda
now

dreach: *an dreach, an dreacha, na dreachan* (f.)
1 appearance, 2 complexion

dreasair: *an dreasair, an dreasair, na dreasairean* (m.)
dresser

dreathan-donn: *an dreathan-donn, na dreathain-duinn, na dreathain-donna* (f.)
wren

dreuchd: *an dreuchd, na dreuchd* (f.)
business, duty, profession

dreuchdail, *nas dreuchdaile* (adj.)
professional, official

driamlach: *an driamlach, an driamlaich, na driamlaich* (m.)
fishing line

dripeil, *nas dripeile* (adj.)
busy

driùchd: *an driùchd, an driùchda, na driùchdan* (m.)
dew

druid: *an druid, na druid, na druidean* (f.)
starling

droch, *nas miosa* (precedes n. + asp.) (adj.)
bad

drochaid: *an drochaid, na drochaide, na drochaidean* (f.)
bridge

druim: *an druim, an droma, na dromannan* (m.)
back, ridge

duais: *an duais, na duaise, na duaisean* (f.)
prize

dualchas: *an dualchas, an dualchais* (m.)
culture, heritage

dubh, *nas* **duibhe (adj.)**
  black

dubhach, *nas* **dubhaiche (adj.)**
  sad

dubhan: *an* **dubhan,** *an* **dubhain,** *na* **dubhain (m.)**
  hook

dubhar: *an* **dubhar,** *an* **dubhair,** *na* **dubhair (m.)**
  shade

dùbhlan: *an* **dùbhlan,** *an* **dùbhlain,** *na* **dùbhlain (m.)**
  challenge

an **Dùdlachd,** *an* **Dùdlachd (m.)**
  December

tha mi an dùil (gu : indep. form of v.)
  I expect

duilgheadas: *an* **duilgheadas,** *an* **duilgheadais, (m.)**
  sadness, difficulty

duilich, *nas* **duilghe (adj.)**
  1 sad, 2 difficult

duilleach: *an* **duilleach,** *na* **duillich (f.)**
  foliage

duilleag: *an* **duilleag,** *na* **duilleige,** *na* **duilleagan (f.)**
  1 leaf, 2 page

dùin, a' **dùnadh (v.)**
  close, shut

duine: *an* **duine,** *an* **duine,** *na* **daoine (m.)**
  man

dùisg, a' **dùsgadh (v.)**
  waken

dùmhail, *nas* **dùmhaile (adj.)**
  thick, dense

dùmhlaich, a' **dùmhlachadh (v.)**
  thicken

dùn: *an* **dùn,** *an* **dùin,** *na* **dùin (m.)**
  fort

dùr, *nas* **dùire (adj.)**
  stubborn

dùrachd: *an* **dùrachd,** *na* **dùrachd,** *na* **dùrachdan (f.)**
  wish

leis gach deagh dhurachd
  with every good wish
  (subscription to a letter)

dùrachdach, *nas* **dùrachdaiche (adj.)**
  sincere

dùraig, a' **dùraigeadh (v.)**
  1 wish, 2 dare

duslach: *an* **duslach,** *na* **duslaich (f.)**
  dust

dùthaich: *an* **dùthaich,** *na* **dùthcha,** *na* **dùthchannan (f.)**
  country

dùthchas: *an* **dùthchas,** *an* **dùthchais (m.)**
  nationality

E

e (pron.)
  1 he 2 him, it (m.) (direct object)

each: *an* **t-each,** *an* **eich,** *na* **h-eich (m.)**
  horse

eachdraidh: *an* **eachdraidh,** *an* **h-eachdraidh,** *na* **h-eachdraidhean (f.)**
  history

eadar (+ acc.) (prep.)
  between

eadarainn (prep.
  pron. from eadar) between us
    eadaraibh   between you (pl.)
    eatorra   between them

eadardhealachadh: *an* **t-eadardhealachadh,** *an* **eadardhealachaidh,** *na* **h-eadardhealaichidhean (m.)**
  difference

eadardhealaichte, *nas* **eadardhealaichte (adj.)**
  different

eadartheangaich, ag **eadartheangachadh (v.)**
  translate

eadhon (adv.)
  even

eadradh: *an* **t-eadradh,** *an* **eadraidh,** *.na* **h-eadraidhean (m.)**
  milking time

eag: *an* **eag,** *na* **h-eige,** *na* **h-eagan (f.)**
  groove

eagal: *an* **t-eagal,** *an* **eagail (m.)**

fear

eaglais: *an eaglais, na h*-eaglaise, *na h*-eaglaisean (f.)
   church

Eaglais na h-Alba (f.)
   Church of Scotland

An Eaglais Chaitliceach (f.)
   The Catholic Church

An Eaglais Easbuigeach (f.)
   The Episcopal Church

An Eaglais Shaor (f.)
   The Free Church

eala: *an eala, na h*-eala, *na h*-ealachan (f.)
   swan

ealaidh, ag ealadh (v.)
   crawl

ealanta, *nas* ealanta (adj.)
   expert

ealdhain: *an ealdhain, na h*-ealdhaine, *na h*-ealdhainean (f.)
   art, science

eallach: *an t*-eallach, *an* eallaich, *na h*-eallaich (m.)
   load

eanchainn: *an eanchainn, na h*-eanchainn, *na h*-eanchainnean (f.)
   brain

eangarra, *nas* eangarra (adj.)
   bad tempered

ear: *an ear* (f.)
   east

an earar (adv.)
   the day after tomorrow

earb: *an earb, na h*-earba, *na h*-earban (f.)
   roe deer

earball: *an t*-earball, *an* earbaill, *na h*-earbaill (m.)
   tail

earbsa: *an earbsa, na h*-earbsa (f.)
   confidence

earrach: *an t*-earrach, *an* earraich, *na h*-earraich (m.)
   spring

earrann: *an earrann, na h*-earrainn, *na h*-earrannan (f.)
   portion, section, unit

eas: *an eas, na h*-easa, *na h*-easan (f.)
   waterfall

easag: *an easag, na h*-easaige, *na h*-easagan (f.)
   pheasant

easaontachd: *an easaontachd, na h*-easaontachd (f.)
   disagreement, discord

easbuig: *an t*-easbuig, *an* easbuig, *na h*-easbuigean (m.)
   bishop

easgaidh, *nas* easgaidhe (adj.)
   1 energetic, 2 obliging

easgann: *an easgann, na h*-easgainn, *na h*-easgannan (f.)
   eel

eathar: *an eathar, na h*-eathar, *na h*-eathraichean (f.)
   small boat

eatorra (See *eadarainn*)
   between them

éibhinn, *nas* éibhinne (adj.)
   happy, funny

eibhleag: *an eibhleag, na h*-eibhleige, *na h*-eibhleagan (f.)
   ember

eideadh: *an t*-eideadh, *an* eididh (m.)
   dress

eifeachdach, *nas* eifichdiche (adj.)
   effective

éigh, ag igéheach (v.)
   shout

eiginn: *an eiginn, na h*-eiginn (f.)
   difficulty, distress, crisis

eile (adj.)
   other, else

eilean: *an t*-eilean, *an* eilein, *na h*-eileanan (m.)
   island

eilid: *an eilid, na h*-eilde, *na h*-eildean (f.)
   hind

eilthireach: *an t*-eilthireach, *an* eilthirich, *na h*-eilthirich (m.)
   emigrant

eireachdail, *nas* eireachdaile (adj.)
   beautiful, handsome

eireag: *an eireag, na h*-eireige, *na*

h-eireagan (f.)
  pullet
éirich, ag éirigh (v.)
  arise
éisd, ag éisdeachd (ri) (v.)
  listen (to)
eisimpleir: an t-eisimpleir, an
eisimpleir, na h-eisimpleirean (m.)
  example
eòlach, nas eòlaiche (air) (adj.)
  aware (of), acquainted (with)
eòlas: an t-eòlas, an eòlais (m.)
  knowledge
eòrna: an eòrna, na h-eòrna (f.)
  barley
eubh, ag eubhachd (v.)
  shout
euchd: an euchd, na h-euchd, na
h-euchdan (f.)
  feat, exploit
eu-coltach, nas eu-coltaiche (ri) (adj.)
  dissimilar (to)
eucoir: an eucoir, na h-eucorach, na
h-eucoirean (f.)
  injustice, wrong
eu-comasach, nas eu-comasaiche (adj.)
  incapable, impossible
is eudar dhomh (+ verbal n.)
  I must, I have to
    e.g. Is eudar dhomh coiseachd
    dhachaidh
        I must walk home
      Is eudar dhomh sin a
      dheanamh
        I must do that
m' eudail (f.) (voc.)
  my darling (of a child)
as eugmhais (+ gen.) (prep.)
  without
eun: an t-eun, an eoin, na h-eoin (m.)
  bird
eunlaith: an eunlaith, na h-eunlaithe (f.)
  bird-flock

F

fàbharach, nas fàbharaiche (adj.)
  favourable

faca (dep. form of p.t. See App.:
faic)
  saw
facal: am facal, an fhacail, na faclan
(m.)
  word
faclair: am faclair, an fhaclair, na
faclairean (m.)
  vocabulary, dictionary
fad: am fad, an fhaid (m.)
  length
fad air falbh
  far away
fad an latha (See fad)
  all day long
fad na h-oidhche
  all night long
fad as
  afar off
fad an t-samhraidh
  all summer long
fad na tìde
  all the time
air fad
  altogether, completely
    e.g. an Alba air fad
        in all Scotland
am fad (adv.)
  in length
de cho fad 's a . . . (+ indep. form of
v.)
  how long?
fada, nas fhaide (adj.)
  long, far
fadalach, nas fadalaiche (adj.)
  late (for an appointment)
fàg, a' fàgail (v.)
  leave
faic, a' faicinn (Irr. v. See App.: faic)
  see
faicilleach, nas faicilliche (adj.)
  careful
fàidh: am fàidh, an fhàidh, na fàidhean
(m.)
  prophet
faigh, a' faighinn AND a' faotainn
(Irr. v. See App.: faigh)
  get, find

faighnich, a' faighneachd (de) (v.)
ask (a question)
e.g. Dh fhaighnich e de Mhàiri
an robh i deiseil
He asked Mary if she was
ready

fàile: *am* fàile, *an* fhàile, *na* fàilean
(m.)
scent, smell

faileas: *am* faileas, *an* fhaileis, *na*
faileasan (m.)
shadow

fàilte: *an* fhàilte, *na* fàilte, *na*
fàiltean (f.)
welcome

faing: *an* fhaing, *na* fainge, *na*
faingean (f.)
fank

fàinne: *am* fàinne, *an* fhàinne, *na*
fàinnean (m.)
ring

fairge: *an* fhairge, *na* fairge, *na*
fairgean (f.)
sea

fairich, a' faireachdainn (v.)
feel

faisg air (+ dat.) (prep.)
near

faisg, *nas* fhaisge (adj.)
near

fàl: *am* fàl, *an* fhàil, *na* fàil (m.)
grass edge

falach-fead (m.)
hide and seek

falaich, a' falach (v.)
hide

falamh, *nas* falaimhe (adj.)
empty

falamhaich, a' falamhachadh (v.)
empty

falbh, a' falbh (v.)
go

air falbh
away

fallain, *nas* fallaine (adj.)
healthy

fallus: *am* fallus, *an* fhalluis (m.)
sweat

falt: *am* falt, *an* fhuilt (m.)
hair

famh: *am* famh, *an* fhaimh, *na* famhan
(m.)
mole

famhair: *am* famhair, *an* fhamhair,
na famhairean (m.)
giant

fan, a' fantainn (v.)
remain, stay

fann, *nas* fainne (adj.)
weak

faobhar: *am* faobhar, *an* fhaobhair, *na*
faobharan (m.)
sharpness

faochadh: *am* faochadh, *an* fhaochaidh
(m.)
relief

faodaidh (+ v.n.) (defective v.)
may (be allowed to)
e.g. Faodaidh tu seinn
You may sing
Faodaidh tu sin a dheanamh
You may do that

chan fhaod (+ v.n.)
may not

faoileag: *an* fhaoileag, *na* faoileige,
na faoileagan (f.)
seagull

am Faoilteach, *an* Fhaoiltich (m.)
January

faoin, *nas* faoine (adj.)
silly

faotainn (See faigh)
getting, finding

far an (+ dep. form of v.) (adv.)
where (not a question)

faradh: *am* faradh, *an* fharaidh, *na*
faraidhean (m.)
fare

fàradh: *am* fàradh, *an* fhàraidh, *na*
fàraidhean (m.)
ladder

faramach, *nas* faramaiche (adj.)
noisy

farmad: *am* farmad, *an* fharmaid (m.)
envy

gabh farmad ri (+ dat.) (v.) (See

gabh)
  envy (v.)
farsaing, *nas* farsainge (adj.)
  wide
fàs, a' fàs (v.)
  grow
fàsach: *an* fhàsach, *na* fàsaich, *na*
fàsaichean (f.)
  desert
fasan: *am* fasan, *an* fhasain, *na*
fasanan (m.)
  fashion
fasanta, *nas* fasanta (adj.)
  fashionable
fasdaidh, a' fasdadh (v.)
  hire
fasgach, *nas* fasgaiche (adj.)
  sheltered
fasgadh: *am* fasgadh, *an* fhasgaidh, *na*
fasgaidhean (m.)
  shelter
feadaireachd: *an* fheadaireachd, *na*
feadaireachd (m.)
  whistling
feadan: *am* feadan, *an* fheadain, *na*
feadain (m.)
  chanter
air feadh (+ gen.) (prep.)
  throughout
feadhainn: *an* fheadhainn, *na* feadhna
(f.)
  some (people or hings)
feadhainn . . . feadhainn eile
  some . . . others . . .
fealla-dha (f.)
  joking, playing the fool
feallsanach: *am* feallsanach, *an*
fheallsanaich, *na* feallsanaich (m.)
  philosopher
feallsanachd: *an* fheallsanachd, *na*
feallsanachd (f.)
  philosophy
feamainn: *an* fheamainn, *na* feamann
(f.)
  sea-weed
feannag: *an* fheannag, *na* feannaige,
na feannagan (f.)
  1 crow, 2 lazy bed

feanntag: *an* fheanntag, *na* feanntaige,
na feanntagan (f.)
  nettle
fear: *am* fear, *an* fhir, *na* fir (m.)
  person, one thing (m.)
fear na bainnse (m.) (See fear)
  bridegroom
fear na cathrach (m.) (See fear)
  chairman
fear-deasachaidh (m.) (See fear)
  editor
fear-gnothaich (m.) (See fear)
  business man
fear-labhairt (m.) (See fear)
  spokesman
fear-lagha: (m.) (See fear)
  lawyer
fear-stiuiridh (m.) (See fear)
  director
fear-teagaisg (m.) (See fear)
  teacher (male)
fear mu seach
  one (m.) at a time
fearann: *am* fearann, *an* fhearainn, *na*
fearainn (m.)
  land
fearg: *an* fhearg, *na* feirge, *na* feargan
(f.)
  anger
am feasd (adv.)
  forever, ever
feasgar: *am* feasgar, *an* fheasgair, *na*
feasgairean (m.)
  evening
feath: *am* feath, *an* fheatha (m.)
  calm (weather)
féileadh: *am* féileadh, *an* fhéilidh, *na*
féilidhean (m.)
  kilt
féill: *an* fhéill, *na* féille, *na* féilltean (f.)
  market
féin-riaghladh: *am* féin-riaghladh, *an*
fhéin-riaghlaidh (m.)
  self government, independence
  (political)
féith: *an* fhéith, *na* féithe, *na* féithean
(f.)
  sinew

feith, a' feitheamh (ri) (v.)
  wait (for)
feòil: an fheòil, na feòla (f.)
  meat
feòrag: an fheòrag, na feòraige, na
feòragan (f.)
  squirrel
feòraich, a' feòrach (de) (v.)
  enquire (of), ask.
feuch, a' feuchainn (v.)
  try
Feuch!
  Look! Behold!
feuch ri (+ dat.) (v.)
  compete with
feum: am feum, an fheuma, na feuman
(m.)
  need, use
feumach, nas feumaiche (adj.)
  needy
feumach, nas feumaiche air (adj.)
  in need of
    e.g. feumach air biadh
      in need of food
feumaidh (+ verbal n.) (defect. v.)
  must, have to
    e.g. Feumaidh mi falbh
      I must go
      Feumaidh mi biadh a
      cheannach
      I must buy food
feumail, nas feumaile (adj.)
  useful, necessary
feur: am feur, an fheòir (m.)
  grass
feuraich, a' feurach (v.)
  graze
feusag: an fheusag, na feusaige, na
feusagan (f.)
  beard
fhathast (adv.)
  yet
fhein (pron.) (used after n. & pron.)
  self, selves
is (fh)eudar dhomh (See eudar)
  I must
fhuair (p.t. See App.: faigh)
  got

fiabhrus: am fiabhrus, an fiabhruis, na
fiabhrusan (m.)
  fever
fiacail: an fhiacail, na fiacla, na
fiaclan (f.)
  tooth
fiach: am fiach, an fhéich, na
fiachan (m.)
  value, worth
fiadh: am fiadh, an fhéidh, na féidh
(m.)
  deer
fiadhaich, nas fiadhaiche (adj.)
  wild
fialaidh, nas fialaidhe (adj.)
  generous
fianais: an fhianais, na fianais, na
fianaisean (f.)
  witness, testimony
fichead (+ sing. n.) (adj.)
  twenty
ficheadamh (adj.)
  twentieth
fidheall: an fhidheall, na fidhle, na
fidhlean (f.)
  fiddle
figh, a' fighe (v.)
  knit
fileanta, nas fileanta (adj.)
  fluent
fiodh: am fiodh, an fhiodha, na
fiodhan (m.)
  timber
fion: am fion, an fhiona, na fionan (m.)
  wine
fionnar, nas fionnaire (adj.)
  cool
fior, nas fiora (adj.)
  true, genuine
fios: am fios, an fhiosa, na fiosan (m.)
  1 knowledge, 2 news
tha fios agam air (+ dat.)
  I know
fiosaiche: am fiosaiche, an fhiosaiche,
na fiosaichean (m.)
  prophet
fiosrach, nas fiosraiche (adj.)
  informed

31

fiosrachadh: *am* fiosrachadh, *an*
fhiosrachaidh (m.)
  information

fìrinn: *an* fhìrinn, *na* fìrinne (f.)
  truth

fitheach: *am* fitheach, *an* fhithich, *na*
fithich (m.)
  raven

fiù (adv.)
  even

fliuch, *nas* fliche (adj.)
  wet

flùr: *am* flùr, *an* fhlùir, *na* flùraichean
(m.)
  1 flower, 2 flour

fo (+ asp. + dat.) (prep.)
  under

fodar: *am* fodar, *an* fhodair (m.)
  fodder

fodha (adv.)
  under

rach fodha (See App.: rach) (v.)
  sink (intrans.)

fodham (prep. pron.
from fo)	under me
fodhad	under you (sing.)
fodha	under him, it (m.)
foidhpe	under her. it (f.)
fodhainn	under us
fodhaibh	under you (pl.)
fodhpa	under them

foghainn, a' foghnadh (v.)
  suffice

foghlum: *am* foghlum, *an* fhoghluim
(m.)
  education

foghar: *am* foghar, *an* fhoghair, *na*
fogharan (m.)
  autumn

foghluimte, *nas* foghluimte (adj.)
  learned

foghnan: *am* foghnan, *an* fhoghnain,
na foghnanan (m.)
  thistle

foidhpe (See fodham)
  under her, it (f.)

foighidneach, *nas* foighidniche (adj.)
  patient

foighidinn: *an* fhoighidinn, *na*
foighidinn (f)
  patience

foighnich, a' foighneachd (de) (v)
  ask (a question)

foill: *an* fhoill, *na* foille, *na* foilltean
(f.)
  trick

foillseachadh: *am* foillseachadh, *an*
fhoillseachaidh, *na* foillseachaidh (m.)
  publication

foillsich, a' foillseachadh (v.)
  publish

foillseachair: *am* foillseachair, *an*
fhoillseachair, *na* foillseachairean (m.)
  publisher

fòirneart: *am* fòirneart, *an* fhòirneirt
(m)
  oppression, violence

fois: *an* fhois, *na* foise (f.)
  peace, tranquility

am follais (adv.)
  clear, evident (Lit. in clearness)
  e.g. Thig e am follais
    It will come to light

follaiseach, *nas* follaisiche (adj.)
  obvious

fonn: *am* fonn, *an* fhuinn, *na* fuinn (m.)
  tune

fonnmhor, *nas* fonnmhoire (adj.)
  melodious

fosgail, a' fosgladh (v.)
  open

fosgailte (p.p.)
  open(ed)

fraoch: *am* fraoch, *an* fhraoich (m.)
  heather

fradharc: *am* fradharc, *an* fhradhairc
(m.)
  1 view, 2 eye-sight

fras: *an* fhras, *na* froise, *na* frasan (f.)
  shower

freiceadan: *am* freiceadan, *an*
fhreiceadain, *na* freiceadanan (m.)
  guard

freagair, a' freagairt (v.)
  answer

freagairt: *an* fhreagairt, *na* freagairte,

na freagairtean (f.)
   answer
freagarrach, *nas* freagarraiche (do)
(adj.)
   suitable (for)
freumh: *am* freumh, *an* fhreumha, *na*
freumhaichean (m.)
   root
fritheil, a' fritheladh (v.)
   serve
frithealadh: *am* frithealadh, *an*
fhrithealaidh, *na* fritheataidh (m.)
   attention, service
frith-rathad: *am* frith-rathad, *an*
fhrith-rathaid, *na* frith-rathaidean (m.)
   path, track
fròg: *an* fhròg, *na* fròige, *na* f.ogan
(f.)
   cranny, hole
fuachd: *am* fuachd, *an* fhuachd, *na*
fuachdan (m.)
   cold
fuadaich, a' fuadach (v. trans.)
   disperse, expel
fuaigheil, a' fuaigheal (v.)
   sew
fuaim: *am* fuaim, *an* fhuaime, *na*
fuaimean (m.)
   noise, sound
fuaimreag: *an* fhuaimreag, *na*
fuaimreige, *na* fuaimreagan (f.)
   vowel
fuar, *nas* fuaire (adj.)
   cold
fuasgail, a' fuasgladh (v.)
   1 untie, 2 solve
fuath: *am* fuath, *an* fhuatha (m.)
   hatred
fuireachail, *nas* fuireachaile (adj.)
   attentive, observant
fuirich, a' fuireach (v.)
   stay
fuirich a' fuireach ri (v.)
   wait for
fuil: *an* fhuil, *na* fala (f.)
   blood
fuiling, a' fulang (v.)
   suffer

furasda, *nas* furasda **AND** *nas*
fhasa (adj.)
   easy
furtachd: *an* fhurtachd, *na* furtachd (f.)
   comfort

G

gabh, a' gabhail (v.)
   1 take, 2 go
gàbhadh: *an* gàbhadh, *a'* ghàbhaidh,
na gàbhaidhean (m.)
   danger
gabhaltach, *nas* gabhaltaiche (adj.)
   infectious
gach (precedes n.)
   each
Gaidhlig: *a'* Ghaidhlig, *na* Gaidhlige
(f.)
   Gaelic
Gaidhealach, *nas* Gaidhealaiche (adj.)
   Highland
a' **Ghaidhealtachd,** *na* Gaidhealtachd
(gen.) (f.)
   the Highlands
gaillean: *a'* ghaillean, *na* gaillinn, *na*
gailleannan (f.)
   storm
gainmheach: *a'* ghainmheach, *na*
gainmhich (f.)
   sand
gainne: *a'* ghainne, *na* gainne (f.)
   shortage, scarcity
gainnead: *a'* ghainnead, *na*
gainneid (f.)
   shortage, scarcity
gàirdean: *an* gàirdean, *a'* ghàirdein,
na gàirdeanan (m.)
   arm
gàir, a' gàireachdainn (v.)
   laugh (v.)
gàire: *an* gàire, *a'* ghàire, *na* gàirean
(m.)
   laugh (m.)
dean gàire (See dean)
   laugh (v.)
gàirneileachd: *a'* ghàirneileachd, *na*

gàirneileachd (f.)
  gardening

gaisge: *a'* ghaisge, *na* gaisge (f.)
  bravery

gaisgeach: *an* gaisgeach, *a'* ghaisgich,
na gaisgich (m.)
  hero

galar: *an* galar, *a'* ghalair, *na* galaran
(m.)
  disease

Gall: *an* Gall, *a'* Ghoill, *na* Goill (m.)
  Lowlander (of Scotland)

gallda, *nas* gallda (adj.)
  lowland

a' Ghalldachd, *na* Galldachd (gen.) (f.)
  the Lowlands

gamhainn: *an* gamhainn, *a'* ghamhna,
na gamhna (m.)
  stirk

gamhlas: *an* gamhlas, *a'* ghamhlais
(m.)
  hatred

gann, *nas* gainne (adj.)
  scarce

gaol: *an* gaol, *a'* ghaoil (m.)
  love

gaoth: *a'* ghaoth, *na* gaoithe, *na*
gaothan (f.)
  wind

gàradh: *an* gàradh, *a'* ghàraidh, *na*
gàraidhean (m.)
  garden

garbh, *nas* gairbhe (adj.)
  rough

garg, *nas* gairge (adj.)
  savage, fierce

gas: *an* gas, *a'* ghais (m.)
  gas

gasda, *nas* gasda (adj.)
  handsome, beautiful, fine

gath: *an* gath, *a'* ghatha, *na* gathan
(m.)
  1 sting, 2 ray of sunlight

geadh: *an* geadh, *a'* gheòidh, *na*
geòidh (m.)
  goose

geal, *nas* gile (adj.)
  white

gealach: *a'* ghealach, *na* gealaich (f.)
  moon

geall, a' gealltainn (v.)
  promise

geall: *an* geall, *a'* ghill, *na* gill (m.)
  promise

gealltanach, *nas* gealltanaiche (adj.)
  promising

gealtach, *nas* gealtaiche (adj.)
  cowardly

gealtair: *an* gealtair, *a'* ghealtair, *na*
gealtairean (m.)
  coward

geamair: *an* geamair, *a'* gheamair, *na*
geamairean (m.)
  gamekeeper

geamhradh: *an* geamhradh, *a'*
gheamhraidh, *na* geamhraidhean (m.)
  winter

geansaidh: *an* geansaidh, *a'* gheansaidh,
na geansaidhean (m.)
  jersey

gearain, a' gearan (v.)
  complain

geàrr, a' gheàrr *na* gearra, *na* gearran
(f.)
  hare

geàrr, a' gearradh (v.)
  cut

geàrr, *nas* giorra (adj.)
  short

an Gearran, *a'* Ghearrain (m.)
  February

geata: *a'* gheata, *na* geata, *na*
geataichean (f.)
  gate

géill, a' géilleadh (v.)
  yield

gèola: *a'* ghèola, *na* gèola, *na*
gèolaidhean (f.)
  yawl, small boat

geug: *a'* gheug, *na* geige, *na* geugan (f.)
  branch

geur, *nas* geura (adj.)
  sharp

geur-chuiseach, *nas* geur-chuisiche
(adj.)
  shrewd, quick-witted

ge b'e air bith (a)
  what(so)ever
ge b'e co (a)
  who(so)ever
ge b'e uair (a)
  whenever
ged a (+ indep. form of v.) (adv.)
  although
gheibh (f.t. See App.: faigh)
  will get
a' Ghiblinn, na Giblinne (f.)
  April
gidheadh (adv.)
  however
gille: an gille, a' ghille, na gillean (m.)
  boy
gin (pron.) (used after neg. & interr. v.)
  anything
ginealach: an ginealach, a'
ghinealaich, na ginealaich (m.)
  generation
giomach: an giomach, a' ghiomaich,
na giomaich (m.)
  lobster
gionach, nas gionaiche (adj.)
  greedy
giorraich, a' giorrachadh (v.)
  shorten, abbreviate, abridge
giùlan: an giùlan, a' ghiùlain, na
giùlanan (m.)
  transport
giùlain, a' giùlain (v.)
  carry
giuthas: an giuthas, a' ghiuthais, na
giuthais (m.)
  pine
glac, a' glacadh (v.)
  catch
glaiste (p.p. of glas)
  locked
glag: an glag, a' ghlaig, na glaigean
(m.)
  rattle
glan, nas glaine (adj.)
  clean
glan, a' glanadh (v.)
  clean
glaodh, a' glaodhaich (v.)

  shout
glas, a' glasadh (v.)
  lock
glé (+ asp.)
  very
gleann: an gleann, a' ghlinne, na
glinn AND na gleantann (m.)
  glen
gléidh, a' gléidheadh (v.)
  keep
gleus, a' gleusadh (v.)
  tune (e.g. a musical instrument)
gleusda, nas gleusda (adj.)
  quick witted
glic, nas glice (adj.)
  wise
gliocas: an gliocas, a' ghliocais (m.)
  wisdom
gloine: a' ghloine, na gloine, na
gloineachan (f.)
  glass
gluais, a' gluasad (v.)
  move
glumag: a' ghlumag, na glumaige, na
glumagan (f.)
  pool
glùn: a' ghlùn, na glùine, na glùinean
(f.)
  knee
gniomhach, nas gniomhaiche (adj.)
  industrious
gniomhachas: an gniomhachas, a'
ghniomhachais (m.)
  1 activity, 2 industry (factories etc.)
gnog, a' gnogadh (v.)
  knock
gnogadh: an gnogadh, a' ghnogaidh,
na gnogaidhean (m.)
  knocking
gnothach: an gnothach, a' ghnothaich,
na gnothaichean (m.)
  business, matter
dean an gnothach (See App.: rach)
  be enough
    e.g. Cha dean sin an gnothach
         That will not be enough
         (Lit. That will not do the
         matter)

gob: *an* gob, *a'* ghuib, *na* guib (m.)
  beak
gobha: *an* gobha, *a'* ghobha, *na*
  goibhnean (m.)
  blacksmith
gobhar: *a'* ghobhar, *na* goibhre, *na*
  goibhrean (f.)
  goat
gobhlachan, *an* gobhlachan, *a'*
  ghobhlachain, *na* gobhlachain (m.)
  dipper (bird)
goid, *a'* goid (air) (v.)
  steal (from)
goil, *a'* goil (v.)
  boil
goileach, *nas* goiliche (adj.)
  boiling
goireasach, *nas* goireasaiche (adj.)
  convenient
goirid, *nas* giorra (adj.)
  short
goirt, *nas* goirte (adj.)
  sore
gòrach, *nas* gòraiche (adj.)
  foolish
gòraiche: *a'* ghòraiche, *na* gòraiche (f.)
  foolishness
gorm, *nas* guirme (adj.)
  blue
grad, *nas* graide (adj.)
  sudden
gràdh: *an* gràdh, *a'* ghràidh (m.)
  love
gràdhach, *nas* gràdhaiche (adj.)
  loving
gràdhaich, *a'* gràdhachadh (v.)
  love
gràin: *a'* ghràin, *na* gràine (f.)
  hate
gràineag: *a'* ghràineag, *na* gràineig,
  na gràineagan (f.)
  hedgehog
gràmair: *an* gràmair, *a'* ghràmair, *na*
  gràmairean (m.)
  grammar
gràn: *an* gràn, *a'* ghràin, *na* gràinean
  (m.)
  grain

grannda, *nas* grannda (adj.)
  ugly
greannach, *nas* greannaiche (adj.)
  wild
greas, *a'* greasadh (v.)
  hurry
greas ort! (sing.); greas oirbh! (pl.)
  hurry up
greigh: *a'* ghreigh, *na* greighe, *na,*
  greighean (f.)
  herd
greim: *an* greim, *a'* ghreime, *na*
  greimean (m.)
  1 grip, 2 bite
greimich, *a'* greimeachadh (v.)
  grasp
greis: *a'* ghreis, *na* greise, *na* greisean
  (f.)
  while
airson greis
  for a while
greusaiche: *an* greusaiche, *a'*
  ghreusaiche, *na* greusaichean (m.)
  shoemaker
grian: *a'* ghrian, *na* gréine (f.)
  sun
grianach, *nas* grianaiche (adj.)
  sunny
grinn, *nas* grinne (adj.)
  neat, pretty
grinneal: *an* grinneal, *a'* ghrinneil (m.)
  gravel
griuthach: *a'* ghriuthach, *na*
  griuthaiche (f.)
  measles
grod, *nas* groide (adj.)
  rotten
gruag: *a'* ghruag, *na* gruaige, *na*
  gruagan (f.)
  hair
gruagach: *a'* ghruagach, *na*
  gruagaiche, *na* gruagaichean (f.)
  maiden
gruaidh: *a'* ghruaidh, *na* gruaidhe, *na*
  gruaidhean (f.)
  cheek
gruaim: *a'* ghruaim, *na* gruaime (f.)
  gloom

gruamach, *nas* gruamaiche (adj.)
gloomy

grùnn: *an* grùnn, *a'* ghrùinn (m.)
crowd

grùnnd: *an* grùnnd, *a'* ghrùnnd, *na* grunnan (m.)
bottom (of the sea)

gruth: *an* gruth, *a'* ghrutha (m.)
crowdy

gu (prep.)
to (a)

gu (before indirect speech) (conj.)
that

gual: *an* gual, *a'* ghuail (m.)
coal

gualann: *a'* ghualann, *na* guailne, *na* guailnean (f.)
shoulder

gucag: *a'* ghucag, *na* gucaige, *na* gucagan (f.)
bubble

gu dearbh
indeed

guga: *an* guga, *a'* ghuga, *na* gugaichean (m.)
gannet

guilbneach: *an* guilbneach, *a'* ghuilbnich, *na* guilbnich (m.)
curlew

guineach, *nas* guiniche (adj.)
keen

gunna: *an* gunna, *a'* ghunna, *na* gunnaichean (m.)
gun

gu léir (adv.)
completely, absolutely

gu leòr (adv.)
1 plenty, 2 enough

gun (before indirect speech) (conj.)
that

gun (+ asp.) (prep.)
without

gunna: *an* gunna, *a'* ghunna, *na* gunnaichean (m.)
gun

gu ruige (prep.)
to, as far as

guth: *an* guth, *a'* ghutha, *na* guthan (m.)
voice

I

i (pro.)
1 she, 2 her, it (f.) (direct object)

iad (pro.)
1 they, 2 them (direct object)

iall: *an* iall, *na* h-éille, *na* h-iallan (f.)
thong

ialtag: *an* ialtag, *na* h-ialtaige, *na* h-ialtagan (f.)
bat

iar: *an* iar (f.)
west

iargalt, *nas* iargalta (adj.)
surly

iarmailt: *an* iarmailt, *na* h-iarmailte (f.)
sky, heavens

iarnaig, ag iarnaigeadh (v.)
iron

iarr, ag iarraidh (air) (v.)
want, ask for
e.g. Dh'iarr e airgiod air Màiri
He asked Mary for money

iarunn: *an t*-iarunn, *an* iaruinn (m.)
iron

iasad: *an t*-iasad, *an* iasaid, *na* h-iasadan (m.)
loan

iasg: *an t*-iasg, *an* éisg, *na* h-éisg (m.)
fish

iasgaich, ag iasgach (v.)
fish

iasgair: *an t*-iasgair, *an* iasgair, *na* h-iasgairean (m.)
fisherman

idir (adv.)
at all

ifrinn: *an* ifrinn, *na* h-ifrinn, *na* h-ifrinnean (f.)
hell

ìm: *an t*-ìm, *an* ime (m.)
butter

imich, ag imeachd (v.)
   depart

impidh: an impidh, na h-impidhe, na
h-impidhean (f.)
   exhortation

imrich: an imrich, na h-imriche, na
h-imrichean (f.)
   removal (of residence)

inbheach, nas inbhiche (adj.)
   mature, adult

ine: an ine, na h-ine, na h-inean (f.)
   nail (finger, toe)

inneal: an t-inneal, an inneil, na
h-innealan (m.)
   instrument, engine

innean: an t-innean, an innein, na
h-inneanan (m.)
   anvil

innis, ag innseadh (do) (v.)
   tell (to)

innleadair: an t-innleadair, an
innleadair, na h-innleadairean (m.)
   engineer

innleadaireachd: an innleadaireachd,
na h-innleadaireachd (f.)
   engineering

innte (See annam)
   in it, her (f.)

inntinn: an inntinn, na h-inntinne, na
h-inntinnean (f.)
   mind

inntinneach, nas inntinniche (adj.)
   interesting

ioc-shlaint: an ioc-shlaint, na
h-ioc-shlainte, na h-iocshlaintean (f.)
   cure

iodhlainn: an iodhlainn, na
h-iodhlainne, na h-iodhlainnean (f.)
   stackyard

iolach: an t-iolach, an iolaich, na
h-iolaich (m.)
   loud shout

iolair: an iolair, na h-iolaire, na
h-iolairean (f.)
   eagle

iomacheist: an iomacheist, na h-
iomacheiste, na h-iomacheistean (f.)
   anxiety, perplexity

fo iomacheist
   anxious, worried, perplexed
   (Lit. under perplexity)

iomadh (+ sing.) (adj.)
   many
     e.g. iomadh duine
         many men (Lit. many a
         man)

iomagain: an iomagain, na
h-iomagainne, na h-iomagainean (f.)
   worry, distress

iomain: an iomain, na h-iomaine (f.)
   shinty

iomair, ag iomramh (v.)
   row

iomall: an t-iomall, an iomaill, na
h-iomallan (m.)
   border, periphery

iomallach, nas iomallaiche (adj.)
   remote, peripheral

iomlaid: an iomlaid, na h-iomlaide (f.)
   change (money)

iomradh: an t-iomradh, an iomraidh,
na h-iomraidhean (m.)
   report

ionad: an t-ionad, an ionaid, na
h-ionadan (m.)
   place

iongantach, nas iongantaiche (adj.)
   surprising

iongnadh: an t-iongnadh, an
iongnaidh, na h-iongnaidhean (m.)
   surprise, wonder

Tha iongnadh orm
   I am surprised

ionmhas: an t-ionmhas, an ionmhais,
na h-ionmhasan (m.)
   wealth

ionmholta, nas ionmholta (adj.)
   praiseworthy

ionndrainn: an ionndrainn, na h-
ionndrainne (f.)
   longing

ionndrainn, ag ionndrainn (v.)
   long for

ionnsaich, ag ionnsachadh (v.)
   learn

ionnsaigh: an t-ionnsaigh, an

ionnsaigh, *na* h-ionnsaighean (m.)
  1 attempt, 2 attack
a dh' ionnsaigh (+ gen.) (prep.)
  to, towards
gam ionnsaigh
  (prep. pron. from
  a dh'ionnsaigh) to(wards) me
  gad ionnsaigh   to(wards) you
    (sing.)
  ga ionnsaigh   to(wards) him, it
    (m.)
  ga h-ionnsaigh to(wards) her, it
    (f.)
  gar n-ionnsaigh to(wards) us
  gur n-ionnsaigh to(wards) you
    (pl.)
  gan ionnsaigh to(wards) them
iosal, *nas* isle (adj.)
  low
ire: *an* ire, *na* h-ìre (f.)
  degree, progress
Ard Ire (f.)
  "Higher" (exam)
Ire Chumanta (f.)
  'O' Grade (exam)
iriosal, *nas* irisle (adj.)
  humble
irioslachd: *an* irioslachd, *na*
h-irioslachd (f.)
  humility
iris: *an* iris, *na* h-iris, *na* h-irisean (f.)
  1 record (written), 2 magazine,
  periodical
is (abbr. of agus)
  and
is (v.)
  is, are
isbean: *an* t-isbean, *an* isbein, *na*
h-isbeanan (m.)
  sausage
isean: *an* t-isean, *an* isein, *na*
h-iseannan (m.)
  chicken
ite: *an* ite, *na* h-ite, *na* h-itean (f.)
  feather
itealan: *an* t-itealan, *an* itealain, *na*
h-itealain (m.)
  aeroplane

ith, ag itheadh (v.)
  eat
iuchair: *an* iuchair, *na* h-iuchrach, *na*
h-iuchraichean (f.)
  key
*an t-*Iuchar, *an* Iuchair (m.)
  July

L

là (m.) (See latha)
  day
Là a' Bhreitheanais (m.)
  the Day of Judgment
Là na Cruinne (m.)
  the last day
Là-na-Sàbaid (m.)
  Sunday, on Sunday
labhair, a' labhairt (v.)
  speak
lach: *an* lach, *na* lacha, *na* lachan (f.)
  wild duck
lag, *nas* laige (adj.)
  weak, feeble
lag-chuiseach, *nas* lag-chuisiche (adj.)
  unenterprising
lagan: *an* lagan, *an* lagain, *na* laganan
(m.)
  little hollow, little dell
lagh: *an* lagh, *an* lagha, *na* laghannan
(m.)
  law
laghach, *nas* laghaiche (adj.)
  nice, pretty
laghail, *nas* laghaile (adj.)
  legal
làidir, *nas* làidire AND *nas* treasa
(adj.)
  strong
Laidionn (nom.), Laidinn (gen.) (f.)
  Latin
laigh, a' laighe (v.)
  lie (down)
laigse: *an* laigse, *na* laigse, *na*
laigsean (f.)
  weakness
laimhsich, a' laimhseachadh (v.)

39

handle
laimrig: *an* laimrig, *na* laimrige, *na*
laimrigean (f.)
  harbour
laimrig-adhair (f.) (See laimrig)
  airport
làir: *an* làir, *na* làire, *na* làirean (f.)
  mare
laithean (See latha)
  days
làmh: *an* làmh, *na* laimhe, *na* làmhan
(f.)
  hand
làmh an uachdair
  the upper hand
os laimh (adv.)
  in hand
làmh-sgriobhaidh (m.) (See làmh)
  handwriting
lampa: *an* lampa, *na* lampa, *na*
lampaichean (f.)
  lamp
làn, *nas* làine, (de)
  full (of)
lann: *an* lann, *na* loinne, *na* lannan (f.)
  blade
langanaich: *an* langanaich, *an*
langanaich (m.)
  roaring (of deer)
lannaireach, *nas* lannairiche (adj.)
  shining, glittering
lann-leabhraichean: *an* lann-
leabhraichean, *na* lainn-
leabhraichean, *na* lainn-leabhraichean
(f.)
  library
laoch: *an* laoch, *an* laoich, *na* laoich
(m.)
  hero, warrior
laochan: *an* laochan, *an* laochain, *na*
laochain (m. dim.)
  little hero
laogh: *an* laogh, *an* laoigh, *na*
laoigh (m.)
  calf (animal)
laoidh: *an* laoidh, *na* laoidhe, *na*
laoidhean (f.)
  hymn

lapach, *nas* lapaiche (adj.)
  awkward, halting
làr: *an* làr, *an* làir, *na* làran (m.)
  floor
làrach, *an* làrach, *na* làraiche, *na*
làraichean (f.)
  1 site, 2 ruin
làraidh: *an* làraidh, *na* làraidh, *na*
làraidhean (f.)
  lorry
larnamhaireach (adv.)
  the following day
las, a' lasadh (v.)
  light
lasair: *an* lasair, *na* lasrach, *na*
lasraichean (f.)
  flame
lasrach, *nas* lasraiche (adj.)
  ablaze
latha: *an* latha, *an* latha, *na* làithean
(m.)
  day
latha a bha siud
  once upon a time
Latha na Sàbaid (m.)
  1 Sunday, Sabbath, 2 on Sunday
latha saor (m.)
  holiday
làithean saora (m.) (See latha)
  holidays
làthair: *an* làthair, *na* làthaire (f.)
  presence
an làthair
  present (Lit. in presence)
an làthair (+ gen.) (prep.)
  in the presence of
le (+ dat.)
  1 with (a), 2 by (a) (of an author)
leis (+ art. + dat.)
  1 with (the), 2 by (the) (of an
author)
leabag: *an* leabag, *na* leabaige, *na*
leabagan (f.)
  flounder
leabhar: *an* leabhar, *an* leabhair, *na*
leabhraichean (m.)
  book
leabhar- iùil (m.)

guide book

leac: *an leac, na lice, na leacan* (f.)
stone (slab)

leag, a' leagail (v.)
knock down, fell (i.e. trees)

leam (prep. pron.
from le)
   leat　　　　　　with me
   leis　　　　　　with you (sing.)
   leatha　　　　　with him, it (m.)
   leinn　　　　　　with her, it (f.)
   leibh　　　　　　with us
   leotha　　　　　with you (pl.)
   　　　　　　　　with them

leamhan: *an leamhan, an leamhain, na*
leamhain (m.)
elm

lean, a' leantainn (v.)
follow

leanabh: *an leanabh, an leanaibh, na*
leanaban (m.)
child

an Leanabh Naomh (m.)
the Holy Child

leann: *an leann, an leanna, na*
leanntan (m.)
beer

leannan: *an leannan, na leannain, na*
leannanan (f.)
sweetheart

leabaidh: *an leabaidh, na leapa, na*
leapannan (f.)
bed

leas: *an leas, an leas* (m.)
benefit

leig leas (¦ infin.) (See leig)
need (i.e. have to)
   e.g. *Cha leig thu leas a dhol do'n*
      sgoil
        You need not go to school

leasaich, a' leasachadh (v.)
repair; improve

leat (See leam)
with you (sing.)

leatha (See leam)
with her, with it (f.)

leathann, *nas* **leatha** (adj.)
broad

leasan: *an leasan, an leasain, na*

leasain (m.)
lesson

leathad: *an leathad, an leathaid, na*
leathaidean (m.)
hillside, slope

leibh (See leam)
with you (pl.)

leig, a' leigeil (le) (v.)
allow
   e.g. *Cha leig e le Mairi sin a*
      dheanamh
        He will not let Mary do
        that

leig air
pretend
   e.g. *leig sinn oirnn*
      we pretended

leig anail (v.)
rest
   e.g. *leig mi m' anail*
      I rested

leig air dhearmad (v.)
neglect
   e.g. *Leig e an obair air dhearmad*
      he neglected the work

leig leas (v.) (See leas)
need (i.e. have to)

leigheas: *an leigheas, an leighis, na*
leigheasan (m.)
cure

léine: *an léine, na léine, na léintean* (f.)
shirt

leinn (See leam)
with us

gu léir (adv.)
completely
   e.g. *a h-uile duine gu léir*
      absolutely everyone

léirsinn: *an léirsinn, na léirsinn* (f.)
eyesight

leis (¦ art. + n.; before gach)
1 with (the) 2 with him, it (m.)

leis cho mór agus a
considering how much

leisg: *an leisg, na leisge* (f.)
laziness

leisg, *nas* **leisge** (adj.)
lazy

leisgeul: *an* leisgeul, *an* leisgeil, *na* leisgeulan (m.)
　apology, excuse

a leithid (de)
　so many, so much, such
　(Lit. the like of)

leòmhann: *an* leòmhann, *an* leòmhainn, *na* leòmhainn (m.)
　lion

leòn, a' leon (v.)
　wound

leònte (p.p.) (See leon)
　wounded

gu leòr
　1 plenty, 2 enough

leotha (See leam)
　with them

leth: *an* leth, *na* leth (f.)
　half

air leth
　1 especially, 2 separately

fa leth
　individually

gu leth (used after the noun)
　and a half
　　e.g. tri troighean gu leth
　　　　three and a half feet

leth uair: *an* leth uair. *na* leth uarach, *na* leth uairean (f.)
　half hour

leth uair an deidh (deich)
　half past (ten)

leth-bhreac: *an* leth-bhreac, *an* leth-bhric, *na* leth-bhric (m.)
　copy, duplicate

lethcheann: *an* lethcheann, *an* lethchinn, *na* lethchinn (m.)
　cheek (of the face)

leth cheud (+ sing. n.)
　fifty

leth-chuairt: *an* leth-chuairt, *na* leth-chuairt, *na* leth-chuairtean (f.)
　semi-circle

as leth (+ gen.) (prep.)
　on behalf of

leud: *an* leud, *an* leòid, *na* leudan (m.)
　breadth

leudaich, a' leudachadh (v.)
　enlarge

leugh, a' leughadh (v.)
　read

leum, a' leum (v.)
　jump

leum: *an* leum, *na* leuma, *na* leuman (f.)
　jump

leus: *an* leus, *an* leòis (m.)
　light

lianag: *an* lianag, *na* lianaige, *na* lianagan (f.)
　meadow

liath, *nas* léithe (adj.)
　grey

liath dhearg (adj.)
　pink

liath ghorm (adj.)
　light blue

lighiche: *an* lighiche, *an* lighiche, *na* lighichean (m.)
　physician

lìnn: *an* linn, *an* linn, *na* linntean (m.)
　century
　　e.g. an t-ochdamh linn deug
　　　　the 18th century

linne: *an* linne, *na* linne, *na* linneachan, AND *na* linntean (f.)
　pool

liomh, a' liomhadh (v.)
　polish

lìon: *an* lìon, *na* lin, *na* lìn, AND *na* liontan (f.)
　fishing net

lion, a' lionadh (v.)
　fill

lionmhor, *nas* lionmhoire (adj.)
　plentiful, numerous

lite: *an* lite, *na* lite (f.)
　porridge

litir: *an* litir, *na* litreach, *na* litrichean (f.)
　letter

litreachas: *an* litreachas, *an* litreachais (m.)
　literature

liùdhag: *an* liùdhag, *na* liùdhaige, *na* liùdhagan (f.)
　doll

liuthad (ͺ n. sing.)
　many (a)
loch: *an loch, an locha, na lochan* (m.)
　loch
lòchran: *an lòchran, an lòchrain, na
lòchrain* (m.)
　lantern
loine: *an loine, na loine, na loineachan*
(f.)
　line
lòinidh: *an lòinidh, na lòinidh* (f.)
　rheumatism
loisg, a' losgadh (v.)
　burn; fire (a gun)
lom, *nas luime* (adj.)
　bare
loma làn (de) (adj.)
　1 burn, 2 fire (a gun)
lòn: *an lòn, an lòin* (m.)
　food, provisions
lòn: *an lòn, an lòin, na lòintean* (m.)
　meadow
lon-dubh: *an lon-dubh, an loin-duibh,
na loin-dhubha* (m.)
　blackbird
long: *an long, na luinge, na longan* (f.)
　ship
long-cogaidh (f.) (See long)
　warship
lorg: *an lorg, na luirge, na lorgan* (f.)
　track, trace
lorg, a' lorg (v.)
　search out, find
lòsan: *an lòsan, an lòsain, na lòsain*
(m.)
　(window) pane
losgann: *an losgann, an losgainn, na
losgannan* (m.)
　toad, frog
leòn, a' leòn (v.)
　wound
lot: *an lot, an lota, na lotan* (m.)
　wound
lot, a' lotadh (v.)
　wound
luach: *an luach, an luach* (m.)
　value
luachair: *an luachair, na luachrach* (f.)

　rushes
luachmhor, *nas luachmhoire* (adj.)
　valuable
luadhadh: *an luadhadh, an luadhaidh,
na luadhaidh* (m.)
　process of fulling (cloth)
òran-luadhaidh (m.) (See òran)
　waulking song
a luaidh & mo luaidh (voc.)
　my darling
luaidh, a' luaidh (v.)
　praise
luaidh, a' luadhadh (v.)
　full (cloth)
luasgannach, *nas luasgannaiche* (adj.)
　tossing (of waves)
luath, *nas luaithe* (adj.)
　quick, fast
cho luath 's a (ͺ indep. form of v.)
　as soon as
　　e.g. cho luath 's a bha mi deiseil
　　　　as soon as I was ready
luathas: *an luathas, an luathais* (m.)
　speed
luaithre: *an luaithre, na luaithre* (f.)
　ashes, dust
lùb: *an lùb, na luib, na lùban* (f.)
　bend
lùb, a' lùbadh (v.)
　bend, stoop
lùbach, *nas lùbaiche* (adj.)
　twisting, bending
luch: *an luch, na lucha, na luchan* (f.)
　mouse
lùchairt: *an lùchairt, na lùchairte, na
lùchairtean* (f.)
　palace
luchd: *an luchd, an luchda, na
luchdan* (m.)
　load, cargo
luchd: *an luchd, an luchd* (m.)
　(usually precedes another noun)
　people
luchd-altruim (m.)
　nurses, nursing profession
luchd-ciùil (m.)
　musicians
luchd-ealain (m.)

artists
luchd-éisdeachd (m.)
listeners
luchd-lagha
lawyers, legal profession
luchd-leughaidh (m.)
readers, readership
luchd-obrach (m.)
workers, work force
luchd-riaghlaidh (m.)
rulers, government
luchd-tòrachd (m.)
pursuers
luchd-turuis (m.)
tourists
luideag: *an* luideag, *na* luideige, *na*
luideagan (f.)
rag
an **Lùnasdal,** *an* **Lùnasdail (m.)**
August
lus: *an* lus, *an* luis, *na* lusan (m.)
plant, vegetable
lùths: *an* lùths, *an* lùiths (m.)
strength, power

M

m' (abbr. of mo) (+ asp.)
my
ma (+ indep. form of v. in pres.t.; +
rel. fut.)
if
mac: *am* mac, *a'* mhic, *na* mic (m.)
son
a h-uile mac mathar
every Tom, Dick and Harry
(Lit. every mother's son)
mac-meanma (m.) (See mac)
imagination
mac-talla (m.) (See mac)
echo
a mach (adv.)
out (involving motion)
machair: *a'* mhachair, *na* machrach,
na **machraichean (f.)**
low lying, fertile plain
a' Mhachair Ghallda (f.)

The Lowlands (of Scotland)
madadh: *am* madadh, *a'* mhadaidh, *na*
madaidh (m.)
dog
madadh-allaidh (m.) (See madadh)
wolf
madadh-ruadh (m.) (See madadh)
fox
madainn: *a'* mhadainn, *na* maidne, *na*
madainnean (f.)
morning
maide: *am* maide, *a'* mhaide, *na*
maidean (m.)
stick
maigheach: *a'* mhaigheach, *na*
maighiche, *na* maighichean (f.)
hare
Màigh: *a'* Mhàigh, *na* Màighe (f.)
May
maighdean: *a'* mhaighdean, *na*
maighdinne, *na* maighdeanan (f.)
maiden
maighstir: *am* maighstir, *a'* mhaighstir,
na maighstirean (m.)
master, Mr.
maighstir-sgoile (m.) (See maighstir)
schoolmaster
màileid: *a'* mhàileid, *na* màileide, *na*
màileidean (f.)
bag
maille: *a'* mhaille, *na* maille (f.)
delay
maille ri (prep.)
together with
mair, a' mairsinn (v.)
exist, last
nach maireann
(the) late
e.g. Ailean Domhnullach nach
maireann
the late Alan MacDonald
am maireach (adv.)
tomorrow
maise: *a'* mhaise, *na* maise (f.)
beauty
maiseach, *nas* maisiche (adj.)
beautiful
maith, a' mathadh (v.)

44

forgive
maitheanas: *am* maitheanas, *a'*
mhaitheanais (m.)
  pardon, forgiveness
maitheas: *am* maitheas, *a'* mhaitheis
(m.)
  goodness
màl: *am* màl, *a'* mhàil, *na* màil (m.)
  rent, tax
mala: *a'* mhala, *na* mala, *na*
malaidhean (f.)
  eye-brow
malairt: *a'* mhalairt, *na* malairt, *na*
malairtean (f.)
  business, commerce
mallaich, a' mallachadh **(v.)**
  curse
mall, *nas* maille **(adj.)**
  slow
manach: *am* manach, *a'* mhanaich, *na*
manaich (m.)
  monk
mànran: *am* mànran, *a'* mhànrain, *na*
mànranan (m.)
  loving talk
maol, *nas* maoile **(adj.)**
  bald
maor: *am* maor, *a'* mhaoir, *na* maoir
(m.)
  official
maorach: *am* maorach, *a'* mhaoraich,
(m. coll.)
  shell-fish
mar (adv. & conj.)
  as, like, how
mar gu (+ dep. cond. form of v.)
  as if
mar is trice
  usually
mar sin
  thus, like that
agus mar sin air adhart
  and so on
mar tha
  already
mar thachair
  as it happened
marag: *a'* mharag, *na* maraig, *na*

maragan (f.)
  pudding
marag dhubh (f.)
  black pudding
maraiche: *am* maraiche, *a'* mharaiche,
na maraichean (m.)
  sailor, seaman
marbh, a' marbhadh **(v.)**
  kill
marbh, *nas* mairbhe **(adj.)**
  dead
marcaiche: *am* marcaiche, *a'*
mharcaiche, *na* marcaichean **(m.)**
  horseman, rider
mart: *am* mart, *a'* mhairt, *na* mairt
(m.)
  cow
am **Màrt**, *a'* **Mhàirt (m.)**
  March
ma's (ma + **is)**
  if . . . is!are
ma's e do thoil e
  please (sing.)
ma's e bhur toil e
  please (pl.)
màs: *am* màs, *a'* mhàis, *na* màsan
(m.)
  bottom (anatomical)
màta (adv.)
  then (not time)
math: *am* math, *a'* mhaith **(m.)**
  goodness; produce
is math leam (n. nom.)
  I like
math, *nas* fheàrr **(adj.)**
  good
gu math (adv.)
  well
gu math (adv.)
  very, quite
    e.g. gu math làidir
        quite (very) strong
's math a dh' fhaoidte (+ gu +
dependent form of v.)
  perhaps
    e.g. 's math a dh' fhaoidte gun
      robh mi ceàrr
        perhaps I was wrong

's mathaid (+ gu + dep. form of v.)
  perhaps
    e.g. **'s mathaid gu bheil thu ceart**
      perhaps you are right

màthair: *a'* **mhàthair,** *na* **màthar,** *na* **màthraichean** (f.)
  mother

màthaireil (adj.)
  mother (adj.)
    e.g. **canain mhathaireil**
      mother tongue

mathan: *am* **mathan,** *a'* **mhathain,** *na* **mathanan** (m.)
  bear

meadhon: *am* **meadhon,** *a'* **mheadhoin,** *na* **meadhonan** (m.)
  middle

meadhon-latha (m.)
  mid-day

meadhon-oidhche (m.)
  midnight

meadhonach, *nas* **meadhonaiche** (adj.)
  1 central, 2 mediocre, middling

meal, *a'* **mealtainn** (v.)
  enjoy

meala-naidheachd ort (sing.) **oirbh**
meala-naidheachd oirbh (pl.)
  congratulations!

meall: *am* **meall,** *a'* **mhill,** *na* **meallan** (m.)
  lump, hill

meall, *a'* **mealladh** (v.)
  deceive

meanbh, *nas* **meanbha** (adj.)
  little

meanbh-chuileag: *a'* **mheanbh-chuileag,** *na* **meanbh-chuileig,** *na* **meanbh-chuileagan** (f.)
  midge

meang: *a'* **mheang,** *na* **meanga,** *na* **meangan** (f.)
  fault

meanglan: *am* **meanglan,** *a'* **mheanglain,** *na* **meanglanan** (m.)
  branch

mearachd: *a'* **mhearachd,** *na* **mearachd,** *na* **mearachdan** (f.)
  mistake

meas: *am* **meas,** *a'* **mheasa,** *na* **measan** (m.)
  fruit

meas: *am* **meas,** *a'* **mheas** (m.)
  regard, respect

meas, *a'* **measadh** (v.)
  regard, respect

measail, *nas* **measaile** (adj.)
  respected, esteemed

measail air (+ dat.)
  fond of

am measg (+ gen.) (prep.)
  among

measgaich, *a'* **measgachadh** (v.)
  mix

meata, *nas* **meata** (adj.)
  cowardly, timid

meirle: *a'* **mheirle,** *na* **meirle** (f.)
  theft

meirleach: *am* **meirleach,** *a'* **mheirlich,** *na* **meirlich** (m.)
  thief

meud: *am* **meud,** *a'* **mheud** (m.)
  size

cia mheud? (See **cia**)
  how many?

meudaich, *a'* **meudachadh** (v.)
  enlarge, augment

meur: *a'* **mheur,** *na* **meòir,** *na* **meòir** (f.)
  1 finger, 2 branch

a mhàin (adv.)
  only

fo mhisg
  drunk

a mhòin dé
  the day before yesterday

mi
  1 I, 2 me (direct object)

mi
  prefix (+ asp.) which negatives the adjective with which it is compounded
    e.g. **mi-thoilichte**
      unhappy

miag, *a'* **miagail** (v.)
  mew

mial-chù (m.) (See **cù**)
  greyhound, deerhound

mial-eòlas: *am* mial-eòlas, *a'* mhial-
eòlais (m.)
  zoology

miann: *am* miann, *a'* mhiann, *na*
miannan (m.)
  desire, intention

is miann (leam) (+ n. nom.)
  I like

mic (See mac)
  of a son, sons

mi-cheartas: *am* mi-cheartas, *a'*
mhi-cheartais (m.)
  injustice

mi-chliu: *am* mi-chliu, *a'* mhi-chliu (m)
  infamy

mi-chomhfhurtail, *nas* mi-
chomhfhurtaile (adj.)
  uncomfortable

mi-fhortan: *am* mi-fhortan, *a'* mhi-
fhortain, *na* mi-fhortanan (m.)
  misfortune

mil: *a'* mhil, *na* meala (f.)
  honey

mile: *a'* mhile, *na* mile, *na* miltean (f.)
  mile

mile: *a'* mhile, *na* mile, *na* miltean (f.)
(usually in sing.)
  thousand
    e.g. deich mile
              ten thousand
          mile fear
              a thousand people

milis, *nas* milse (adj.)
  sweet

mill, *a'* milleadh (v.)
  spoil, destroy

millteach, *nas* milltiche (adj.)
  destructive

milsean: *am* milsean, *a'* mhilsein (m.)
  sweets, dessert

mi-mhodhal, *nas* mi-mhodhaile (adj.)
  rude, ill-mannered

min: *a'* mhin, *na* mine (f.)
  meal (for hens)

min-choirce (f.)
  oatmeal

min, *nas* mine (adj.)
  smooth, gentle

(is) minic
  (it is) often
    e.g. Is minic a thachras a leithid
          sin
              It is often that that sort of
              thing will happen

mìnich, *a'* mìneachadh (v.)
  explain

minig (adj.) (See minic)
  frequent, often

ministear: *am* ministear, *a'* mhinisteir,
na ministearan (m.)
  minister

mi-nadurrach, *nas* mi-nadurraiche
(adj.)
  unnatural

mionaid: *a'* mhionaid, *na* mionaide, *na*
mionaidean (f.)
  minute

mionaideach, *nas* mionaideiche (adj.)
  1 minute, 2 precise, detailed

mionn: *am* mionn, *a'* mhionna, *na*
mionnan (m.)
  oath, curse

mionnaich, *a'* mionnachadh (v.)
  swear, curse

miorbhaileach, *nas* miorbhailiche (adj.)
  miraculous, marvellous

miòs: *am* mios, *a'* mhios, *na* miosan
(m.)
  month

mios nam pog (m.)
  (the) honeymoon

miotag: *a'* mhiotag, *na* miotaige, *na*
miotagan (f.)
  glove

mìr: *am* mir, *a'* mhìre, *na* mirean (m.)
  piece, morsel

mir, *a'* mire (v.)
  frolick, flirt

mire: *a'* mhire, *na* mire (f.)
  mirth

mi-rùn: *am* mi-rùn, *a'* mhi-rùin (m.)
  malice, spite

is misde (2nd comparative of dona)
  is/are the worse of

mise
  I, me (emphatic)

misgeach, *nas* **misgiche** (adj.)
  drunk
mi-shealbhach, *nas* **mi-shealbhaiche**
(adj.)
  unfortunate
misneach: *a' mhisneach, na* misnich
(f.)
  courage, encouragement
misneachail, *nas* **misneachaile** (adj.)
  encouraging
misnich, a' misneachadh (v.)
  encourage
mi-stolda, *nas* **mi-stolda** (adj.)
  restless, ill-behaved
mi-thaingeil, *nas* **mi-thaingeile** (adj.)
  ungrateful
mi-thoilichte, *nas* **mi-thoilichte** (adj.)
  unhappy
mo (+ asp.) (adj.)
  my
moch (adv.)
  early
mòd: *am* mòd, *a'* mhòid, *na* mòdan
(m.)
  mod, festival
modhail, *nas* **modhaile** (adj.)
  polite
mòine: *a'* mhòine, *na* mòna (f.)
  peat
mòinteach: *a'* mhòinteach, *na*
mòintich, *na* mòintichean (f.)
  moor
monadh: *am* monadh, *a'* mhonaidh, *na*
monaidhean (m.)
  moorland
moit: *a'* mhoit, *na* moite (f.)
  pride
moiteil, *nas* **moiteile** (le) (adj.)
  proud (of)
mol: *am* mol, *a'* mhoil, *na* molan (m.)
  shingle
mol, a' moladh (v.)
  praise, recommend
mór, *nas* **motha** (adj.)
  big
cha mhór gu (+ dep. form of v.)
  hardly, scarcely
    e.g. Cha mhór gun do rainig mi an

taigh
  I scarcely reached the
  house
cha mhòr nach (+ dep. form of v.)
  almost
    e.g. Cha mhór nach do rainig mi
    an taigh
    I almost reached the house
morair: *am* mórair, *a'* mhorair, *na*
morairean (m.)
  lord, nobleman
móran, mòrain (m.) (+ gen.)
(genitive plural is aspirated)
  a lot of, much
    e.g. móran Gàidhlige
    a lot of Gaelic
    móran dhaoine
    many men
mór-chuid: *am* mór-chuid, *a'* mhóir-
chuid (m.)
  majority
mothaich, a' mothachadh (v.)
  notice
mosach, *nas* **mosaiche** (adj.)
  nasty, inhospitable
mu (+ asp.) (prep.)
  about, concerning
mu choinneamh (prep.) (+ gen.)
  opposite
mu chuairt (prep.) (+ gen.)
  around, round about
mu dheas
  in the South
mu dheidhinn (+ gen.)
  concerning
mu dheireadh
  1 at last, lastly, 2 last
    e.g. an t-seachdainn mu dheireadh
    last week
mu dheireadh thall (adv.)
  at long last
mu thimcheall (+ gen.)
  1 around, 2 about, concerning
mu thràth
  already
mu thuath
  in the North
muc: *a'* mhuc, *na* muic, *na* mucan (f.)

pig

muc-mhara (f.) (See muc)
 whale

muc-fheòil: a' mhuc-fheòil, na
muc-fheòla (f.)
 ham

a muigh (adv.)
 outside

muilchinn: am muilchinn, a'
mhuilchinn, na muilchinnean (m.)
 sleeve

muillean: am muillean, a' mhuillein,
na muilleanan (m.)
 million

muileann: a' mhuileann, na muilne,
na muiltean (f.)
 mill

muinchill: am muinchill, a' mhuinchill,
na muinchillean (m.)
 sleeve

muinntir: a' mhuinntir, na muinntire
(f. coll.)
 people, inhabitants

muir: a' mhuir, na mara, na marannan
(f.)
 sea

mulad: am mulad, a' mhulaid, na
muladan (m.)
 sadness

muladach, nas muladaiche (adj.)
 sad

mullach: am mullach, a' mhullaich, na
mullaichean (m.)
 top

mun (+ dep. form of v.) (conj.)
 before

mun chairt air (+ dat.)
 around

mur(a) (+ dep. form of v. in p.t. +
pres.t.; + rel. fut.)
 unless, if . . . not

murt: am murt, a' mhuirt, na muirt
(m.)
 murder

mus (+ dep. form of v.) (conj.)
 before

N

'n (abbrev. of an) (art.)
 the

na (f. gen.) (art.)
 of the

na (art.)
 the (pl.)

na (rel. pron.)
 all that, that which

na (+ imp.)
 do not . . .

na (See nas)
 than

'na (+ asp.)
 in his, in its (m.)

'na
 in her, in its (f.)

nàbaidh: an nàbaidh, an nàbaidh, na
nàbaidhean (m.)
 neighbour

na bu (+ asp.)
 used before comp. adj. with verb
 in past tense
  e.g. Bha Iain na bu bheartaiche
   na Seumas
    John was richer than James

nach (+ dep. form of v.) (adv.)
 aren't? isn't? didn't? haven't? etc.
  e.g. Nach d' fhuair thu an duais?
   Didn't you get the prize?
   Nacheil thu deiseil?
   Aren't you ready?

nach (+ dep. form of v.) (neg. rel.
pron.)
 who, that, which . . . not
  e.g. Seo am balach nach robh aig
   an sgoil
    This is the boy (who, that)
    was not at school

nach (+ dep. form of v.) (conj.)
 that . . . not (in reported speech)
  e.g. Thuirt Mairi nach robh i
   deiseil
    Mary said that she was not
    ready

'nad (+ asp.)
 in your

nàdur: *an* nàdur, *an* nàduir, *na*
nàduir (m.)
   nature
nàdurrach, *nas* nàdurraiche (adj.)
   natural
na h- (art. nom. & dat. pl. before a
vowel)
   the
     e.g. na h-uinneagan
         the windows
na h- (art. gen. sing. f. before a
vowel)
   of the
     e.g. na h-uinneige
         of the window
naidheachd: *an* naidheachd, *na*
naidheachd, *na* naidheachdan (f.)
   news
naimhdeas: *an* naimhdeas, *an*
naimhdeis (m.)
   enmity, hostility
nàire: *an* nàire, *na* nàire (f.)
   shame
Mo nàire!
   For shame! Disgraceful!
a nall
   hither
nam (art. gen. pl. before b, f, m, p)
   of the
'nam (+ asp.)
   in my
'nam (before b, f, m, p)
   in their
nàmh: *an* nàmh, *an* naimh, *na*
naimh (m.)
   enemy
nàmhaid: *an* nàmhaid, *an* nàmhad,
na naimhdean (m.)
   enemy
nan (gen. pl.)
nan (art. gen. pl.)
   of the
'nan
   in their
nan, nam (+ dep. form of v. in pres. t.
+ p.t.; + rel. fut.) (conj.)
   if
naoi

nine
naoidheamh (adj.)
   ninth
naoinear (n.)
   nine (persons)
naomh: *an* naomh, *an* naoimh, *na*
naoimh (m.)
   saint
naomh, *nas* naoimhe (adj.)
   holy
'nar
   in our
nàrach, *nas* nàraiche (adj.)
   shameful, disgraceful
nàraich, a' nàrachadh (v.)
   insult, affront
nas
   particle used before comp. form of
   adj.
     e.g. nas motha
         bigger
nas (motha) *na*
   (bigger) than
     e.g. Tha Iain nas motha na
        Seumas
        Iain is bigger than James
nathair: *an* nathair, *na* nathrach, *na*
nathraichean (f.)
   snake
-ne
   emphatic ending for nouns and
   pronouns
     e.g. oirnn-ne
         on us
neach: *an* neach (m.)
   person
     e.g. neach sam bith
         anyone
nead: *an* nead, *an* nid, *na* nid (m.)
   nest
neadaich, a' neadachadh (v.)
   nest
neamh: *an* neamh, *an* neimh, *na*
neamhan (m.)
   heaven
neapaicin: *an* neapaicin, *na* neapaicine,
na neapaicinean (f.)
   handkerchief

neart: an neart, an neirt (m.)
  strength
bho neart gu neart
  from strength to strength
neartaich, a' neartachadh (v.)
  strengthen
neartmhor, nas neartmhoire (adj.)
  powerful, mighty
neas: an neas, na neasa, na neasan (f.)
  weasel
neo (alt. sp. no)
  or
air neo
  otherwise, or else
neo
  prefix (+ asp.) which negatives the
  adjective with which it is
  compounded
    e.g. neo-chiontach
  innocent
neo-abhaisteach, nas neo-abhaistiche
  (adj.)
  unusual
neo-chiontach, nas neo-chiontaiche
  (adj.)
  innocent, not guilty
neo-chomasach, nas neo-chomasaiche
  (adj.)
  incapable, impossible
neo-chumanta, nas neo-chumanta
  (adj.)
  uncommon, unusual
neo-chùram: an neo-chùram, an neo-
  chùraim (m.)
  negligence
neo-dhreuchdail, nas neo-dhreuchdaile
  (adj.)
  amateur, non-professional
neo-eiseimeileachd: an neo-
  eiseimeileachd, na neo-eiseimeileachd
  (f.)
  independence, self-reliance
neo-fhaicsinneach, nas neo-
  fhaicsinniche (adj.)
  invisible
neòinean: an neòinean, an neòinein,
  na neòineanan (m.)
  daisy

neònach, nas neònaiche (adj.)
  strange, amusing
neul: an neul, an neòil, na neòil (m.)
  cloud
ni (fut. t. See App.: dean)
  will do, will make
ni: an ni, an ni, na nithean (m.)
  thing
an Ni Math (m.)
  God
nic (contr. of nighean)
  (used in female surnames rendered
  Mac in English)
  daughter (of)
    e.g. Mairi NicLeoid
  Mary MacLeod
nigh, a' nigheadh AND a' nighe (v.)
  wash
nighean: an nighean, na nighinne, na
  naigheanan (f.)
  daughter
nimheil, nas nimheile (adj.)
  poisonous
(a) nios (adv.)
  up (from below) i.e. motion
  upwards
(a) nis (adv.)
  now
niuclasach, nas niuclasaiche (adj.)
  nuclear
no (See neo) (conj.)
  or
nobhal: an nobhal, an nobhail, na
  nobhalan (m.)
  novel
nochd, a' nochdadh (v.)
  1 show 2 appear
an nochd (adv.)
  tonight
nodha (See nuadh)
  new
an Nollaig, na Nollaige (f.)
  Christmas
nòs: an nòs, an nòis, na nòsan (m.)
  custom, manner
nota: an nota, an nota, na notaichean
  (m.)
  pound note

nuadh, *nas* nuaidhe (adj.)
new

nuadhaich, a' nuadhachadh (v.)
renew, renovate

nuallanaich: *an* nuallanaich, *na*
nuallanaich (f.)
howling, lowing

nuair (& *an uair*) a (+ indep. form of
v.; + rel. fut.)
when (not a question)

nuair sin
then

(a) nuas (adv.)
down (from above)

a null (adv.)
thither, to there

a null 's a nall
hither and thither

(a) nunn (adv.)
thither, to the other side

nupair: *an* nupair, *an* nupair, *na*
nupairean (m.)
spanner

'nur
in your

O

o (*bho*) (+ asp. + dat.) (prep.)
from

òb: *an t*-òb, *an* òba, *na* h-òban (m.)
bay

obair-lann: *an* obair-lann, *na* h-obair-
lainn, *na* h-obair-lannan (f.)
laboratory

òban: *an t*-òban, *an* òbain, *na* h-
òbanan (m.)
little bay

obair: *an* obair, *na* h-obrach, *na*
h-oibrichean (f.)
work

obann, *nas* obainne (adj.)
sudden, unexpected

obraich, ag obair (v.)
work

ochd (adj.)
eight

ochdamh (adj.)
eighth

ochdnar (n.)
eight persons

o chionn (adv. & prep.)
since, ago

o chionn fhada
a long time ago, for a long time

o chionn ghoirid
recently, a short time ago

odhar, *nas* uidhre (adj.)
dun coloured

òg, *nas* òige (adj.)
young

an t-Og-mhios, *an* Og-mhiosa (m.)
June

òganach: *an t*-òganach, *an* òganaich,
na h-òganaich (m.)
young man

ogha: *an t*-ogha, *an* ogha, *na*
h-oghachan AND *na* h-oghaichean (m.)
grandchild

oibrich, ag obair (v.)
work

oibriche: *an t*-oibriche, *an* oibriche,
na h-oibrichean (m.)
workman

oidhche: *an* oidhche, *na* h-oidhche, *na*
h-oidhcheannan (f.)
night

Oidhche Shamhna (See an t-Samhainn)
Hallowe'en

oidhirp: *an* oidhirp, *na* h-oidhirpe, *na*
h-oidhirpean (f.)
attempt, effort

oifis a' phuist (f.) (See oifis)
post-office

oifigear: *an t*-oifigear, *an* oifigir, *na*
h-oifigearan (m.)
officer, official

oifis: *an* oifis, *na* h-oifis, *na*
h-oifisean (f.)
office

òige: *an* òige, *na* h-òige (f. coll.)
youth (coll. n.)

òigear: *an t*-òigear, *an* òigeir, *na*
h-òigearan (m.)
young man, youth

òigh: *an òigh, na h-òighe, na h-òighean*
(f.)
  maiden

oighre: *an t-oighre, an oighre, na h-oighreachan* (m.)
  heir

oighreachd: *an oighreachd, na h-oighreachd, na h-oighreachdan* (f.)
  1 inheritance, 2 estate (property)

òigridh: *an òigridh, na h-òigridhe*
(f. coll.)
  young people

oileanach: *an t-oileanach, an oileanaich, na h-oileanaich* (m.)
  student

oileanaich, *ag oileanachadh* (v.)
  educate, teach

oillteil, *nas oillteile* (adj.)
  horrible, terrible

oilthigh: *an t-oilthigh, an oilthighe, na h-oilthighean* (m.)
  university

oir (+ indep. form of v.) (conj.)
  because, for

oir: *an oir, na h-oire, na h-oirean* (f.)
  edge

oirbh (See orm)
  on you (pl.)

oirleach: *an t-oirleach, an oirlich, na h-oirlich* (m.)
  inch

oirnn (See orm)
  on us

oirre (See orm)
  on her

oirthir: *an oirthir, na h-oirthire, na h-oirthirean* (f.)
  coast, border

oiseann: *an oiseann, na h-oisinn, na h-oisnean* (f.)
  corner

oiteag: *an oiteag, na h-oiteige, na h-oiteagan* (f.)
  gust of wind

oitir: *an oitir, na h-oitire, na h-oitirean* (f.)
  bank in the sea

òl, *ag òl* (v.)

  drink

ola: *an ola, na h-ola, na h-olaichean*
(f.)
  oil

olc: *an t-olc, an uilc, na h-uilc* (m.)
  evil, wickedness

olc, *nas miosa* (adj.)
  bad, evil

ollamh: *an t-ollamh, an ollaimh, na h-ollamhan* (m.)
  professor

onfhadh: *an t-onfhadh, an onfhaidh, na h-onfhaidhean* (m.)
  roaring, rage (of the sea)

onoir: *an onoir, na h-onoire, na h-onoirean* (f.)
  honour, respect

òr: *an t-òr, an òir* (m.)
  gold

òraid: *an òraid, na h-òraide, na h-òraidean* (f.)
  speech, talk, lecture

òran: *an t-òran, an òrain, na h-òrain*
(m.)
  song

òran-luadhaidh (m.) (See òran)
  waulking song

orainsear: *an t-orainsear, an orainseir, na h-orainsearan* (m.)
  orange

òrd: *an t-òrd, an uird, na h-uird* (m.)
  hammer

òrdag: *an òrdag, na h-òrdaige, na h-òrdagan* (f.)
  thumb

òrdugh: *an t-òrdugh, an òrduigh, na h-òrduighean* (m.)
  1 order, command, 2 arrangement, 3 Eucharist

(ann) an òrdugh
  in order

òrduich, *ag òrdachadh* (v.)
  order

orm (prep. pron.)

from air)	on me
ort	on you (sing.)
air	on him, it (m.)
oirre	on her, it (f.)

oirnn   on us
oirbh   on you (pl.)
orra   on them

osag: *an* osag, *na h-*osaig, *na h-*osagan (f.)
   breeze, gust

osann: *an t-*osann, *an* osainn, *na h-*osainn (m.)
   sigh

os cionn (+ gen.) (prep.)
   above

òsdair: *an t-*òsdair, *an* òsdair, *na h-*òsdairean (m.)
   hotelier, innkeeper

os iosal (adv.)
   secretly

os laimh (adv.)
   in hand

ospadal: *an t-*ospadal, *an* ospadail, *na h-*ospadalan (m.)
   hospital

othail: *an* othail, *na h-*othaile, *na h-*othailean (f.)
   hubbub, confusion

P

pac: *am* pac, *a'* phaic, *na* pacaichean (m.)
   pack

paidhir: *a'* phaidhir, *na* paidhreach, *na* paidhirichean (f.)
   pair

pàigh, *a'* pàigheadh (v.)
   pay

pailt, *nas* pailte (adj.)
   numerous, plentiful

pailteas: *am* pailteas, *a'* phailteis (m.)
   plenty, abundance

paipear: *am* paipear, *a'* phaipeir, *na* paipearan (m.)
   paper

paiper-naidheachd (m.) (See paipear)
   newspaper

pàirc: *a'* phàirc, *na* pàirce, *na* pàircean (f.)
   park, field

pàisd: *am* pàisd, *a'* phàisde, *na* pàisdean (m.)
   child, infant

paisg, *a'* pasgadh (v.)
   fold, wrap

pana: *am* pana, *a'* phana, *na* panaichean (m.)
   pan

Pàpanach: *am* Pàpanach, *a'* Phàpanaich, *na* Pàpanaich (m.)
   Catholic

pàrant: *am* pàrant, *a'* phàrant, *na* pàrantan (m.)
   parent

Parlamaid: *a'* Pharlamaid, *na* Parlamaide (f.)
   Parliament

Pàrras (nom.) Pàrrais (gen.) (m.)
   paradise, heaven

partan: *am* partan, *a'* phartain, *na* partanan (m.)
   crab (green)

pasgan: *am* pasgan, *a'* phasgain, *na* pasganan (m.)
   parcel

pathadh: *am* pathadh, *a'* phathaidh (m.)
   thirst
      e.g. tha am pathadh orm (ort etc.)
         I (you etc.) are thirsty

peacach: *am* peacach, *a'* pheacaich, *na* peacaich (m.)
   sinner

peacadh: *am* peacadh, *a'* pheacaidh, *na* peacaidhean (m.)
   sin

peacaich, *a'* peacachadh (v.)
   sin

peall: *am* peall, *a'* phill, *na* pillean (m.)
   hide (shaggy)

peallach, *nas* peallaiche (adj.)
   shaggy

peann: *am* peann, *a'* phinn, *na* pinn (m.)
   pen

peansachadh: *am* peansachadh, *a'* pheansachaidh, *na* peansachaidh (m.)
   punishment

peansail: *am* peansail, *a'* pheansail,
na peansailean (m.)
  pencil

pearsa: *am* pearsa, *a'* phearsa, *na*
pearsannan (m.)
  person

pearsanta, *nas* pearsanta (adj.)
  handsome, of good appearance

gu persanta
  personally

peasair: *a'* pheasair, *na* peasrach, *na*
peasraichean (f.)
  pea

peata: *am* peata, *a'* pheata, *na*
peatachan (m.)
  pet

peile: *am* peile, *a'* pheile, *na*
peilichean (m.)
  pail, bucket

peilear: *am* peilear, *a'* pheileir, *na*
peilearan (m.)
  bullet

peitean: *am* peitean, *a'* pheitein, *na*
peiteanan (m.)
  jersey, waistcoat

peur: *a'* pheur *na* peura *na* peuran (f.)
  pear

pian: *am* pian, *a'* phein, *na* piantan (m.)
  pain

piob: *a'* phiob, *na* pioba, *na* pioban (f.)
  pipe

piobaire: *am* piobaire, *a'* phiobaire, *na*
piobairean (m.)
  piper

piobaireachd: *a'* phiobaireachd, *na*
piobaireachd (f.)
  piping, pipe-music

piob-mhór: *a'* phiob-mhór, *na*
pioba-móire, *na* pioban-móra (f.)
  bagpipe

pios: *am* pios, *a'* phiosa, *na* piosan
(m.)
  piece, bit

piseach: *a'* phiseach, *na* pisich (f.)
  prosperity, success, improvement

piseag: *a'* phiseag, *na* piseige, *na*
piseagan (f.)
  kitten

piuthar: *a'* phiuthar, *na* peathrach, *na*
peathraichean (f.)
  sister

piuthar-athar (f.)
  aunt (paternal)

piuthar-cheile (f.)
  sister-in-law

piuthar-màthar (f.)
  aunt (maternal)

plaide: *a'* phlaide, *na* plaide, *na*
plaidean (f.)
  blanket

plàigh: *a'* phlàigh, *na* plàighe, *na*
plàighean (f.)
  plague

plan: *am* plan, *a'* phlana, *na*
planaichean (m.)
  plan

planaid: *a'* phlanaid, *na* planaide, *na*
planaidean (f.)
  planet

plaosg: *am* plaosg, *a'* phlaoisg, *na*
plaosgan (m.)
  husk, peel

plion: *am* plion, *a'* phlion (m.)
  leer

plosg, *a'* plosgadh (v.)
  1 throb, 2 sigh

plub: *am* plub, *a'* phluba, *na* pluban
(m.)
  plop, splosh

plubraich, *nas* plubraiche (adj.)
  gurgling

plumair: *am* plumair, *a'* phlumair, *na*
na plumairean (m.)
  plumber

poca: *am* poca, *a'* phoca, *na* pocannan
(m.)
  sack, pack

pòcaid: *a'* phòcaid, *na* pòcaide, *na*
pòcaidean (f.)
  pocket

pòcaid-broillich (f.) (See pocaid)
  breast pocket

pòg, *a'* pògadh (v.)
  kiss

pòg: *a'* phòg, *na* pòige, *na* pògan (f.)
  kiss

poit: *a'* phoit, *na* poite, *na* poitean (f.)
  pot

polasman: *am* polasman, *a'*
pholasmain, *na* polasmanan (m.)
  policeman

politiceach, *nas* politiciche (adj.)
  political

poll: *am* poll, *a'* phuill, *na* puill (m.)
  mud, pool

pònair: *a'* phònair, *na* pònarach (f.)
(coll. n.)
  beans

pong: *am* pong, *a'* phuing, *na*
pongan (m.)
  note (of music)

pongail, *nas* pongaile (adj.)
  articulate, eloquent

pòr: *am* pòr, *a'* phòir, *na* pòran (m.)
  seed, crop

port: *am* port, *a'* phuirt, *na*
puirt AND *na* portan (m.)
  port

port-adhair (m.) (See port)
  airport

port: *am* port, *a'* phuirt, *na* puirt
AND *na* portan (m.)
  tune

port-a-beul (m.)
  mouth music

pòs, *a'* pòsadh (v.)
  marry

pòsda (p.p. of pòs)
  married

post: *am* post, *a'* phuist, *na* postan (m.)
  post (postal service)

post, *a'* postadh (v.)
  post

posta: *am* posta, *a'* phosta, *na*
postaichean (m.)
  postman

praise: *a'* phraise, *na* praise, *na*
praisean (f.)
  big pot

pràmh: *am* pràmh, *a'* phràimh (m.)
  grief, dejection

fo phràmh
  dejected (Lit. under grief)

preas: *am* preasa, *a'* phreasa, *na*

preasan (m.)
  1 bush, 2 wrinkle

preasa: *am* preasa, *a'* phreasa, *na*
preasachan AND *na* preasan (m.)
  cupboard

preasach, *nas* preasaiche (adj.)
  furrowed, wrinkled

priob, *a'* priobadh (v.)
  wink

priobadh: *am* priobadh, *a'* phriobaidh,
na priobaidhean (m.)
  winking

prioc, *a'* priocadh (v.)
  prick, sting

priomh (adj.) (prefixed to a noun +
asp.)
  prime, chief, first
    e.g. priomh bhaile
        chief town, capital city

priomhair: *am* priomhair, *a'*
phriomhair, *na* priomhairean (m.)
  chief, prime minister

priomh-athair (m.) (See athair)
  forefather

prionnsa: *am* prionnsa, *a'* phrionnsa,
na prionnsachan (m.)
  prince

priosan: *am* priosan, *a'* phriosain, *na*
priosanan (m.)
  prison, jail

priosanach: *am* priosanach, *a'*
phriosanaich, *na* priosanaich (m.)
  prisoner

pris: *a'* phris, *na* prìse, *na* prìsean (f.)
  price
    e.g. Dè a' phris a tha e?
        What price is it?
        How much does it cost?

prìseil, *nas* prìseile (adj.)
  valuable, prized, dear

probhaideach, *nas* probhaidiche (adj.)
  profitable

pròis: *a'* phròis, *na* pròise (f.)
  pride, haughtiness

pròiseil, *nas* pròiseile (adj.)
  haughty

pronn, *a'* pronnadh (v.)
  pound, maul

pronnach, *a' phronnach, na* pronnaiche
(f.)
  pulp
pronnasg: *am* pronnasg, *a'*
phronnaisg (m.)
  sulphur
Pròstanach: *am* Pròstanach, *a'*
Phròstanaich, *na* Pròstanaich (m.)
  Protestant
pucaid: *a'* phucaid, *na* pucaide, *na*
pucaidean (f.)
  bucket
pùdar: *am* pùdar, *a'* phùdair (m.)
  powder
puinsean: *am* puinsean, *a'* phuinsein,
na puinseanan (m.)
  poison
pùnnd: *am* pùnnd, *a'* phuinnd, *na*
puinnd (m.)
  pound (weight)
punnd Sasunnach (See punnd)
  pound (sterling)
purpaidh, *nas* purpaidhe (adj.)
  purple
put, *a'* putadh (v.)
  push, shove
putan: *am* putan, *a'* phutain, *na*
putanan (m.)
  button

R

rabhadh: *an* rabhadh, *an* rabhaidh, *na*
rabhaidh (m.)
  warning
racan: *an* racan, *an* racain, *na*
racanan (m.)
  rake
rach, *a'* dol (Irr. v. See App.: rach)
  go
rach + aig + noun + air + infin.
  be able
      e.g. Chaidh aig Seumas air a dhol
      do na buthan
        James was able to go to
        the shops
rach a dholaidh (See App.: rach)

  become spoilt, harmed
      e.g. chaidh mo dholaidh
        I was harmed
rach mu thuath
  go north
rach a null thairis (See rach)
  go abroad
rachadh (cond. t. of rach)
  would go
radan: *an* radan, *an* radain, *na*
radain (m.)
  rat
rag, *a'* ragadh (v.)
  become stiff, numb; chill
rag, *nas* raige (adj.)
  stiff
raineach: *an* raineach, *na* rainich, *na*
rainich (f.)
  fern; bracken (pl.)
rainig (p.t. See App.: ruig)
  reached
ràith: *an* ràith, *na* ràithe, *na*
ràithean (f.)
  season
ràitheachan: *an* ràitheachan, *an*
ràitheachain, *na* ràitheachain (m.)
  quarterly magazine
ràmh: *an* ràmh, *na* raimh, *na* raimh
(m.)
  oar
ràn, *a'* rànaich (v.)
  cry, roar, shriek
rann: *an* rann, *an* rainn, *na* rannan
(m.)
  verse (of poetry)
rannsachadh: *an* rannsachadh, *an*
rannsachaidh, *na* rannsachaidh (m.)
  research, exploring
rannsaich, *a'* rannsachadh (v.)
  search, explore
raoir & an raoir (adv.)
  last night
raon: *an* raon, *an* raoin, *na* raointean
(m.)
  field, plain
rapach, *nas* rapaiche (adj.)
  filthy, slovenly
rathad: *an* rathad, *an* rathaid, *na*

rathaidean (m.)
road

ré (+ gen.) (prep.)
during

reamhar, *nas* **reamhra** (adj.)
fat, stout

rédio: *an* **rédio,** *an* **rédio** (m.)
radio

reic, *a'* **reic** (v.)
sell

reiceadair: *an* **reiceadair,** *an*
reiceadair, *na* **reiceadairean** (m.)
salesman

réidh, *nas* **réidhe** (adj.)
level, smooth

a réir (+ gen.) (prep.)
according to

a réisde (adv.)
in that case, therefore

reiteachadh: *an* **reiteachadh,** *an*
reiteachaidh, *na* **reiteachaidh** (m.)
engagement, betrothal

reothadair: *an* **reothadair,** *an*
reothadair, *na* **reothadairean** (m.)
freezer, refrigerator

reothadh: *an* **reothadh,** *an* **reothaidh**
(m.)
frost

reothart: *an* **reothart,** *na* **reothairt,** *na*
reothartan (f.)
spring-tide

reub, *a'* **reubadh** (v.)
tear, rip

reul: *an* **reul,** *an* **réil,** *na* **reultan** (m.)
star

reul-eòlas: *an* **reul-eòlas,** *an* **reul-**
eòlais (m.)
astronomy

reusanta, *nas* **reusanta** (adj.)
rational, reasonable

ri (+ dat.)
to (a)

riadh: *an* **riadh,** *an* **réidh** (m.)
interest (on money)

riaghail, *a'* **riaghladh** (v.)
rule, govern

riaghailt: *an* **riaghailt,** *na* **riaghailte,**
na **riaghailtee** (f.)

rule, regulation

riaghaltas: *an* **riaghaltas,** *an* **riaghaltais**
(m.)
kingdom, government

riaghladh: *an* **riaghladh,** *an*
riaghlaidh, *na* **riaghlaidh** (m.)
government

riamh (adv.)
ever (only of time past)

rian: *an* **rian,** *an* **rian** (m.)
order (arrangement)

as mo rian
out of my mind, deranged

riaraich, *a'* **riarachadh** (v.)
satisfy

riaraichte (p.p. of riaraich)
satisfied, satisfactory

riatanach, *nas* **riatanaiche** (adj.)
necessary

ribhinn: *an* **ribhinn,** *na* **ribhiane,** *na*
ribhinnean (f.)
girl, maid (poetic)

ridir: *an* **ridir,** *an* **ridir,** *na* **ridirean**
(m.)
knight

rìgh: *an* **rìgh,** *an* **rìgh,** *na* **rìghrean** (m.)
king

rinn (p.t. See App.: dean)
did, made

rinn: *an* **rinn,** *na* **rinne,** *na* **rinnean** (f.)
promontory, headland

riobach, *nas* **riobaiche** (adj.)
ragged

riochdaire: *an* **riochdaire,** *an* **riochdaire,**
na **riochdairean** (m.)
1 representative, 2 producer (T.V.)

rioghachd: *an* **rioghachd,** *an* **rioghachd,**
na **rioghachdan** (m.)
kingdom

rioghaich, *a'* **rioghachadh** (v.)
reign

rioghail, *nas* **rioghaile** (adj.)
royal, regal

riomhach, *nas* **riomhaiche** (adj.)
beautiful, elegant

rionnach: *an* **rionnach,** *an* **rionnaich,** *na*
rionnaich (m.)
mackerel

rionnag: *an* rionnag, *na* rionnaige, *na*
rionnagan (f.)
  star

ris (prep.)
  1 to (before article and gach),
  2 to him, it (masc.)

ri taobh (+ gen.) (prep.)
  beside

rithe (See rium)
  to her, it (f.)

a rithis(t) (adv.)
  again

rium (prep. pron.

from ri)	to me
riut	to you (sing.)
ris	to him, it (m.)
rithe	to her, it (f.)
ruinn	to us
ruibh	to you (pl.)
riutha	to them

ro (+ asp.) (adv.)
  too

robh (dep. form of bha used after
particles)
  was, were

ròcail: *an* ròcail, *na* ròcaile (f.)
  croaking, cawing

ròcais: *an* ròcais, *na* ròcais, *na*
ròcaisean (f.)
  crow, rook

roghainn: *an* roghainn, *na* roghainn, *na*
roghainnean (f.)
  choice

ròic: *an* ròic, *an* ròic, *na* ròicean (m.)
  banquet, feast

roghnaich, a' roghnachadh (v.)
  choose

roimh (asp. + dat.) (prep.)
  before

roimh-fhios (m.) (See fios)
  foreknowledge

cuir roimh (v.) (See cuir)
  to decide
    e.g. chuir mi romham
      I decided

roimhe (adv.)
  before

roimh-radh: *an* roimh-radh, *an*

roimh-raidh, *na* roimh-radhan (m.)
  preface, introduction (of a book)

roinn, a' roinn (v.)
  divide

roinn: *an* roinn, *na* roinne, *na*
roinnean (f.)
  1 share, portion, 2 division, region,
  department
    e.g. **Roinn na Gaidhealtachd**
        The Highland Region

romham (prep.
  pron. from

roimh)	before me
romhad	before you (sing.)
roimhe	before him, it (masc.)
roimhpe	before her, it (f.)
romhainn	before us
romhaibh	before you (pl.)
romhpa	before them

ròn: *an* ròn, *an* ròin, *na* ròin (m.)
  seal (animal)

ròpa: *an* ròpa, *an* ròpa, *na* ròpannan
(m.)
  rope

ròs: *an* ròs, *an* ròis, *na* ròsan (m.)
  rose

ros: *an* ros, *an* rois, *na* rosan (m.)
  promontory

rosg: *an* rosg, *na* ruisg, *na* rosgan (m.)
  eyelash

rosg: *an* rosg, *an* roisg, *na* rosgan (m.)
  prose

roth: *an* roth, *an* rotha, *na* rothan (m.)
  wheel

rothair: *an* rothair, *an* rothair, *na*
rothairean (m.)
  bicycle

ruadh, *nas* ruaidhe (adj.)
  red, rust-coloured

ruaig: *an* ruaig, *na* ruaige, *na*
ruaigean (f.)
  defeat, rout

ruamhair, a' ruamhar (v.)
  dig

rubha: *an* rubha, *an* rubha, *na* rubhan
(m.)
  headland, promontory

rud: *an* rud, *an* ruid, *na* rudan (m.)
  thing

rud air chor-eigin (pron.)
  something or other

rudeigin (pron.)
  something

rud sam bith
  anything

rug (p.t. See App.: beir)
  caught, bore

rugadh (p. passive. See App.: beir)
  was born

ruibh (See rium)
  to you (pl.)

ruidhle: *an* ruidhle, *an* ruidhle, *na*
ruidhlean (m.)
  reel (dance)

ruig, a' ruigsinn AND a' ruigheachd
(v.) (Irr. v. See App. ruig)
  reach, arrive

gu ruige (prep.)
  to, as far as

ruinn (See rium)
  to us

rùisg, a' rùsgadh (v.)
  shear, snip, peel

ruisgte (p. part. of ruisg)
  bare
    e.g. cas-ruisgte
            bare-footed

ruith, a' ruith (v.)
  run

rùm: *an* rùm, *an* rùim, *na* rumannan
(m.)
  room

rùm-cadail (m.) (See rum)
  bedroom

rùn: *an* rùn, *an* rùin, *na* rùintean (m.)
  1 secret, 2 intention, 3 love

rùnair: *an* rùnair, *an* rùnair, *na*
rùnairean (m.)
  secretary

Rùnair na Stàite (m.) (See rùnair)
  Secretary of State

rùraich, a' rùrach (v.)
  search for

S

's (abbreviation of agus)
  and

's (abbreviation of is)
  is, are

-sa
  emphatic ending for nouns and
  pronouns
    e.g. thusa
            you (emphatic)

sabaid: *an* t-sabaid, *na* sabaide, *na*
sabaidean (f.)
  fight

sabaid, a' sabaid (ri) (v.)
  fight

Sàbaid: *an* t-Sàbaid, *na* Sàbaide, *na*
Sàbaidean (f.)
  Sabbath

sàbh: *an* sàbh, *an* t-saibh, *na* saibh
AND *na* sàbhan (m.)
  saw

sàbh, a' sàbhadh (v.)
  saw

sàbhail, a' sàbhaladh (v.)
  save

sàbhailte, *nas* sàbhailte (adj.)
  safe, saved

sabhal: *an* sabhal, *an* t-sabhail, *na*
saibhlean (m.)
  barn

sabhs: *an* sabhs, *an* t-saibhse, *na*
saibhsean (m.)
  sauce, soup

sagart: *an* sagart, *an* t-sagairt, *na*
sagairt (m.)
  priest

saighdear: *an* saighdear, *an*
t-saighdeir, *na* saighdearan (m.)
  soldier

saighead: *an* t-saighead, *na* saighde,
na saighdean (f.)
  arrow, dart

sàil: *an* t-sàil, *na* sàile AND *na*
sàlach (gen. sing.), *na* sàiltean (f.)
  heel

saillear: *an* saillear, *an* t-sailleir, *na*
saillearan (m.)

salt-cellar
saillte, *nas* **saillte**
salted, salty
sàl: *an* **sàl,** *an t-***sàil (m.)**
salt water, sea
salach, *nas* **salaiche (adj.)**
dirty
salachar: *an* **salachar,** *an t-***salachair,**
na **salacharan (m.)**
dirt, filth
salaich, a' **salachadh (v.)**
dirty, pollute
salann: *an* **salann,** *an t-***salainn (m.)**
salt
salm: *an* **salm,** *an t-***sailm,** *na* **sailm (m.)**
psalm
saltraich, a' **saltairt (v.)**
tread
sam bith (used after any noun)
any
e.g. **rud sam bith**
anything
sàmhach, *nas* **sàmhaiche (adj.)**
quiet, silent
samhail: *an* **samhail,** *an t-***samhla,** *na*
samhailean (m.)
likeness, resemblance
*an t-***Samhainn,** *na* **Samhna (f.)**
November
oidhche Shamhna (f.)
Hallowe'en
sàmhchair: *an t-***sàmhchair,** *na*
sàmhchaire (f.)
quietness, silence
samhladh: *an* **samhladh,** *an*
*t-***samhlaidh,** *na* **samhlaidhean (m.)**
1 simile, metaphor, 2 ghost
samhradh: *an* **samhradh,** *an*
*t-***samhraidh,** *na* **samhraidhean (m.)**
summer
-san
emphatic ending for nouns
and pronouns
e.g. **esan**
he (emphatic)
sanas: *an* **sanas,** *an t-***sanais,** *na*
sanasan (m.)
notice, warning

sanas-reic (m.) (See **sanas**)
advertisement
sannt: *an* **sannt,** *an t-***sannta (m.)**
greed
sanntach, *nas* **sanntaiche (adj.)**
greedy
saobh, *nas* **saoibhe (adj.)**
mad, deranged
saobhaidh: *an* **saobhaidh,** *an*
*t-***saobhaidh,** *na* **saobhaidhean (m.)**
den (of animals)
saoghal: *an* **saoghal,** *an t-***saoghail,** *na*
saoghalan (m.)
world
saoil, a' **saoilsinn (v.)**
think
saor: *an* **saor,** *an t-***saoir,** *na* **saoir (m.)**
joiner
saor, *nas* **saoire (adj.)**
1 free (from captivity), 2 cheap
saorsa: *an t-***saorsa,** *na* **saorsa (f.)**
freedom, liberty
saothair: *an t-***saothair,** *na* **saothrach,**
na **saothraichean (f.)**
labour, work
saothraich, a' **saothrachadh (v.)**
labour, work
sàr (precedes n. + asp.) (adj.)
excellent
e.g. **sàr dhuine**
an excellent man
sàr (+ asp.) (adv.)
very
e.g. **sàr mhath**
very good
sàraich, a' **sàrachadh (v.)**
vex, harass
an sàs
1 caught, 2 involved in
sàsaich, a' **sàsachadh (v.)**
satisfy
sàsaichte (p.p. of **sasaich**)
satisfied
sàsair: *an* **sàsair,** *an t-***sàsair,** *na*
sàsaran (m.)
saucer
Sasunnach: *an* **Sasunnach,** *an t-*
Sasunnaich, *na* **Sasunnaich (m.)**

Englishman

Sasunnach, *nas* Sasunnaiche (adj.)
English

sàth, a' sàthadh (v.)
stab, pierce

-se
emphatic ending for nouns and
pronouns
e.g. sibhse
you (pl.)

seabhag: *an t*-seabhag, *na* seabhaig,
na seabhagan (f.)
hawk

seacaid: *an t*-seacaid, *na* seacaide, *na*
seacaidean (f.)
jacket

seach (adv.)
1 compared with, in preference to,
2 past, by

seach gu (+ dep. form of verb) (conj.)
since (of reason)
fear mu seach
one at a time

seachad air (+ dat.) (prep.)
past, by
e.g. Chaidh mi seachad air an
taigh
I went past the house

seachainn, a' seachnadh (v.)
avoid

seachd (adj.)
seven

a seachd (n.)
seven

seachdain: *an t*-seachdain, *na*
seachdaine, *na* seachdainean (f.)
week

seachdamh (adj.)
seventh

seachdnar (n.)
seven persons

seadh! (adv.)
yes! uhuh!

seadh: *an* seadh, *an t*-seadha, *na*
seadhan (m.)
sense, purpose

seagal: *an* seagal, *an t*-seagail (m.)
rye

sealbh: *an* sealbh, *an t*-sealbh, *na*
sealbhan (m.)
1 possession, 2 luck

sealbhach, *nas* sealbhaiche (adj.)
1 prosperous, 2 lucky

sealg: *an t*-sealg, *na* seilge, *na* sealgan
(f.)
hunt (n.)

sealgan fala (m.pl.) (See sealg)
blood sports

sealg, a' sealg (v.)
hunt

sealgair: *an* sealgair, *an t*-sealgair, *na*
sealgairean (m.)
hunter

sealgaireachd: *an t*-sealgaireachd, *na*
sealgaireachd (f.)
hunting

seall, a' sealltainn (air) (v.)
look (at)

sealladh: *an* sealladh, *an t*-seallaidh,
na seallaidhean (m.)
sight, view, scene

sean, *nas* sine (adj.)
old

seanachaidh: *an* seanachaidh, *an t*-
seanachaidh, *na* seanachaidhean (m.)
storyteller

seanachas: *an* seanachas, *an t*-
seanachais, *na* seanachasan (m.)
tale, conversation

seanagarra, *nas* seanagarra (adj.)
1 old fashioned, 2 wise

seanair: *an* seanair, *an t*-seanair, *na*
seanairean (m.)
grandfather

seanalair: *an* seanalair, *an t*-seanalair,
na seanalairean (m.)
general

seanfhacal: *an* seanfhacal, *an t*-
seanfhacail, *na* seanfhaclan (m.)
proverb

seangan: *an* seangan, *an t*-seangain, *na*
seangain (m.)
ant

seanmhair: *an t*-seanmhair, *na*
seanmhar, *na* seanmhairean (f.)
grandmother

62

seann (precedes n.; + asp. except when followed by d, t or s)
old

searbh, *nas* searbha AND *nas* seirbhe (adj.)
bitter

searbhadair: *an* searbhadair, *an t*-searbhadair, *na* searbhadairean (m.)
towel

searbhanta: *an t*-searbhanta, *na* searbhanta, *na* searbhantan (f.)
servant

searg, a' seargadh (trans. + intrans.)
dry, wither

searmon: *an* searmon, *an t*-searmoin, *na* searmonan (m.)
sermon

searmonaich, a' searmonachadh (v.)
preach

searrach: *an* searrach, *an t*-searraich, *na* searraich (m.)
foal, colt

searrag: *an t*-searrag, *na* searraige, *na* searragan (f.)
flask

seas, a' seasamh (v.)
stand
  e.g. tha mi 'nam sheasamh
    I am standing
    (Lit. I am in my standing)

seasgair, *nas* seasgaire (adj.)
1 comfortable, snug, 2 weatherproof

seasmhach, *nas* seasmhaiche (adj.)
lasting, durable

seathair: *an* seathair, *an t*-seathair, *na* seathairean (m.)
chair

seich: *an t*-seich, *na* seiche, *na* seicheannan (f.)
hide (of animal)

séid, a' séideadh (v.)
blow (of the wind)

seilcheag: *an t*-seilcheag, *na* seilcheig, *na* seilcheagan (f.)
snail, slug

seileach: *an* seileach, *an t*-seilich, *na* seileachan (m.)
willow

seillean: *an* seillean, *an t*-seillein, *na* seilleanan (m.)
bee

seillean-dé (m.) (See seillean)
butterfly

seimh, *nas* seimhe (adj.)
mild, calm

seinn, a' seinn (v.)
sing

seinn: *an t*-seinn, *na* seinne (f.)
singing

seinneadair *an* seinneadair, *an t*-seinneadair, *na* seinneadairean (m.)
singer

seipeal: *an* seipeal, *an t*-seipeile, *na* seipealan (f.)
chapel

seirbhis: *an t*-seirbhis, *na* seirbhise, *na* seirbhisean (f.)
service

seirm, a' seirm (v.)
ring (e.g. of a bell, telephone)

seisear (m.n.)
six people

seist: *an* seist, *an t*-seist, *na* seistean (m.)
chorus (of a song)

seo (pron. & adj.)
this
  e.g. seo an duine!
    This is the man!
    am baile seo
    this town

(ann) an seo (adv.)
here

seòl: *an* seòl, *an t*-siùil, *na* siùil (m.)
sail

seòl-mara (m.) (See seòl)
current, tide

seòl, a' seòladh (v.)
sail

seòladair: *an* seòladair, *an t*-seòladair *na* seòladairean (m.)
sailor

seòladh: *an* seòladh, *an t*-seòlaidh, *na* seòlaidh (m.)
address (residence)

seòlta, *nas* seòlta (adj.)

cunning

seòmar: *an seòmar, an t-seòmair, na*
seòmraichean (m.)
room

seòmar-cadail (m.) (See seòmar)
bedroom

seòmar-fuirich (m.) (See seòmar)
waiting room

seòmar-ionnlaid (m.) (See seòmar)
bathroom

seòmar-suidhe (m.) (See seòmar)
sitting room

seorsa: *an seorsa, an t-seorsa, na*
seorsachan (m.)
kind, sort

seud: *an seud, an t-seoid, na seudan*
AND *na seoid (m.)*
jewel, precious stone

sgadan: *an sgadan, an sgadain, na*
sgadain (m.)
herring

sgafanta, *nas sgafanta (adj.)*
diligent, business-like

sgàil: *an sgàil, na sgàile, na sgàilean*
(f.)
shadow

sgàin, *a' sgàineadh (v.)*
burst, split

sgairteil, *nas sgairteile (adj.)*
brisk, lively

sgamhan: *an sgamhan, an sgamhain,*
na sgamhanan (m.)
lung

sgaoil, *a' sgaoileadh (v.)*
untie, loose, scatter

sgap, *a' sgapadh (v.)*
scatter, spread

sgapte (p.p. of sgap)
scattered

sgarbh: *an sgarbh, an sgairbh, na*
sgairbh (m.)
cormorant

sgàth: *an sgàth, an sgàtha, na*
sgàthan (m.)
1 shade, shadow, 2 protection

air sgàth (prep.) (+ gen.)
for the sake of

sgàthan: *an sgàthan, an sgàthain, na*

sgàthanan (m.)
mirror

sgeadaich, *a' sgeadachadh (v.)*
clothe, dress up

sgealb: *an sgealb, na sgeilbe, na*
sgeilbean (f.)
chisel

sgeilp: *an sgeilp, na sgeilpe, na*
sgeilpean, AND na sgeilpichean (f.)
shelf

sgeir: *an sgeir, na sgeire, na sgeirean*
(f.)
skerry, reef

sgeul: *an sgeul, na sgeoil, na sgeulan*
(f.)
1 story, 2 sign
e.g. Cha robh sgeul air Iain
There was no sign of John

sgeulachd: *an sgeulachd, na sgeulachd,*
na sgeulachdan (f.)
story

sgeulachd ghoirid (f.)
short story

sgeulaiche: *an sgeulaiche, an*
sgeulaiche, na sgeulaichean (m.)
storyteller

sgiamhach, *nas sgiamhaiche (adj.)*
beautiful

sgian: *an sgian, na sgeine, na sgianan*
(f.)
knife

sgiath: *an sgiath, na sgéithe, na*
sgiathan (f.)
1 wing, 2 shield (armour)

sgillinn: *an sgillinn, na sgillinne, na*
sgillinnean (f.)
penny, pence

sgioba: *an sgioba, an sgioba, na*
sgioban (m.)
crew

sgiobair: *an sgiobair, an sgiobair, na*
sgiobairean (m.)
skipper

sgiobalta, *nas sgiobalta (adj.)*
nimble, tidy

sgioblaich, *a' sgioblachadh (v.)*
tidy

sgiorradh: *an sgiorradh, an sgiorraidh,*

na sgiorraidhean (m.)
    accident
sgiorta: *an* sgiorta, *na* sgiorta, *na*
sgiortaichean (f.)
    skirt
sgios: *an* sgios, *na* sgios (f.)
    fatigue, weariness
sgìre: *an* sgìre, *na* sgìre, *na* sgìrean
(f.)
    parish
sgìth, *nas* sgìthe (adj.)
    tired, weary
sgìtheil, *nas* sgìtheile (adj.)
    tiring
sgleat: *an* sgleat, *na* sgleata, *na*
sgleatan (f.)
    slate
sgòd: *an* sgòd, *an* sgòid, *na* sgòdan
(m.)
    piece of cloth
sgoil: *an* sgoil, *na* sgoile, *na* sgoiltean
(f.) AND *na* sgoilean
    school
sgoilear: *an* sgoilear, *an* sgoileir, *na*
sgoilearan (m.)
    scholar, pupil
sgoilearachd: *an* sgoilearachd, *na*
sgoilearachd (f.)
    scholarship, schooling
sgoilt, a' sgoilteadh (v.)
    split, cleave
sgoilte (p.p. of sgoilt)
    split
sgoinneil, *nas* sgoinneile (adj.)
    1 careful, 2 well made, trim
s goltadh: *an* sgoltadh, *an* sgoltaidh, *na*
sgoltaidhean (m.)
    crack
sgòrnan: *an* sgòrnan, *an* sgòrnain, *na*
sgòrnanan (m.)
    throat, gullet
sgorr: *an* sgorr, *an* sgorra, *na* sgorran
(m.)
    pointed rock
sgriachail: *an* sgriachail, *na* sgriachaile,
na sgriachailean (f.)
    screech
sgriob: *an* sgriob, *na* sgrioba, *na*

sgrioban (f.)
    walk, trip, excursion
sgriob, a' sgriobadh (v.)
    scrape
sgriobag: *an* sgriobag, *na* sgriobaig,
na sgriobagan (f.)
    scribble
sgriobh, a' sgriobhadh (v.)
    write
sgriobhadair: *an* sgriobhadair, *an*
sgriobhadair, *na* sgriobhadairean (m.)
    writer
sgriobhaiche: *an* sgriobhaiche, *an*
sgriobhaiche, *na* sgriobhaichean (m.)
    writer
sgriosail, *nas* sgriosaile (adj.)
    pernicious, ruinous
sguab, a' sguabadh (v.)
    sweep, brush
sguab: *an* sguab, *na* sguaibe, *na*
sguaban (f.)
    1 sheaf, 2 broom, brush
sgrùd, a' sgrùdadh (v.)
    scrutinise, research
sgrùdadh: *an* sgrùdadh, *an* sgrùdaidh,
na sgrùdaidhean (m.)
    research
sguir, a' sgur (v. intrans.)
    stop
shios (adv.)
    down below (no movement)
shuas (adv.)
    up, above (no movement)
sia (adj.)
    six
a sia (noun)
    six
siabun: *an* siabun, *an t*-siabuin (m.)
    soap
sian: *an* sian, *an t*-sian, *na* siantan (m.)
    1 storm, 2 elements (of weather) in
    pl.
sianar (n.)
    six persons
siar (adj.)
    west, western
siathamh (adj.)
    sixth

sibh (pron.)
  you (pl.)
  you (sing. polite)
sibhse (pron.)
  you (pl. emphatic)
side: *an t*-side, *na* side (f.)
  weather
sil, a' sileadh (v.)
  drip, pour (of rain)
silidh: *an* silidh, *an t*-silidh (m.)
  jam
similear: *an* similear, *an t*-simileir, *na* similearan (m.)
  chimney
simplidh, *nas* simplidhe (adj.)
  simple
sin (adj. & pron.)
  that
    e.g. Am baile sin
        that town
      Sin an duine!
        that is the man!
(ann) an sin (adv.)
  there
mar sin (adv.)
  thus, so, like that
sìn, a' sìneadh (v.)
  1 stretch, 2 lie at full length
sinn (pron.)
  1 we, 2 us (direct object)
sinne (emphatic form of sinn)
  we, us
sinnsear: *an* sinnsear, *an t*-sinnsir, *na* sinnsearan (m.)
  ancestor, forefather
sìnte (p.p. of sìn)
  stretched
sìnteag: *an t*-sìnteag, *na* sìnteig, *na* sìnteagan (f.)
  hop, bound, skip
siobhalta, *nas* siobhalta (adj.)
  civil, mild (of temperament)
sioda: *an* sioda, *an t*-sioda, *na* siodachan (m.)
  silk
siol: *an* siol, *an t*-sìl (m.)
  1 seed, 2 progeny, descendants
sioman: *an* sioman, *an t*-siomain, *na*

siomanan (m.)
  straw rope
sion: *an* sion, *an t*-sion, *na* siontan (m.)
  something, anything
sionnach: *an* sionnach, *an t*-sionnaich, *na* sionnaich (m.)
  fox
sior (adj.)
(always placed before noun or verb + asp.)
  continual, perpetual
    e.g. Bha e a' sìor fheuchainn
        He was always trying
siorrachd: *an t*-siorrachd, *na*
siorrachd, *na* siorrachdan (f.)
  county, shire
siorram: *an* siorram, *an t*-siorraim, *na*
siorraman (m.)
  sheriff
siorramachd: *an t*-siorramachd, *na*
siorramachdan (f.)
  county, shire
gu siorruidh (adv.)
  forever, eternally
sios (adv.)
  down (wards)
sir, a' sireadh (v.)
  search
sìth: *an t*-sìth, *na* sìthe (f.)
  peace
sìtheil, *nas* sìtheile (adj.)
  peaceful
sìthiche: *an* sìthiche, *an t*-sìthiche, *na*
sìthichean (m.)
  fairy
sithionn: *an t*-sithionn, *na* sithne (f.)
  venison
sitrich, a' sitrich (v.)
  neigh (of a horse)
siubhail, a' siubhal (v.)
  travel, roam
siucar: *an* siucar, *an t*-siucair (m.)
  sugar
siucairean (m.)
  sweets
siud (pron. & adj.)
  that
    e.g. Siud am baile

66

That is the town
am baile siud
that town

(ann) an siud (adv.)
    there
siuthad! (sing.) siuthadaibh! (pl.)
(defective v.)
    go on
slàinte: an t-slàinte, na slàinte (f.)
    health
slàinte mhór!
    good health!
slàn, nas slàine (adj.)
    healthy
slaod, a' slaodadh (v.)
    drag, pull
slaodach, nas slaodaiche (adj.)
    slow
slat: an t-slat, na slaite, na slatan (f.)
    rod
slat-iasgaich (f.) (See slat)
    fishing rod
sleamhnaich, a' sleamhnachadh (v.)
    slide
sleuchd, a' sleuchdadh (v.)
    kneel
sliabh: an sliabh, an t-sléibh, na
sléibhtean (m.)
    mountain, slope
sliasaid: an t-sliasaid, na sléisde, na
sléisdean (f.)
    thigh
slige: an t-slige, na slige, na sligean
(f.)
    shell
sligeanach: an sligeanach, an
t-sligeanaich, na sligeanaich (m.)
    tortoise
slighe: an t-slighe, na slighe, na
slighean (f.)
    way, route
sliob, a' sliobadh (v.)
    stroke
sliochd: an sliochd, an t-sliochda (m.
coll.)
    offspring, descendants
slisnich, a' slisneadh (v.)
    whittle

sloc: an sloc, an t-sluic, na slocan (m.)
    hollow, pit
sloinneadh: an sloinneadh, an
t-sloinnidh, na sloinnidhean (m.)
    patronymic, pedigree
        (method of naming in the
        Highlands, to distinguish
        people with the same
        surname)
    e.g. Fionnlaigh Ailein Sheumais
        Finlay, son of Alan, son of
        James
sluagh: an sluagh, an t-sluaigh, na
slòigh (m.)
    people
sluaghairm: an t-sluaghairm, na
sluaghairme, na sluaghairmean (f.)
    slogan
sluasaid: an t-sluasaid, na sluasaide,
na sluasaidean (f.)
    shovel, spade
slugan: an slugan, an t-slugain, na
sluganan (m.)
    throat
sluig, a' slugadh (v.)
    swallow
smachd: an smachd, an smachd (m.)
    authority
smachdail, nas smachdaile (adj.)
    bossy
smal: an smal, an smail, na smail (m.)
    blemish
gun smal
    without spot, spotless
smalan: an smalan, an smalain, na
smalain (m.)
    grief, sorrow
smalanach, nas smalanaiche (adj.)
    sad, sorrowful
smaoin: an smaoin, na smaoine, na
smaointean (f.)
    thought
smaoin(t)ich, a' smaoin(t)eachadh (v.)
    think
smeid, a' smeideadh (ri) (v.)
    wave (to)
smeòrach: an smeòrach, na
smeòraiche, na smeòraichean (f.)

thrush, mavis

smiogaid: *an smiogaid, an smiogaid, na smiogaidean* (m.)

chin

smoc, a' smocadh (v. trans. & intrans.)

smoke

smuain: *an smuain, na smuaine, na smuaintean* (f.)

thought

smùid: *an smùid, na smùide* (m.)

smoke, fumes

snàgair: *an snàgair, an t-snàgair, na snàgairean* (m.)

reptile

snàig, a' snàgadh (v.)

crawl, creep

snàmh, a' snàmh (v.)

swim

snasail, *nas snasaile* (adj.)

elegant

snasmhor, *nas snasmhoire* (adj.)

neat, smart, elegant

snàth: *an snàth, an t-snàith, na snàithean* (m.)

thread, yarn

snàthad: *an t-snàthad, na snàthaide, na snàthadan* (f.)

needle

sneachda: *an sneachda, an t-sneachda* (m.)

snow

sneip: *an t-sneip, na sneipe, na sneipean* (f.)

turnip

snìomh, a' snìomh (v.)

spin, wind, (e.g. yarn)

snodha-gaire: *an snodha-gaire, an t-snodha-gaire, na snodhan-gaire* (m.)

smile

snog, *nas snoige* (adj.)

nice, pretty

snòtaich, a' snòtadh (v.)

sniff

sòbhrach: *an t-sòbhrach, na sòbhraiche, na sòbhraichean* (f.)

primrose

socair: *an t-socair, na socaire* AND

na socrach (f.)

leisure

Air do shocair!

Take your time!

(Lit. at your leisure)

socair, *nas socaire* (adj.)

gentle, pleasant

socharach, *nas socharaiche* (adj.)

shy

socrach, *nas socraiche* (adj.)

comfortable, easy-going

soilleir, *nas soilleire* (adj.)

bright, clear

soilleireachd: *an t-soilleireachd, na soilleireachd* (f.)

clearness, clarity, intelligibility

soillse: *an t-soillse, na soillse, na soillsean* (f.)

light, flash

soillsich, a' soillseadh (v.)

shine

soirbh, *nas soirbhe* (adj.)

easy

soirbheas: *an soirbheas, an t-soirbheis, na soirbheis* (m.)

1 fair breeze, 2 prosperity, success

soisgeul: *an soisgeul, an t-soisgeil, na soisgeil* (m.)

gospel

soisgeulach: *an soisgeulach, an t-soisgeulaich, na soisgeulaich* (m.)

evangelist

soitheach: *an soitheach, an t-soithich, na soithichean* (m.)

1 dish, 2 vessel (i.e. ship)

sòlas: *an sòlas, an t-sòlais* (m.)

joy, delight

sòlasach, *nas sòlasaiche* (adj.)

content

solta, *nas solta* (adj.)

docile, harmless

solus: *an solus, an t-soluis, na soluis* (m.)

light

solus an latha

daylight

somalta, *nas somalta* (adj.)

placid, mild

son (m.)
  sake
    e.g. **air mo** (do, etc.) **shonsa**
        for my (your, etc.) sake
sona, *nas* **sona** (adj.)
  happy, content
sonas: *an* **sonas**, *an* **t-sonais** (m.)
  happiness, contentment
sònraichte, *nas* **sònraichte** (adj.)
  1 special, 2 excellent
gu sònraichte
  especially
soraidh: *an* **t-soraidh**, *na* **soraidh** (f.)
  farewell
    e.g. **Soraidh leat, a ghraidh!**
        Farewell to you, my love!
spaid: *an* **spaid**, *na* **spaide**, *na*
spaidean (f.)
  spade
spaideil, *nas* **spaideile** (adj.)
  well dressed, over-dressed,
  dandified
spaidsirich, a' spaidsearachd (v.)
  strut
spàin: *an* **spàin**, *na* **spàine**, *na*
spàinean (f.)
  spoon
spàirn: *an* **spàirn**, *na* **spàirne** (f.)
  effort, force
spàrr: *an* **spàrr**, *an* **spàrra**, *na*
spàrran (m.)
  sparr, joist
spàrr, a' sparradh (v.)
  thrust, push
speach: *an* **speach**, *na* **speacha**, *na*
speachan (f.)
  wasp
speal: *an* **speal**, *na* **speala**, *na*
spealan (f.)
  scythe
spealg: *an* **spealg**, *na* **speilg**, *na*
spealgan (f.)
  splinter, fragment
spéis: *an* **spéis**, *na* **spéise** (f.)
  affection, respect
le mór spéis
  with much respect
  (subscription to a letter)

speuclairean: *na* **speuclairean**,
nan **speuclairean** (gen. pl.) (m.)
  glasses, spectacles
speur: *an* **speur**, *na* **speura**, *na*
speuran (f.)
  sky, heavens
speurair: *an* **speurair**, *an* **speurair**, *na*
speurairean (m.)
  spaceman
spideag: *an* **spideag**, *na* **spideig**, *na*
spideagan (f.)
  nightingale
spiocach, *nas* **spiocaiche** (adj.)
  mean, miserly
spiocaire: *an* **spiocaire**, *an* **spiocaire**,
na **spiocairean** (m.)
  mean character
spion, a' spionadh (v. trans.)
  tear away
spionnadh: *an* **spionnadh**, *an* **spionnaidh**
(m.)
  strength, power
spiorad: *an* **spiorad**, *an* **spioraid**, *na*
spioradan (m.)
  spirit
spioradail, *nas* **spioradaile** (adj.)
  spiritual
spiris: *an* **spiris**, *na* **spirise**, *na*
spirisean (f.)
  hen roost
spliuchan: *an* **spliuchan**, *an*
spliuchain, *na* **spliuchanan** (m.)
  tobacco pouch
spòg: *an* **spòg**, *na* **spòige**, *na* **spògan**
(f.)
  paw, claw
sporan: *an* **sporan**, *an* **sporain**, *na*
sporain (m.)
  purse, sporran
spòrs: *an* **spòrs**, *na* **spòrsa** (f.)
  sport, fun
spot: *an* **spot**, *an* **spoit**, *na* **spotan** (m.)
  spot, stain
spréidh: *an* **spréidh**, *na* **spréidhe** (f.)
  cattle
spruileach: *an* **spruileach**, *na* **spruiliche**
(f. coll.)
  fragments, refuse

spùinn, a' spùinneadh (v.)
  rob

spur: *an* spur, *an* spuir, *na* spuirean
(m.)
  claw, talon

sradag: *an t-*sradag, *na* sradaige, *na*
sradagan (f.)
  spark

sràid: *an t-*sràid, *na* sràide, *na*
sràidean (f.)
  street

srann: *an* srann, *an t-*sranna, *na*
srannan (m.)
  snore, snort

srann, a' srannail (v.)
  snore

sreang: *an t-*sreang, *na* sreinge, *na*
sreangan (f.)
  string, cord

sreath: *an t-*sreath, *na* sreatha, *na*
sreathan (f.)
  1 row, rank, 2 phrase, sentence
  (grammar)

sreathartaich: *an t-*sreathartaich, *na*
sreathartaiche (f.)
  sneezing

srian: *an t-*srian, *na* sreine, *na*
sriantan (f.)
  streak

sròn: *an t-*sròn, *na* sròine, *na*
sròinean (f.) AND *na* srònan
  nose

srub: *an* srub, *an t-*sruib, *na* sruban
(m.)
  spout

sruth: *an* sruth, *an t-*srutha, *na*
sruthan (m.)
  stream, current

sruth, a' sruthadh (v.)
  flow

stàbull: *an* stàbull, *an* stàbuill, *na*
stàbullan (m.)
  stable

stad, a' stad (v.)
  stop

staid: *an* staid, *na* staide, *na* staidean
(f.)
  state, condition

e.g. (ann) an droch staid
    in a bad state

staidhir: *an* staidhir, *na* staidhreach
na staidhrichean (f.)
  stair(s)

a staigh (adv.)
  in(side)

stailc: *an* stailc, *na* stailce, *na*
stailcean (f.)
  strike (industrial)

stairsneach: *an* stairsneach, *na*
stairsnich, *na* stairsnichean (f.)
  threshold

stàiteil, *nas* stàiteile (adj.)
  stately

stamag: *an* stamag, *na* stamaig, *na*
stamagan (f.)
  stomach

stampa: *an* stampa, *na* stampa, *na*
stampaichean (m.)
  stamp

staoin: *an* staoin, *na* staoine (f.)
  tin (metal), pewter

starrag: *an* starrag, *na* starraige, *na*
starragan (f.)
  hoodie crow

stàt: *an* stàt, *na* stàite, *na* stàtan (f.)
  state (country)

a steach
  inwards, into (motion)
    e.g. Tha e a' dol a steach do'n
       tigh
       He is going into the house

steall, a' stealladh (v.)
  spout, gush

steàrnan: *an* steàrnan, *an* steàrnain,
na steàrneanan (m.)
  tern

steidhich, a' steidheachadh (v.)
  establish, found

steidhichte (p.p. of steidhich)
  established

a stigh (alt. sp. of a staigh) (adv.)
  inside

stiùir: *an* stiùir, *na* stiùireach, *na*
stiùirean AND *na* stiùirichean (f.)
  rudder

stiùir, a' stiùireadh (v.)

steer, direct, drive (a car)

stiùradair: *an stiùradair, an*
stiùradairean: *na stiùradairean* (m.)
helmsman

stocainn: *an stocainn, na stocainne, na*
stocainnean (f.)
stocking, sock

stoirm: *an stoirm, na stoirme, na*
stoirmean (f.)
storm

stoirmeil, *nas* stoirmeile (adj.)
stormy

stòr: *an stòr, an stòir, na stòir* (m.)
store, plenty

streap, a' streap (v.)
climb

streapadair: *an streapadair, an*
t-streapadair, *na* streapadairean (m.)
climber

strì: *an strì, na strì* (f.)
strife, struggle

strì, a' strì (v.)
strive, struggle

strìoch: *an strìoch, na strìocha, na*
strìochan (f.)
streak

strùpag: *an strùpag, na strùpaige, na*
strùpagan (f.)
cup of tea

stuth: *an stuth, an stuith, na stuthan*
(m.)
stuff, material

suaicheantas: *an suaicheantas, an*
t-suaicheantais, *na* suaicheantais (m.)
badge

suain: *an t*-suain, *na* suaine (f.)
slumber, deep sleep

suain, a' suaineadh (v.)
wrap (with a cord, string, etc.)

suairceas: *an suairceas, an t*-suairceis
(m.)
gentleness, politeness

suas (adv.)
up(wards)

suas ri(+ dat.)
up to

suath, a' suathadh (ri) (v.)
wipe, rub (against)

sùbailte, *nas* sùbailte (adj.)
flexible, supple

sùbh: *an sùbh, an t*-sùibh, *na* sùbhan
(m.)
berry

subhach, *nas* subhaiche (adj.)
happy

sùgradh: *an sùgradh, an t*-sùgraidh (m.)
mirth, jollity

suidh, a' suidhe (v.)
sit
e.g. tha mi 'nam shuidhe
I sit, am sitting
(Lit. I am in my sitting)

suidheachadh: *an suidheachadh, an*
t-suidheachaidh, *na* suidheachaidhean
(m.)
situation

suidheachan: *an suidheachan, an*
t-suidheachain, *na* suidheachain (m.)
seat

suidhich, a' suidheachadh (v.)
situate, settle

suidhichte (p.p. of suidhich)
situated

sùil: *an t*-sùil, *na* sùla, *na* sùilean (f.)
eye

sùil air ais (f.) (See sùil)
revision

suilbhir, *nas* suilbhire (adj.)
cheerful

suim: *an t*-suim, *na* suime, *na*
suimeannan (f.)
1 sum, 2 respect

suipeir: *an t*-suipeir, *na* suipeireach
AND *na* suipeire, *na* suipeirean (f.)
supper

suiridhe: *an t*-suiridhe, *na* suiridhe (f.)
courting

sùist: *an t*-sùist, *na* sùiste, *na* sùistean
(f.)
flail

sùist, a' sùist (v.)
thresh

suiteas: *an suiteas, an t*-suiteis (m.)
sweet(s)

suith: *an suith, an t*-suith (m.)
soot

sùlair: *an* sùlair, *an t*-sùlair, *na*
sùlairean (m.)
gannet, solan goose

an t-Sultainn, *na* Sultainne (f.)
September

sùnnd: *an* sùnnd, *an t*-sùnnd (m.)
sprightliness

sùnndach, *nas* sùnndaiche (adj.)
cheerful, lively

sùrd: *an* sùrd, *an t*-sùird (m.)
alacrity

T

tachair, a' tachairt (v.)
happen, occur

tachair, a' tachairt (ri) (v.)
meet

tachartas: *an* tachartas, *an*
tachartais, *na* tachartasan (m.)
happening, event, incident,
occurrence

tadhail, a' tadhal (air) (v.)
visit

tagh, a' taghadh (v.)
choose

taghadh: *an* taghadh, *an* taghaidh, *na*
taghaidhean (m.)
election, choice

tagradh: *an* tagradh, *an* tagraidh, *na*
tagraidhean (m.)
appeal

taibhse: *an* taibhse, *an* taibhse, *na*
taibhsean (m.)
ghost

taic: *an* taic, *na* taice (f.)
prop, support

taigh: *an* taigh, *an* taighe, *na* taighean
(m.)
house

Taigh nan Cumantan (m.) (See taigh)
The House of Commons

taigh-dhealbh (m.) (See taigh)
cinema

taigh-òsda (m.) (See taigh)
hotel, pub

taigh-samhraidh (m.) (See taigh)

summer house

taigh-seinnse (m.) (See taigh)
hotel, pub

taigh-tasgaidh (m.) (See taigh)
museum

tàillear: *an* tàillear, *an* tàilleir, *na*
tàillearan (m.)
tailor

taingeil, *nas* taingeile (do) (adj.)
thankful (to)

tàirneanach: *an* tàirneanach, *an*
tàirneanaich, *na* tàirneanaich (m.)
thunder

taitneach, *nas* taitniche (adj.)
pleasant, delightful

tàladh, a' tàladh (v.)
1 entice, 2 soothe

talamh: *an* talamh, *an* talmhainn (m.)
earth

talla: *an* talla, *na* talla, *na* tallaichean
(f.)
hall

talmhaidh, *nas* talmhaidhe (adj.)
worldly

tàmailteach, *nas* tàmailtiche (adj.)
1 disgraceful, insulting, 2 indignant,
embarrassed

tàmh, a' tàmh (v.)
dwell

tana, *nas* taine (adj.)
thin

taobh: *an* taobh, *an* taobha, *na*
taobhan (m.)
side

ri taobh (+ gen.) (prep.)
beside

tapaidh, *nas* tapaidhe (adj.)
smart, clever

tarag: *an* tarag, *na* taraige, *na*
taragan (f.)
nail

tarbh: *an* tarbh, *an* tairbh, *na*
tairbh (m.)
bull

tarraing, a' tarraing (v.)
pull

tarraing a (+ dat.) (v.)
tease

tarsainn (+ gen.) (prep.)
  across
tasdan: *an* tasdan, *an* tasdain, *na*
tasdanan (m.)
  shilling
té (f.) (used of a person or thing of f.
gender)
  one
    e.g. an té bheag
            the little one (i.e. the
            little girl)
air teachd
  has (have) come
  (Lit. after coming)
teachdaire: *an* teachdaire, *an*
teachdaire, *na* teachdairean (m.)
  messenger
teagaisg, a' teagasg (v.)
  teach
teagamh: *an* teagamh, *an* teagaimh,
na teagamhan (m.)
  doubt
gun teagamh
  without doubt, doubtless
teagamhach, *nas* teagamhaiche (adj.)
  doubtful
teaghlach: *an* teaghlach, *an*
teaghlaich, *na* teaghlaichean (m.)
  family
teallach: *an* teallach, *na* teallaich, *na*
teallaichean (f.)
  fire-place
teanga: *an* teanga, *na* teangaidh, *na*
teangannan (f.)
  tongue
teannaich, a' teannachadh (v.)
  tighten, clasp
tearc, *nas* teirce (adj.)
  rare
tearuinte, *nas* tearuinte (adj.)
  safe
teas: *an* teas, *an* teas (m.)
  heat
teich, a' teicheadh (v.)
  escape
teine: *an* teine, *an* teine, *na* teintean
(m.)
  fire

teirinn, a' tearnadh (v.)
  descend
teisteanas: *an* teisteanas, *an* teisteanais,
na teisteanais (m.)
  1 testimony, 2 certificate
teth, *nas* teotha (adj.)
  hot
tha (v.)
  is/are
thainig (p.t. See App. thig)
  came
thairis (adv.)
  over, across, abroad
thairis air (+ dat.) (prep.)
  over, across
thall
  yonder
thall 's a bhos
  here and there
thar (+ asp. + gen.) (prep.)
  over, across
tharam (prep. pron.
  from thar)   over me
    tharad   over you (sing.)
    thairis (air)   over him, it (m.)
    thairte   over her, it (f.)
    tharainn   over us
    tharaibh   over you (pl.)
    tharta   over them
(th)ar leam (defective v.)
  I think, I ought
  (Lit. it seems to me)
thàrladh (p.t. of a defective v.)
  it happened
thàrlas (fut. t. of a defective v.)
  will happen
thatar (impersonal passive form of
pres. t. of bi)
    e.g. Thatar a' tuigsinn
            It is understood
theab (+ verbal n.) (defective v.)
  almost (of accidental happenings)
    e.g. theab mi tuiteam
            I almost fell
theid (fut. t. See App. rach)
  will go
their (fut. t. See App. abair)
  will say

theirear ri (fut. passive See App.:
abair)
  is called
    e.g. Theirear Iain ris
      He is called John
      (Lit. John will be called to
      him)

thig, a' tighinn (Irr. v. See App.:
thig)
  come

thig (fut. t. See App.: thig)
  will come

mu thimchioll (+ gen.) (prep.)
  1 about, around, 2 concerning

thoir, a' toirt (Irr. v. See App.:
thoir)
  give take bring

thoir an aire do (v.) (See thoir)
  pay attention to

thoir gu buil (See thoir)
  bring to fruition

mu thrath (adv.)
  already

thu (pron.)
  you (sing.)

thug (p.t. See App.: thoir)
  gave, took

thugam (prep.
  pron. from gu) to me
  thugad   to you (sing.)
  thuige   to him, it (m.)
  thuice   to her, it (f.)
  thugainn to us
  thugaibh to you (pl.)
  thuca   to them

thuirt (p.t. See App.: abair) +
  said

tì: an tì, na tì (f.)
  tea

tiamhaidh, nas tiamhaidhe (adj.)
  sad

tìde: an tìde, an tìde (m.)
  time (period)

tighearna: an tighearna, an
tighearna, na tighearnan (m.)
  lord (used of Christ)

tilg, a' tilgeil (v.)
  throw

till, a' tilleadh (v.)
  return

timcheall (adv.)
  around, about

timcheall air (+ dat.) (prep.)
  1 around, 2 about, concerning

tinn, nas tinne (adj.)
  sick

tinneas: an tinneas, an tinneis, na
tinneasan (m.)
  sickness

tiodhlac: an tiodhlac, an tiodhlaic, na
tiodhlaicean (m.)
  gift, present

tiodhlaic, a' tiodhlacadh (v.)
  bury

tiomnadh: an tiomnadh, an tiomnaidh,
na tiomnaidhean (m.)
  testament, will

An Seann Tiomnadh (m.)
  The Old Testament

An Tiomnadh Nuadh (m.)
  The New Testament

tionail, a' tional (v.)
  gather, assemble

tionndaidh, a' tionndadh (v.)
  turn

tioram, nas tioraime (adj.)
  dry

tioramaich, a' tioramachadh (v.)
  dry

tìr: an tìr, na tìre, na tìrean (f.)
  land

tir-eòlas: an tir-eòlas, an tir-eòlais
(m.)
  geography

tir-mór: an tir-mór, an tir-mhòir (m.)
  mainland

tiugainn (sing.), tiugainnibh (pl.)
(defective v.)
  come along!

tiugh, nas tighe (adj.)
  thick, fat

tlachd: an tlachd, na tlachd (f.)
  pleasure, delight

tlachdmhor, nas tlachdmhoire (adj.)
  pleasing, delightful

tobar: an tobar, an tobair, na

tobraichean (m.)
  well
tobhta: *an tobhta, na tobhta, na*
tobhtaichean (f.)
  ruin
tog, a' togail (v.)
  1 lift, 2 build
tog, a' togail + orm, ort (etc.) (v.)
  set off
    e.g. Tha mi a' togail orm
      I am setting off
togail: *an togail, na togalach, na*
toglaichean (f.)
  building
is toigh leam + nom. n. or + verbal
noun
  I like
    e.g. Is toigh leam Mairi
      I like Mary
    Is toigh leam iasgach
      I like to fish (i.e. fishing)
toil: *an toil, na toile* (f.)
  wish
toileachas: *an toileachas, an*
toileachais (m.)
  contentment, willingness
toilichte, *nas toilichte* (adj.)
  happy
toil-inntinn: *an toil-inntinn, na toil-
inntinne, na toil-inntinnean* (f.)
  enjoyment
toimhseachan: *an toimhseachan, an*
toimhseachain, na toimhseachanan* (m.)
  riddle
toimhseachan-tarsainn (m.) (See
toimhseachan)
  crossword
an tòir air (+ dat.)
  in search of
toirmeasgach, *nas toirmeasgaiche* (adj.)
  forbidding, nay-saying
toiseach: *an toiseach, an toisich, na*
toisich (m.)
  1 beginning, 2 prow (of a boat)
air thoiseach
  at first
tòisich, a' tòiseachadh (air) (v.)
  begin

toll: *an toll, an tuill, na tuill* (m.)
  hole
tomadach, *nas tomadaiche* (adj.)
  bulky
tombaca: *an tombaca, an tombaca*
(m.)
  tobacco
tomhas: *an tomhas, an tomhais, na*
tomhaisean (m.)
  a measure
tomhais, a' tomhas (v.)
  1 measure, 2 weigh
tonn: *an tonn, an tuinn, na tuinn* (m.)
  wave
torach, *nas toraiche* (adj.)
  productive, fertile
toradh: *an toradh, an toraidh, na*
toraidhean (m.)
  produce
torrach, *nas torraiche* (adj.)
  pregnant (of women)
tosd: *an tosd, an tosd* (m.)
  silence
tràigh: *an tràigh, na tràghad, na*
tràighean (f.)
  beach
tràill: *an tràill, an tràill, na*
tràillean (m.)
  slave
trang, *nas trainge* (adj.)
  busy
tràth, *nas tràithe* (adj.)
  early
treabh, a' treabhadh (v.)
  plough
treallaichean: *na treallaichean* (nom.
pl.) (f.)
  1 bits and pieces, 2 luggage
treas (adj.)
  third
tréig, a' tréigsinn (v.)
  forsake
tren: *an tren, na treana, na treanachan*
(f.)
  train
treòraich, a' treòrachadh (v.)
  guide
treubh: *an treubh, na treubha, na*

treubhan (f.)
tribe

treun, *nas* **treuna** (adj.)
brave

tri (adj.)
three

a tri (n.)
three

triath: *an* triath, *an* triath, *na*

triathan (m.)
lord

Triath nan Eilean
The Lord of the Isles

tric, *nas* **trice** (adj.)
frequent

gu tric (adv.)
often, frequently

mar is trice
usually

trid (+ gen.) (prep.)
by means of

triùir (n.)
three people

trobhad (sing.), **trobhadaibh** (pl.)
(defective v.)
come here!

tròcaireach, *nas* **tròcairiche** (adj.)
merciful

trod, **a' trod** (ri) (v.)
scold

troigh: *an* troigh, *na* troighe, *na*

troighean (f.)
foot (measure)

troimh (+ asp. + dat.)
(prep.)
through

troimhe (adv.)
through

trom, *nas* **truime** (adj.)
heavy

tromham (prep.
pron. from

troimh)	through me
tromhad	through you (sing.)
troimhe	through him, it (m.)
troimhpe	through her, it (f.)

tromhainn	through us
tromhaibh	through you (pl.)
tromhpa	through them

truas: *an* truas, *an* truais (m.)
pity

truasail, *nas* **truasaile** (adj.)
compassionate

truinnsear: *an* truinnsear, *an*

truinnseir, *na* truinnsearan (m.)
plate

tuagh: *an* tuagh, *na* tuaighe, *na*

tuaghan (f.)
axe

tuarasdal: *an* tuarasdal, *an* tuarasdail,
na tuarasdail (m.)
wage

tuath, *nas* **tuaithe** (adj.)
north

tuath air (Muile)
to the north of (Mull)

mu thuath
in the north

tuathanach: *an* tuathanach, *an*

tuathanaich, *na* tuathanaich (m.)
farmer

tubaist: *an* tubaist, *na* tubaiste, *na*

tubaistean (f.)
1 calamity, 2 accident, crash

tughadh: *an* tughadh, *an* tughaidh (m.)
thatch

tuig, **a' tuigsinn** (v.)
understand

tuigse: *an* tuigse, *na* tuigse (f.)
understanding, intelligence

tuigseach, *nas* **tuigsiche** (adj.)
intelligent, wise, sensible

tuil: *an* tuil, *na* tuile, *na* tuiltean (f.)
flood

tuilleadh (adv.)
more

tuislich, **a' tuisleachadh** (v.)
stumble, trip

tuit, **a' tuiteam** (v.)
fall

tulach: *an* tulach, *an* tulaich, *na*

tulaich (m.)
hillock

tunnag: *an* tunnag, *na* tunnaige, *na*

tunnagan (f.)
  duck
tùr: *an* tùr, *an* tùir, *na* tùir (m.)
  tower
gu tur (adv.)
  completely, entirely
tursachan (pl.): *na* tursachan (nom. pl.)
  standing stones
turus: *an* turus, *an* turuis, *na* tursan (m.)
  journey
tùs: *an* tùs, *an* tùis, *na* tùis (m.)
  beginning

U

uachdar: *an* t-uachdar, *an* uachdair, *na* h-uachdaran (m.)
  1 top, surface, 2 cream
uachdaran: *an* t-uachdaran, *an* uachdarain, *na* h-uachdaranan (m.)
  owner
uaibhreach, *nas* uaibhriche (adj.)
  proud, haughty
uaigh: *an* uaigh, *na* h-uaghach, *na* h-uaighean (f.)
  grave
uaine, *nas* uaine (adj.)
  green
uair: *an* uair, *na* h-uaire, *na* h-uairean (f.)
  hour, time (on the clock)
an uair a (+ indep. form of v.)
  when (not a question)
Dé an uair a tha e?
  What time is it?
an uair sin
  then
dà uair
  twice
uaireadair: *an* t-uaireadair, *an* uaireadair, *na* h-uaireadairean (m.)
  watch
uaireannan (adv.)
  sometimes, at times
uaireigin (adv.)
  sometime
uallach: *an* t-uallach, *an* uallaich, *na* h-uallaich (m.)
  worry
uamh: *an* uamh, *na* h-uaimhe, *na* h-uamhan (f.)
  cave
uamhasach, *nas* uamhasaiche (adj.)
  awful, terrible
uamhasach (adv.)
  very
uan: *an* t-uan, *an* uain, *na* h-uain (m.)
  lamb
uasal, *nas* uaisle (adj.)
  noble
duine-uasal (m.) (See duine)
  gentleman
ubhal: *an* ubhal, *na* h-ubhail, *na* h-ubhlan (f.)
  apple
uchd: *an* t-uchd, *an* uchda, *na* h-uchdan (m.)
  chest, breast
ud (adj.)
  that
ugh: *an* t-ugh, *an* uighe, *na* h-uighean (m.)
  egg
ùghdar: *an* t-ùghdar, *an* ùghdair, *na* h-ùghdaran (m.)
  author
ùghdarras: *an* t-ùghdarras, *an* ùghdarrais (m.)
  authority
Ughdarras nan Coilltean (m.)
  The Forestry Commission
ùidh: *an* ùidh, *na* h-ùidhe, *na* h-ùidhean (f.)
  interest
uidheam: *an* uidheam, *na* h-uidheime, *na* h-uidheaman (f.)
  equipment, gear
uile (adj.)
  every, all
    e.g. **a h-uile gille**
      every boy
    na gillean uile
      all the boys

a h-uile mac màthar
  every Tom, Dick & Harry
  (Lit. every mother's son)
uileann: *an uileann, na h-uilne, na*
h-uilnean (f.)
  elbow
uile-bheist: *an t-uile-bheist, an*
uile-bheist, *na h-uile-bheistean* (m.)
  monster
uime (See umam)
  about him, it (m.)
uime sin
  therefore, on that account
uimpe (See umam)
  about her, it (f.)
ùine: *an ùine, na h-ùine* (f.)
  time (period)
uinneag: *an uinneag, na h-uinneige, na*
h-uinneagan (f.)
  window
ùir: *an ùir, na h-ùireach, na h-ùirean*
  earth
uiread (+ gen. or de)
  so much, as much
    e.g. Chan fhaca mi riamh uiread
        de dhaoine
        I have never seen so many
        people
uiseag: *an uiseag, na h-uiseige, na*
h-uiseagan (f.)
  lark
uisge: *an t-uisge, an uisge, na*
h-uisgeachan (m.)
  water, rain
ulaidh: *an ulaidh, na h-ulaidhe, na*
h-ulaidhean (f.)
  treasure
ullaich, ag ullachadh (v.)
  prepare
ullamh, *nas ullaimhe* (adj.)
  ready, prepared
ultach: *an t-ultach, an ultaich, na*
h-ultaich (m.)
  armful
umam (prep. pron.
  from mu)   about me
  umad   about you (sing.)
  uime   about him, it (m.)

uimpe   about her, it (f.)
umainn   about us
umaibh   about you (pl.)
umpa   about chem
umhail, *nas umhaile* (adj.)
  obedient
ùnnsa: *an t-ùnnsa, an ùnnsa, na*
h-ùnnsachan (m.)
  ounce
ùpraid: *an ùpraid, na h-ùpraide, na*
h-ùpraidean (f.)
  uproar
ùpraideach, *nas ùpraidiche* (adj.)
  noisy
ur (adj.)
  your (pl.)
ùr, *nas uire* (adj.)
  fresh, new
ùr nodha (adj.)
  split new
as ùr
  afresh, anew
ùrar, *nas ùraire* (adj.)
  fresh
urchair: *an urchair, na h-urchrach, na*
h-urchraichean (f.)
  shot
ùrlar: *an t-ùrlar, an ùrlair, na*
h-ùrlaran (m.)
  floor
ùrnuigh: *an ùrnuigh, na h-ùrnuighe,*
na h-ùrnuighean (f.)
  prayer
dean ùrnuigh (v.) (See dean)
  pray
an urra ri
  dependent on, responsible for
is urrainn dhomh (+ verbal n.)
  I can, am able
    e.g. Is urrainn dhomh snàmh
        I can swim
        Is urrainn dhomh sin a
        dheamamh
        I can do that
urram: *an t-urram, an urraim, na*
h-urraman
  respect, reverence

urramach, *nas* urramaiche (adj.)
  reverend
    e.g. an t-Urramach Ruaraidh
      MacFhionghuin
        the Reverend Roderick
        MacKinnon

urras: *an t*-urras, *an* urrais, *na*
h-urrasan (m.)
  trust (financial), insurance
urrasair: *an t*-urrasair, *an* urrasair,
na h-urrasairean (m.)
  trustee

ENGLISH-GAELIC

BEURLA–GAIDHLIG

A

abbreviate (v.)
giorraich, a' giorrachadh

ablaze (adj.)
lasrach, *nas* lasraiche

able (adj.)
comasach, *nas* comasaiche

be able (v.)
rach aig + n. + air + infin.
  e.g. **James was able to go to the shops**
    Chaidh aig Seumas air a dhol do na bùthan

I am able (v.)
is urrain dhomh (+ verbal n.)
  e.g. **I can swim**
    Is urrain dhomh snàmh
    I can do that
    Is urrain dhomh sin a dheanamh

about (prep.)
mu (+ asp.); mu dheidhinn (+ gen.); mu thimcheall (+ gen.); timcheall air (+ dat.)

above (prep.)
os cionn (+ gen.)

above (adv.)
shuas

go abroad (v.)
rach a null thairis (See App: rach)

abridge (v.)
giorraich, a' giorrachadh

accent
blas: *am* blas, *a'* bhlais (m.)

accident
sgiorradh: *an* sgiorradh, *an* sgiorraidh, *na* sgiorraidh (m.)

according to (prep.)
a reir (+ gen.)

accordion
bocsa-ciùil (m.) (See bocsa)

account: cùnntas: *an* cùnntas, *a'* chùnntais (m.), *na* cùnntais (m.)

I am accustomed
is àbhaist dhomh (+ verbal n.)
  e.g. **I am accustomed to rising early**
    Is àbhaist dhomh éirigh tràth
    I am accustomed to drinking milk
    Is abhaist dhomh bainne òl

across (prep.)
tarsainn (+ gen.); thar (+ asp. + gen.); thairis air + (dat.)

across (adv.)
thairis

act (of law)
achd: *an* t-achd, *an* achda, *na* h-achdan (m.)

in addition to (that)
a bharrachd air (sin.); a thuilleadh air (sin.)

address (residence)
seòladh: *an* seòladh, *an* t-seòlaidh, *na* seòlaidh (m.)

admit (v.)
aidich, ag aideachadh

adult (adj.)
inbheach, *nas* inbhiche

advertisement
sanas-reic (m.) (See sanas)

aeroplane
itealan: *an* t-itea¹an, *an* itealain, *na* h-itealain (m.)

afar off
　fad as
affair
　cùis: *a'* chùis, *na* cùise, *na* cùisean (f.)
affection
　spéis: *an* spéis, *na* spéise (f.)
afresh (adv.)
　as ùr
after (prep.)
　as deidh (+ gen.); an deidh (+ gen.)
again (adv.)
　a rithis(t)
against (prep.)
　an aghaidh (+ gen.)
age
　aois: *an* aois, *na* h-aoise, *na* h-aoisean (f.)
aged (adj.)
　aosda, *nas* aosda
ago
　o chionn
　　e.g. 2 years ago
　　　　o chionn da bhliadhna
a long time ago
　o chionn f'hada
a short time ago
　o chionn ghoirid
agree (with) (v.)
　aontaich, ag aontachadh (le)
agree (v.)
　còrd, a' còrdadh
　　e.g. I agree with that
　　　　Tha sin a' còrdadh rium
　　　　(Lit. That is pleasing to me)
agriculture
　àiteachd: *an* àiteachd, *na* h-àiteachd (f.)
aim (v.)
　amais, ag amas
air
　àile: *an t-*àile, *an* àile (m.)
airport
　port-adhair (m.) (See port)
alacrity
　sùrd: *an* sùrd, *an t-*sùird (m.)

alive (adj.)
　beò, *nas* beòtha
all (adj.)
　uile
　　e.g. all the boys
　　　　na gillean uile
allotment
　cuibhrionn: *an* cuibhrionn, *a'* chuibhrinn, *na* cuibhrinnean (m.)
allow (v.)
　ceadaich, a' ceadachadh; leig, a' leigeil (le)
　　e.g. He will not allow Mary to do that
　　　　Cha leig e le Mairi sin a dheanamh
almost (adv.)
　gu bhith; cha mhór nach (+ dep. form of v.)
　　e.g. She is almost ready
　　　　Tha i gu bhith deiseil
　　　　He almost reached the house
　　　　Cha mhór nach do rainig e an taigh
almost (of accidental happenings) (adv.)
　theab (+ verbal n.) (p.t. of a defective v.)
　　e.g. I almost fell
　　　　theab mi tuiteam
alone (adj.)
　aonaranach, *nas* aonaranaiche; (See aonar)
alphabet
　aibidil: *an* aibidil, *na* h-aibidile, *na* h-aibidilean (f.)
already (adv.)
　cheana; mar tha; mu thrath
also (adv.)
　cuideachd
although (adv.)
　ged a (+ indep. form of v.)
although . . . not
　ged nach (+ dep. form of v.)
altogether
　comhla ri cheile
always (adv.)
　daonnan; an còmhnaidh
amateur (adj.)

neo-dhreuchdail, *nas*
neo-dhreuchdaile

among (prep.)
am measg (+ gen.)

amusing (adj.)
neonach, *nas* neonaiche; éibhinn,
nas éibhinne

ancestor
sìnnsir: *an* sìnnsir, *an t-*sìnnsir, *na*
sìnnsirean (m.)

anchor
acair: *an t-*acair, *an* acair, *na*
h-acraichean (m.)

anchorage
acarsaid: *an* acarsaid, *na* h-acarsaid,
na h-acarsaidean (f.)

and (conj.)
agus; is; 's

anger
fearg: *an* fhearg, *na* feirge (f.)

animal
beathach: *am* beathach, *a'*
bheathaich, *na* beathaichean (m.)

ankle
aobrann: *an* aobrann, *na*
h-aobrainne, *na* h-aobrannan (f.)

annoy (v.)
cuir dragh air + dat. (See cuir)
e.g. The cat annoyed the dog
Chuir an cat dragh air a'
chù

annoyance
dragh: *an* dragh, *an* dragha, *na*
draghan (m.)

annoyed (adj.)
diombach, *nas* diombaiche

answer (n.)
freagairt: *an* fhreagairt, *na*
freagairte, *na* freagairtean (f.)

answer (v.)
freagair, *a'* freagairt

ant
seangan: *an* seangan, *an t-*seangain,
na seangain (m.)

anvil
innean: *an t-*innean, *an* innein, *na*
h-inneanan (m.)

anxiety

iomacheist: *an* iomacheist, *na*
h-iomacheiste, *na* h-iomacheistean
(f.)

anxious (adj.)
fo iomacheist (Lit. under anxiety)

any (adj.)
sam bith (used after any noun)
e.g. anything
rud sam bith

anyone (pron.)
neach sam bith (used after neg. v.)

anything (pron.)
càil; dad; gin (all after neg. &
interr. v.)
e.g. What is this?
Dé tha seo?
It isn't anything
Chaneil càil
(i.e. nothing)

anywhere
àite sam bith (m.) (See àite)

apology
leisgeul: *an* leisgeul, *an* leisgeil, *na*
leisgeulan (m.)

appeal
tagradh: *an* tagradh, *an* tagraidh,
na tagraidhean (m.)

appear (v.)
nochd, *a'* nochdadh

appearance
dreach: *an* dreach, *na* dreiche, *na*
dreachan (f.)

apple
ubhal: *an t-*ubhal, *an* ubhail, *na*
h-ubhlan (m.)

April
a' Ghiblinn, *na* Giblinne (f.)

argument
argumaid: *an* argumaid, *na*
h-argumaide, *na* h-argumaidean (f.)

arise (v.)
éirich, *ag* éirigh

arm
gàirdean: *an* gàirdean, *a'* ghàirdein,
na gàirdeanan (m.)

armful
ultach: *an t-*ultach, *an* ultaich, *na*
h-ultaichean (m.)

arm-pit
  achlais: *an* achlais, *na h*-achlaise,
  na h-achlaisean (f.)
army
  arm: *an t*-arm, *an* airm, *na h*-airm
  (m.)
around (prep.)
  mu chuairt (+ gen.); timcheall
  air (+ dat.)
arrangement
  òrdugh: *an t*-òrdugh, *an* òrduigh,
  na h-òrduighean (m.)
arrive (i.e. reach) (v.)
  ruig, a' ruigsinn (Irr. v. See App.:
  ruig)
arrow
  saighead: *an t*-saighead, *na* saighde,
  na saighdean (f.)
art
  ealdhain: *an* ealdhain, *na*
  h-ealdhaine, *na h*-ealdhainean (f.)
articulate (of speech) (adj.)
  fileanta, *nas* fileanta; pongail, *nas*
  pongaile
artist
  fear-ealain (m.) (See fear)
as (like) (adv.)
  mar (+ asp.)
as (conj.)
  mar a
    e.g. as I was
           mar a bha mi
as if
  mar gu (+ dep. cond. t. of v.)
as ... as ...
  cho ... ri ...
    e.g. as big as James
           cho mór ri Seumas
ashes
  luaithre: *an* luaithre, *na* luaithre (f.)
ask (for) (v.)
  iarr, ag iarraidh (air)
    e.g. He asked Mary for money
           Dh'iarr e airgiod air
           Màiri
ask (someone a question)
  faighnich, a' faighneachd (de); cuir
  ceist (air) (See cuir)

assemble (v. trans. and intrans.)
  cruinnich, a' cruinneachadh; tionail,
  a' tional
The General Assembly
  An t-Ard-Sheanadh (nom.), An
  Ard-Sheanaidh (gen.) (m.)
assistance
  cobhair: *a'* chobhair, *na* cobhrach
  (f.)
astronomy
  reul-eòlas: *an* reul-eòlas, *an* reul-
  eòlais (m.)
at (prep.)
  aig (+ dat.)
at me, you (etc)
  See agam
at all (adv.)
  idir
attack
  ionnsaigh: *an t*-ionnsaigh, *an*
  ionnsaigh, *na h*-ionnsaighean (m.)
attempt
  oidhirp: *an* oidhirp, *na h*-oidhirpe,
  na h-oidhirpean (f.)
attention (concentration)
  aire: *an* aire, *na h*-aire (f.)
attention (service)
  frithealadh: *am* frithealadh, *an*
  fhrithealaidh, *na* frithealaidh (m.)
pay attention to (v.)
  thoir an aire do (See thoir)
attentive (adj.)
  fuireachail, *nas* fuireachaile
augment (v.)
  leudaich, a' leudachadh
August
  an Lùnasdal, *an* Lùnasdail (m.)
aunt (maternal)
  piuthar-màthar (f.) (See piuthar)
aunt (paternal)
  piuthar-athar (f.) (See piuthar)
author
  ùghdar: *an t*-ùghdar, *an* ùghdair,
  na h-ùghdaran (m.)
authority
  barrantas: *am* barrantas, *a'*
  bharrantais (m.); ùghdarras: *an*
  t-ùghdarras, *an* ùghdarrais (m.);

smachd: *an* smachd, *an* smachd (m.)

Autumn
  Foghar: *am* foghar, *an* fhoghair, *na* fogharan (m.)

avoid (v.)
  seachainn, a' seachnadh

aware (of) (adj.)
  eòlach, *nas* eòlaiche (air + dat.)

away (adv.)
  air falbh

awful (adj.)
  uamhasach, *nas* uamhasaiche (adj.)

awkward (adj.)
  lapach, *nas* lapaiche

axe (n.)
  tuagh: *an* tuagh, *na* tuaighe, *na* tuaghan (f.)

B

back (n.)
  cùl: *an* cùl, *a'* chùil, *na* cùil (m.); druim: *an* druim, *an* droma, *na* dromannan (m.)

back (wards) (adv.)
  air ais

bad (adj.)
  dona, *nas* miosa; olc, *nas* miosa; droch (precedes n. + asp.)

bad tempered (adj.)
  crosda, *nas* crosda; eangarra, *nas* eangarra

badge
  suaicheantas: *an* suaicheantas, *an* *t*-suaicheantais, *na* suaicheantais (m.)

badger
  broc: *am* broc, *a'* bhruic, *na* bruic (m.)

bag
  màileid: *a'* mhàileid, *na* màileide, *na* màileidean (f.)

bagpipe
  piob-mhór: *a'* phiob-mhór, *na* pioba-móire, *na* pioban-móra (f.)

bait
  baoit: *a'* bhaoit, *na* baoite (f.)

baker
  beiceir: *am* beiceir, *a'* bheiceir, *na* beiceirean (m.)

bald (adj.)
  maol, *nas* maoile

ball
  ball, *am* ball, *a'* bhuill, *na* buill (m.)

band (music)
  còmhlan-ciùil (m.) (See còmhlan)

bank (for money)
  banca: *am* banca, *a'* bhanca, *na* bancan (m.)

bank (of a river)
  bruach: *a'* bhruach, *na* bruaiche, *na* bruachan (f.)

bank (in the sea)
  oitir: *an* oitir, *na* h-oitire, *na* h-oitirean (f.)

banner
  bratach: *a'* bhratach, *na* brataiche, *na* brataichean (f.)

baptism
  baisteadh: *am* baisteadh, *a'* bhaistidh (m.)

bard
  bàrd: *am* bàrd, *a'* bhàird, *na* bàird (m.)

bare (adj.)
  lom, *nas* luime; rùisgte (p.p. of rùisg)
    e.g. bare-footed
        cas-ruisgte

bark (v.)
  comhartaich, a' comhartaich

barley
  eòrna, *an* t-eòrna, *an* eòrna (m.)

barn
  sabhal: *an* sabhal, *an* t-sabhail, *na* saibhlean (m.)

basis
  bunait: *a'* bhunait, *na* bunaite, *na* bunaitean (f.)

bask (in the sun) (v.)
  blian, a' blianadh

basket
  bascaid: *a'* bhascaid, *na* bascaide, *na* bascaidean (f.)

bat (animal)

ialtag: *an* ialtag, *na h*-ialtaige, *na
h*-ialtagan (f.)

bathroom
seomar-ionnlaid (m.) (See **seomar**)

battle
batail: *am* batail, *a'* bhatail, *na*
batail (m.)

battle (field)
blàr: *am* blàr, *a'* bhlàir, *na* blàran
(m.)

bay
bàgh: *am* bàgh, *a'* bhàigh, *na*
bàigh (m.); òb: *an t*-òb, *an* òba,
na h-òban (m.)

little bay
òban: *an t*-òban, *an* òbain, *na
h*-òbanan (m.)

be (v.)
bi (imp. sing.)

beach
tràigh: *an* tràigh, *na* tràghad, *na*
tràighean (f.)

beak
gob: *an* gob, *a'* ghuib, *na* guib (m.)

beans
pònair: *a'* phònair, *na* pònarach
(f. coll.)

bear (animal)
mathan: *am* mathan, *a'* mhathain,
na mathanan (m.)

bear (v.)
beir, *a'* breith (Irr. v. See App.:
beir)

beard
feusag: *an* fheusag, *na* feusaige, *na*
feusagan (f.)

beast
beathach: *am* beathach, *a'*
bheathaich, *na* beathaichean (m.);
béist: *a'* bhéist, *na* béiste, *na*
béistean (f.); biast: *a'* bhiast, *na*
béiste, *na* béistean (f.)

beautiful (adj.)
àlainn, *nas* àlainne; bòidheach, *nas*
bòidhche; breagha (briagha), *nas*
breagha (briagha); eireachdail, *nas*
eireachdaile; maiseach, *nas*
maisiche; rìomhach, *nas*

rìomhaiche; sgiamhach, *nas*
sgiamhaiche

beauty
maise: *a'* mhaise, *na* maise (f.)

because (conj.)
a chionn 's gu (+ dep. form of v.)
  e.g. **because you are late**
           a chionn 's gu bheil thu
           fadalach

because (conj.)
oir (+ indep. form of v.)

bed
leapaidh: *an* leapaidh, *na* leapa, *na*
leapannan (f.)

bedroom
seòmar-cadail (m.) (See **seòmar**)

bee
seillean: *an* seillean, *an t*-seillein, *na*
seilleanan (m.)

beer
leann: *an* leann, *an* leanna, *na*
leanntan (m.)

beetle
daolag: *an* daolag, *na* daolaige, *na*
daolagan (f.)

before (conj.)
mus; mun (+ dep. form of v.)

before (prep.)
roimh (+ asp. + dat.)

before (adv.)
roimhe

before me, you etc.
See romham

begin (v.)
toisich, *a'* toiseachadh (air)

beginning
toiseach: *an* toiseach, *an* toisich, *na*
toisich (m.); tùs: *an* tùs, *an* tùis, *na*
tùis (m.)

on behalf of
as leth (+ gen.)

behind (prep.)
air culaibh (+ gen.); air dheireadh
(+ gen.)

belief
creideamh: *an* creideamh, *a'*
chreideimh, *na* creideamhan (m.)

believe (v.)

believe
  creid, a' creidsinn

bell
  clag: *an* clag, *a'* chluig, *na* clagan (m.)

belong (to)
  buin, *a'* buntainn (do).

belly
  brù: *a'* bhrù, *na* bronn, *a'* bhroinn (dat. sing.), *na* brùthan (nom. pl.) (f. irr.)

beloved person
  luaidh: *an* luaidh, *an* luaidhe, *na* luaidhean (m. or f.)

belt
  crios: *an* crios, *a'* chriosa, *na* criosan (m.)

bend (v.)
  crom, a' cromadh; lùb, a' lùbadh

bend
  lùb: *an* lùb, *an* lùib, *na* lùban (m.)

bending (adj.)
  lùbach, *nas* lùbaiche (adj.)

benefit
  leas: *an* leas, *an* leas (m.)

berry (v.)
  sùbh: *an* sùbh, *an t-*sùibh, *na* sùbhan (m.)

beside (prep.)
  ri taobh (+ gen.)

betrothal
  reiteachadh: *an* reiteachadh, *an* reiteachaidh, *na* reiteachaidh (m.)

between (prep.)
  eadar

between us, you, them
  See eadarainn

Bible
  Biobull: *am* Biobull, *a'* Bhiobuill (m.)

bicycle
  biseagal: *am* biseagal, *a'* bhiseagail, *na* biseagalan (m.); rothair: *an* rothair, *an* rothair, *na* rothairean (m.)

big (adj.)
  mór, *nas* motha

bilingual (adj.)
  da-chànanach, *nas* da-chànanaiche

biology
  bith-eòlas: *am* bith-eòlas, *a'* bhith-eòlais (m.)

birch (tree)
  beith: *a'* bheith, *na* beithe, *na* beithean (f.)

bird
  eun: *an t-*eun, *an* eòin, *na h-*eòin (m.)

bird-flock
  eunlaith: *an* eunlaith, *na h-*eunlaithe (f.)

biscuit
  briosgaid: *a'* bhriosgaid, *na* briosgaide, *na* briosgaidean (f.)

bishop
  easbuig: *an t-*easbuig, *an* easbuig, *na h-*easbuigean (m.)

bit
  pios: *am* pios, *a'* phiosa *na* piosan (m.)

bite
  greim: *an* greim *a'* ghreime, *na* greimean (m.)

bitter (adj.)
  searbh, *nas* searbha AND *nas* seirbhe

black (adj.)
  dubh, *nas* duibhe

blackbird
  lon dubh: *an* lon dubh, *an* loin-duibh, *na* loin-dhubha (m.)

blackboard
  bòrd-dubh: *am* bòrd-dubh, *a'* bhùird-dhuibh, *na* bùird-dhubha (m.)

blacksmith
  gobha: *an* gobha, *a'* ghobha, *na* goibhnean (m.)

blade
  lann: *an* lann, *na* loinne, *na* lannan (f.)

blanket
  plaide: *a'* phlaide, *na* plaide, *na* plaidean (f.)

blemish
  smal: *an* smal, *an* smail, *na* smaiⁱ (m.)

bless (v.)
  beannaich, a' beannachadh
blessing
  beannachd: a' bheannachd, na
  beannachd, na beannachdan (f.)
blind (adj.)
  dall, nas doille
blood
  fuil: an fhuil, na fala (f.)
bloom
  blàth: am blàth, a' bhlàith, na
  blàthan (m.)
blow (thump)
  beum: am beum, a' bheuma, na
  beumannan (m.); buille: a' bhuille,
  na buille, na buillean (f.)
blow (of the wind) (v.)
  seid, a' seideadh
blue (adj.)
  gorm, nas guirme
boastful (adj.)
  bragail, nas bragaile
boat
  bàta: am bàta, a' bhàta, na
  bàtaichean (m.)
boat (small)
  eathar: an eathar, na h-eathar, na
  h-eathraichean (f.)
body
  corp: an corp, a' chuirp, na cuirp
  (m.)
bog
  boglach: a' bhoglach, na boglaich,
  na boglaichean (f.)
bog cotton
  canach: an canach, a' chanaich (m.)
boil (v.)
  bruich, a' bruich; goil, a' goil (v.)
boiling (adj.)
  goileach, nas goiliche
bone
  cnaimh: an cnaimh, a' chnaimh, na
  cnàn:han (m.)
bonnet
  bonaid: a' bhonaid, na bonaide,
  na bonaidean (f.); currac: an currac,
  a' churraic, na curracan (m.)
book

  leabhar: an leabhar, an leabhair, na
  leabhraichean (m.)
border
  crìoch: a' chrìoch, na crìche, na
  crìochan (f.); iomall: an t-iomall,
  an iomaill, na h-iomallan (m.)
was born
  rugadh (p.t. passive of beir. Irr. v.
  See App.: beir)
bossy (adj.)
  smachdail, nas smachdaile
bottle
  botul: am botul, a' bhotuil, na
  botuil (m)
bottom (e.g. of door)
  bonn: am bonn, a' bhuinn, na
  bonnan (m.)
bottom (of sea)
  grùnnd: an grùnnd, a' ghrunna. na
  grunnan (m.)
bottom (anatomical)
  màs: am màs, a' mhàis, na màsan
  (m.)
bound
  sinteag: an t-sìnteag, na sinteige, na
  sinteagan (f.)
boundary
  oirthir: an oirthir, na h-oirthire, na
  h-oirthirean (f.)
bow
  bogha: am bogha, a' bhogha, na
  boghachan (m.)
box
  bocsa: am bocsa, a' bhocsa, na
  bocsaichean (m.)
boy
  balach: am balach, a' bhalaich, na
  balaich (m.); gille: an gille, a'
  ghille, na gillean (m.)
little boy
  balachan: am balachan, a'
  bhalachain, na balachain (m.)
bracken
  See raineach
brae
  bruthach: a' bhruthach, na
  bruthaiche, na bruthaichean (f.)
brain

eanchainn: *an* eanchainn, *na*
*h-*eanchainne, *na h-*eanchainnean
(f.)

branch
geug: *a'* gheug, *na* geige, *na* geugan
(f.); meanglan: *am* meanglan, *a'*
mheanglain, *na* meanglanan (m.);
meur: *a'* mheur, *na* mèoir, *na*
meòir (f.)

brave (adj.)
treun, *nas* treuna

bravery
gaisge: *a'* ghaisge, *na* gaisge (f.)

bread
aran: *an t-*aran, *an* arain (m.)

breadth
leud: *an* leud, *an* leòid, *na* leudan
(m.)

break (v.)
bris, *a'* briseadh

breakfast
bracaist: *a'* bhracaist, *na* bracaiste,
na bracaistean (f.)

breast
broilleach: *am* broilleach, *a'*
bhroillich, *na* broillichean (m.)

breast pocket
pòcaid-broillich (f.) (See pòcaid)

breath
anail: *an* anail, *na h-*analach (f.)

breeze
osag: *an* osag, *na h-*osaige, *na*
*h-*osagan (f.); soirbheas: *an*
soirbheas, *an t-*soirbheis, *na*
soirbheis (m.)

bride
bean na bainnse (f.) (See bean)

bridegroom
fear na bainnse (m.) (See fear)

bridge
drochaid: *an* drochaid, *na*
drochaide, *na* drochaidean (f.)

brief (adj.)
aithghearr, *nas* aithghearra

bright (adj.)
soilleir, *nas* soilleire

brimfull (of) (adj.)
loma lan (de)

bring (v.)
thoir, *a'* toirt (Irr. v. See App.:
thoir)

bring to fruition
thoir gu buil (See thoir)

brisk (adj.)
sgairteil, *nas* sgairteile

broad (adj.)
leathann, *nas* leatha

broken
briste (p.p. of bris)

broom (brush)
sguab: *an* sguab, *na* sguaibe, *na*
sguaban (f.)

broth
brot: *am* brot, *a'* bhrota (m.)

brother
brathair: *am* brathair, *a'* bhrathar,
na braithrean (m.)

brother-in-law
brathair-céile (m.)

brown (adj.)
donn, *nas* duinne

brush (sweeping)
sguab: *an* sguab, *na* sguaibe, *na*
sguaban (f.)

brush (v.)
sguab, *a'* sguabadh

bubble
·gucag: *a'* ghucag, *na* gucaige, *na*
gucagan (f.)

bucket
cuinneag: *a'* chuinneag, *na*
cuinneige, *na* cuinneagan (f.);
pucaid: *a'* phucaid, *na* pucaide, *na*
pucaidean (f.)

build (v.)
tog, *a'* togail

building (n.)
togail: *an* togail, *na* togalach, *na*
toglaichean (f.)

bulky (adj.)
tomadach, *nas* tomadaiche

bull
tarbh: *an* tarbh, *an* tairbh, *na*
tairbh (m.)

bullet
peilear: *am* peilear, *a'* pheileir, *na*

peilearan (m.)

bun
bonnach: *am* bonnach, *a'* bhonnaich, *na* bonnaich (m.)

bundle
pasgan: *am* pasgan, *a'* phasgain, *na* pasganan (m.)

burn (v.)
loisg, *a'* losgadh

burst (v.)
sgàin, *a'* sgàineadh

bury (v.)
adhlaic, *ag* adhlacadh; tiodhlaic, *a'* tiodhlacadh

bush
preas: *am* preasa, *a'* phreasa, *na* preasan (m.)

business (commerce)
malairt: *a'* mhalairt, *na* malairt, *na* malairtean (f.)

business-like (adj.)
sgafanta, *nas* sgafanta

business man
fear-gnothaich (m.) (See **fear**)

busy (adj.)
dripeil, *nas* dripeala; trang, *nas* trainge

but (conj.)
ach

butcher
buidseir: *am* buidseir, *a'* bhuidseir, *na* buidseirean (m.)

butter
ìm: *an* t-ìm, *an* ìme, *na* h-ìmean (m.)

butterfly
seillean-dé (m.) (See **seillean**)

buttermilk
blàthach: *a'* bhlàthach, *na* blàthaiche (f.)

button
putan: *am* putan, *a'* phutain, *na* putanan (m.)

buy (v.)
ceannaich, *a'* ceannach

by (movement) (prep.)
seach

by (of an author)
le (+ dat.)

e.g. **This book is written by Norman McDonald**
Tha an leabhar seo air a sgrìobhadh le Tormod Domhnullach

C

cabbage
cal: *an* cal, *a'* chail (m.)

cairn
carn: *an* càrn, *a'* chùirn, *na* cùirn (m.)

calf (of leg)
calpa: *an* calpa, *a'* chalpa, *na* calpannan (m.)

calf (animal)
laogh: *an* laogh, *an* laoigh, *na* laoigh (m.)

called
ris an abrar; ris an canar
e.g. **the boy called John**
an gille ris an abrar Iain

calm (of weather)
feath: *am* feath, *an* fheatha (m.)

calm (adj.)
ciùin, *nas* ciùine; seimh, *nas* seimhe

I can (v.)
is urrain dhomh (+ verbal n.)
e.g. **I can swim**
Is urrain dhomh snàmh
I can do that
Is urrain dhomh sin a dheanamh

candle
coinneal: *a'* choinneal, *na* coinnle, *na* coinnlean (f.)

cap
ceap: *an* ceap, *a'* chip, *na* cip (m.)

car
càr: *an* càr, *a'* chàir, *na* càraichean (m.)

care
cùram: *an* cùram, *a'* chùraim (m.)

I couldn't care less!
Tha mi coma co-dhiu!

careful (adj.)

89

cùramach, *nas* cùramaiche;
faicilleach, *nas* faicilliche

cargo
luchd: *an* luchd, *an* luchda, *na*
luchdan (m.)

carpet
brat: *am* brat, *a'* bhrata, *na* bratan
(m.)

carrot
curran, *an* curran, *a'* churrain, *na*
currain (m.)

carry (v.)
giulain, *a'* giulain

in that case
a reisde (adv.)

castle
caisteal: *an* caisteal, *a'* chaisteil, *na*
caistealan (m.)

cat
cat: *an* cat, *a'* chait, *na* cait (m.)

catch (v.)
beir, *a'* breith + air (Irr. v. See
App.: beir); glac, *a'* glacadh

Catholic
Papanach: *am* Papanach, *a'*
Phapanaich, *na* Papanaich (m.)

cattle
crodh: *an* crodh, *a'* chruidh (m.);
spreidh: *an* spreidh, *na* spreidhe (f.)

cause
aobhar: *an* t-aobhar, *an* aobhair,
na h-aobharan (m.)

cave
uamh: *an* uamh, *na* h-uamha, *na*
h-uamhan (f.)

cawing (of crows)
ròcail: *an* ròcail, *na* ròcaile (f.)

cell (biological)
cealla: *an* cealla, *a'* chealla, *na*
ceallan (m.)

central (adj.)
meadhonach, *nas* meadhonaiche

century
linn: *an* linn, *an* linn, *na* linntean
(m.)
   e.g. the 18th century
          an t-ochdamh linn deug

certain (adj.)

cinnteach, *nas* cinntiche

certainty
cinnt: *a'* chinnt, *na* cinnte (f.)

certificate
teisteanas: *an* teisteanas, *an*
teisteanais, *na* teisteanais (m.)

chaffinch
breacan-beithe (m.) (See breacan)

chair
cathair: *a'* chathair, *na* cathrach,
na cathraichean (f.); seathair: *an*
seathair, *an* t-seathair, *na*
seathairean (m.)

chairman
fear na cathrach (m.) (See fear)

chalk
cailc: *a'* chailc, *na* cailce, *na*
cailcean (f.)

challenge
dùbhlan: *an* dùbhlan, *an* dùbhlain,
na dùbhlain (m.)

chance
cothrom: *an* cothrom, *a'* chothroim,
na cothroman (m.)

change (money)
iomlaid: *an* iomlaid, *na*
h-iomlaide (f.)

change (v.)
atharraich, ag atharrachadh

chanter
feadan: *am* feadan, *an* fheadain, *na*
feadain (m.)

chapel
seipeal: *an* t-seipeal, *na* seipeile, *na*
seipealan (f.)

chapter
caibidil: *a'* chaibidil, *na* caibidile,
na caibidilean (f.)

charity
deirc: *an* deirc, *na* deirce, *na*
deircean (f.)

cheap (adj.)
saor, *nas* saoire

cheek (of the face)
gruaidh: *a'* ghruaidh, *na* gruaidhe,
na gruaidhean (f.); lethcheann: *an*
lethcheann, *an* lethchinn, *na*
lethchinn (m.)

cheeky (adj.)
mi-mhodhail, *nas* mi-mhodhaile

cheerful (adj.)
aoigheil, *nas* aoigheile; suilbhir, *nas*
suilbhire; sùnndach, *nas* sùnndaiche

cheese
càise: *an* càise, *a'* chàise, *na*
càisean (m.)

chemistry
ceimiceachd: *an* ceimiceachd, *a'*
cheimiceachd (m.)

cheque
seic: *an t-*seic, *na* seice, *na* seicean
(f.)

cheque book
seic-leabhar: *an* seic-leabhar, *an*
*t-*seic-leabhair, *na* seic-leabhraichean
(m.)

chest (of the body)
broilleach: *am* broilleach, *a'*
bhroillich, *na* broillichean (m.);
uchd: *an t-*uchd, *an* uchda, *na*
*h-*uchdan (m.)

chest (box)
ciste: *a'* chiste, *na* ciste, *na*
cisteachan (f.)

chew (v.)
cagainn, a' cagnadh

chicken
isean: *an t-*isean, *an* isein, *na*
*h-*iseanan (m.)

chief (adj.)
prìomh (prefixed to noun + asp.)
e.g. chief city, capital
prìomh-bhaile

chieftain
ceann-cinnidh (m.); ceann-feadhna
(m.) (See **ceann**)

child
leanabh: *an* leanabh, *an* leanaibh,
na leanaban (m.)

children
clann: *a'* chlann, *na* cloinne (f.)

chimney
similear: *an* similear, *an t-*simileir,
na similearan (m.)

chin
smiogaid: *an* smiogaid, *an* smiogaid,

na smiogaidean (m.)

chisel
sgealb: *an* sgealb, *na* sgeilbe, *na*
sgeilbean (f.)

choice
roghainn: *an* roghainn, *na* roghainn,
na roghainnean (f.); taghadh: *an*
taghadh, *an* taghaidh, *na*
taghaidhean (m.)

choir
còisir: *a'* chòisir, *na* còisire, *na*
còisirean (f.)

choose (v.)
roghnaich, a' roghnachadh; tagh,
a' taghadh

chorus (of a song)
seist: *an t-*seist, *na* seiste, *na*
seistean (f.)

Christian (n.)
Crìosdaidh: *an* Crìosdaidh, *a'*
Chrìosdaidh, *na* Crìosdaidhean (m.)

Christian (adj.)
Crìosdail, *nas* Crìosdaile

Christmas
an Nollaig (nom. sing.), *na*
Nollaige (gen. sing.) (f.)

church
eaglais: *an* eaglais, *na h-*eaglaise,
*na h-*eaglaisean (f.)

The Church of Scotland
Eaglais na h-Alba (f.)

The Catholic Church
An Eaglais Chaitliceach (f.)

The Episcopal Church
An Eaglais Easbuigeach (f.)

The Free Church
An Eaglais Shaor (f.)

cinema
taigh dhealbh (m.) (See **taigh**)

city
baile mór: *am* baile mór, *a'*
bhaile mhóir, *na* bailtean móra
(m.)

civil (adj.)
siobhalta, *nas* siobhalta

claim (v.)
agair, ag agairt

clarity

clarity

soilleireachd: *an t*-soilleireachd, *na* soilleireachd (f.)

clasp (v.)
teannaich, a' teannachadh

claw
spòg: *an* spòg, *na* spòige, *na* spògan (f.); spur: *an* spur, *an* spuir, *na* spuirean (m.)

clay
criadh: *an* criadh, a' chriadha (m.)

clean (v.)
glan, a' glanadh

clean (adj.)
glan, *nas* glaine

clear (adj.)
soilleir, *nas* soilleire

clerk
cléireach: *an* cléireach, a' chléirich, *na* cléirich (m.)

clever (adj.)
tapaidh, *nas* tapaidhe

cliff (n.)
carraig: a' charraig, *na* carraige, *na* carraigean (f.)

climb (v.)
dìrich, a' dìreadh; streap, a' streap

climber
streapadair: *an* streapadair, *an t*-streapadair, *na* streapadairean (m.)

cloak
cleoc: *an* cleoc, a' chleoca, *na* cleocannan (m.)

close (v.)
dùin, a' dùnadh

clothe (v.)
sgeadaich, a' sgeadachadh

clothes
aodach: *an t*-aodach, *an* aodaich (m.)

cloud
neul: *an* neul, *an* neòil, *na* neòil (m.)

club (association)
comunn: *an* comunn, a' chomuinn, *na* comuinn (m.)

clump
bad: *am* bad, a' bhaid, *na* baid (m.)

coach
carbad: *an* carbad, a' charbaid, *na* carbadan (m.)

coal
gual: *an* gual, a' ghuail (m.)

coast
oirthir: *an* oirthir, *na h*-oirthire, *na h*-oirthirean (f.)

coat
còta: *an* còta, a' chòta, *na* còtaichean (m.)

cockerel
coileach: *an* coileach, a' choilich, *na* coilich (m.)

coin
bonn: *am* bonn, a' bhuinn, *na* buinn AND *na* bonnan (m.)

cold (virus)
cnatan: *an* cnatan, a' chnatain, *na* cnatain (m.)

cold
fuachd: *am* fuachd, *an* f'huachd, *na* fuachdan (m.)

cold (adj.)
fuar, *nas* fuaire

collect (v.)
cruinnich, a' cruinneachadh

college
colaisde: a' cholaisde, *na* colaisde, *na* colaisdean (f.)

colour
dath: *an* dath, *an* datha, *na* dathan (m.)

comb
cìr: a' chìr, *na* cìre, *na* cìrean (f.)

come (v.)
thig, a' tighinn (Irr. v. See App.: thig)

come along! (imp. v.)
tiugainn (sing.) tiugainnibh (pl.) (defective v.)

come here! (imp. v.)
trobhad (sing.) trobhadaibh (pl.) (defective v.)

comfort
furtachd: *an* f'hurtachd, *na* furtachd (f.)

comfortable (adj.)
comfhurtail, *nas* comfhurtaile; seasgair, *nas* seasgaire; socrach, *nas*

socraiche
command
òrdugh: *an* t-òrdugh, *an* òrduigh, *na* h-òrduighean (*m.*)
common (adj.)
cumanta, *nas* cumanta
The House of Commons
Taigh nan Cumantan (*m.*)
communion services
òrduighean (*m. pl.*) (See òrdugh)
community council
comunn ionadail (*m.*) (See comunn)
companion
companach: *an* companach, *a'* chompanaich, *na* companaich (*m.*)
company
cuideachd: *a'* chuideachd, *na* cuideachd, *na* cuideachdan (*f.*)
compared with
seach
in comparison with
an coimeas ri (+ dat.)
compassionate (adj.)
truasail, *nas* truasaile
compete with (v.)
feuch, *a'* feuchainn ri (+ dat.)
competition
co-fharpais: *a'* cho-fharpais, *na* co-fharpaise, *na* co-fharpaisean (*f.*)
complain (v.)
gearain, *a'* gearan
complete (adj.)
coimhlionta, *nas* coimhlionta
completely (adv.)
gu buileach; gu lèir; gu tur; air fad
concerning
mu (+ asp.); mu dheidhinn (+ gen.)
concert
ceilidh: *a'* cheilidh, *na* ceilidhe, *na* ceilidhean (*f.*)
conclusion
co-dhùnadh: *an* co-dhùnadh, *a'* cho-dhùnaidh, *na* co-dhùnaidh (*m.*)
condiment
annlan: *an* t-annlan, *an* annlain, *na* h-annlain (*m.*)
condition (agreement)

cùmhnant: *an* cùmhnant, *a'* cùmhnaint, *na* cùmhnantan (*m.*)
condition (state)
staid: *an* staid, *na* staide, *na* staidean (*f.*)
e.g. in a bad condition
(ann) an droch staid
confess (v.)
aidich, ag aideachadh
confidence
earbsa: *an* earbsa, *na* h-earbsa (*f.*)
confusion
othail: *an* othail, *na* h-othaile, *na* h-othailean (*f.*)
congregation
coimhthional: *an* coimhthional, *a'* choimhthionail, *na* coimhthionail (*m.*)
congratulations!
meala-naidheachd ort (sing.), oirbh (pl.)!
connected with
co-cheangailte ri (+ dat.)
consequence
buil: *a'* bhuil, *na* buile (*f.*)
consider (v.)
beachdaich, *a'* beachdachadh
consonant
connrag: *a'* chonnrag, *na* connraige, *na* connragan (*f.*)
constant (adj.)
cunbhalach, *nas* cunbhalaiche
contentment
sonas: *an* sonas, *an* t-sonais (*m.*); toileachas: *an* toileachas, *an* toileachais (*m.*)
convenient (adj.)
goireasach, *nas* goireasaiche
conversation
comhradh: *an* comhradh, *a'* chomhraidh, *na* comhraidhean (*m.*); seanachas: *an* seanachas, *an* t-seanachais, *na* seanachasan (*m.*)
cook
còcaire: *an* còcaire, *a'* chòcaire, *na* còcairean (*m.*)
cool (adj.)
fionnar, *nas* fionnaire

cooperative (n.)
co-chomunn: *an* co-chomunn, *a'* cho-chomuinn, *na* co-chomuinn (m.)

copy (e.g. of a book)
leth-bhreac: *an* leth-bhreac, *an* leth-bhric, *na* leth-bhric (m.)

cord
sreang: *an t*-sreang, *na* sreinge, *na* sreangan (f.)

cork
àrc: *an* àrc, *na* h-àirce, *na* h-àrcan (f.)

cormorant
sgarbh: *an* sgarbh, *an* sgairbh, *na* sgairbh (m.)

corn
arbhar: *an* t-arbhar, *an* arbhair (m.)

corner
oiseann: *an* oiseann, *na* h-oisinn, *na* h-oisnean (f.)

cost (v.)
cosg, a' cosg

How much does it cost?
Dé *a'* phris a tha e?

cough
casad: *an* casad, *a'* chasaid (m.)

cough (v.)
casadaich, a' casadaich

council
comhairle: *a'* chomhairle, *na* comhairle, *na* comhairlean (f.)
   e.g. The Western Isles Council
            Comhairle nan Eilean

district council
comhairle sgìreil (f.)

country
dùthaich: *an* dùthaich, *na* dùthcha, *na* dùthchannan (f.)

county
siorrachd: *an t*-siorrachd, *na* siorrachd, *na* siorrachdan (f.)

courage
misneach: *a'* mhisneach, *na* misnich (f.)

court
cùirt: *a'* chùirt, *na* cùirte, *na* cùirtean (f.)

courting

suiridhe: *an t*-suiridhe, *na* suiridhe (f.)

cow
bó: *a'* bhó, *na* bà, *a'* bhoin (dat. sing.), *na* bà (nom. pl.) (f. irr.); mart: *am* mart, *a'* mhairt, *na* mairt (m.)

coward
gealtair: *an* gealtair, *a'* ghealtair, *na* gealtairean (m.)

cowardly (adj.)
gealtach, *nas* gealtaiche; meata, *nas* meata

cow-herd
buachaille: *am* buachaille, *a'* bhuachaille, *na* buachaillean (m.)

crab
crùbag, *a'* chrùbag, *na* crùbaige, *na* crùbagan (f.)

crab (green)
partan: *am* partan, *a'* phartain, *na* partanan (m.)

crack (n.)
sgoltadh: *an* sgoltadh, *an* sgoltaidh, *na* sgoltaidhean (m.)

cranny
fròg: *an* f hròg, *na* fròige, *na* frògan (f.)

crawl (v.)
ealaidh, ag ealadh; snàig, *a'* snàgadh

cream
uachdar: *an t*-uachdar, *an* uachdair, *na* h-uachdaran (m.)

create (v.)
cruthaich, a' cruthachadh

creature
creutair: *an* creutair, *a'* chreutair, *na* creutairean (m.)

creed
creideamh: *an* creideamh, *a'* chreideimh, *na* creideamhan (m.)

creel
cliabh: *an* cliabh, *a'* chléibh, *na* cléibh (f.)

creep (v.)
snàig, a' snàgadh

crew

sgioba: *an* sgioba, *an* sgioba, *na*
sgioban (m.)

crippled (adj.)
bacach, *nas* bacaiche

crisis
éiginn: *an* éiginn, *na* h-éiginne, *na*
na h-éiginn (f.)

criticise (e.g. literature) (v.)
beachdaich, a' beachdachadh

croaking
ròcail: *an* ròcail, *na* ròcaile (f.)

croft
croit: *a'* chroit, *na* croite, *na*
croitean (f.)

crofter
croitear: *an* croitear, *a'* chroiteir, *na*
croitearan (m.)

crop
pór: *am* pòr, *a'* phòir, *na* pòran
(m.)

crossword
toimhseachan-tarsainn (m.) (See
toimhseachan)

crow
feannag: *an* fheannag, *na* feannaige,
na feannagan (f.); ròcais: *an* ròcais,
na ròcais, *na* ròcaisean (f.)

crow (hoodie)
starrag: *an* starrag, *na* starraige, *na*
starragan (f.)

crowd
grùnn: *an* grùnn, *a'* ghrùnn (m.)

crowdy
gruth: *an* gruth, *a'* ghrutha (m.)

crown
crùn: *an* crùn, *a'* chrùin, *na* crùin
(m.)

cruel (adj.)
borb, *nas* buirbe

cry (v.)
ràn, a' rànaich

cuckoo
cuthag, *a'* chuthag, *na* cuthaige, *na*
cuthagan (f.)

culture (way of life)
dualchas: *an* dualchas, *an*
dualchais (m.)

cunning (adj.)

carach, *nas* caraiche; seòlta, *nas*
seòlta

cup
cupa: *an* cupa, *a'* chupa, *na*
cupannan (m.)

cup of tea
strùpag: *an* strùpag, *na* strùpaige,
na strùpagan (f.)

cupboard
preasa: *am* preasa, *a'* phreasa, *na*
preasachan (m.)

cure
iocshlaint: *an* iocshlaint, *na*
h-iocshlainte, *na* h-iocshlaintean (f.);
leigheas: *an* leigheas, *an* leighis, *na*
leigheasan (m.)

curlew
guilbneach: *an* guilbneach, *a'*
ghuilbnich, *na* guilbnich (m.)

current
seòl-mara (m.) (See **seòl**); sruth: *an*
sruth, *an* t-srutha, *na* sruthan (m.)

curse (v.)
mallaich, a' mallachadh; mionnaich,
a' mionnachadh

curtain
cùirtear: *an* cùirtear, *a'* chùirteir,
na cùirtearan (m.)

custom
cleachdadh: *an* cleachdadh, *a'*
chleachdaidh, *na* cleachdaidhean
(m); nòs: *an* nòs, *an* nòis, *na*
nòsan (m.)

cut (v.)
gearr, a' gearradh

D

daddy-long-legs
breabadair: *am* breabadair, *a'*
bhreabadair, *na* breabadairean (m.)

dagger
biodag: *a'* bhiodag, *na* biodaige,
na biodagan (f.)

daisy
neoinean: *an* neoinean, *an*
neoinein, *na* neoineanan (m.)

dance
 danns: *an* danns, *an* dannsa, *na* dannsaidhean (m.)
dandelion
 beàrn-bríde: *am* beàrn-bríde, *a'* bheàrnain-bríde, *na* bearnànan-bríde (m.)
dandified (adj.)
 spaideil, *nas* spaideile
danger
 cunnart: *an* cunnart, *a'* chunnairt, *na* cunnartan (m.)
dangerous (adj.)
 cunnartach, *nas* cunnartaiche
dare (v.)
 dùraig, *a'* dùraigeadh
dark (adj.)
 dorcha, *nas* duirche
darkness (adj.)
 dorchadas: *an* dorchadas, *an* dorchadais (m.)
my darling (of a child) (voc.)
 m'eudail (f.)
dart
 saighead: *an t-*saighead, *na* saighde, *na* saighdean (f.)
daughter
 nighean: *an* nighean, *na* nighinne, *na* nigheanan (f.)
dawn
 camhanaich: *a'* chamhanaich, *na* camhanaiche (f.)
day
 latha: *an* latha, *an* latha, *na* làithean (m.)
all day long
 fad an latha (See fad)
the following day
 larnamhaireach (m.); an ath-latha (m.)
daylight
 solus an latha
Judgement (the Day of)
 Là a' Bhreitheanais (m.) (See breitheanas)
The Last Day
 Là na Cruinne (m.)
dead (adj.)

 marbh, *nas* mairbhe
deaf (adj.)
 bodhar, *nas* bodhaire
dear (adj.)
 daor, *nas* daoire; prìseil, *nas* prìseile
death
 bàs: *am* bàs, *a'* bhàis (m.)
deceive (v.)
 meall, *a'* mealladh
December
 an Dùdlachd, *an* Dùdlachd (m.)
decent (adj.)
 còir, *nas* còire
decide (v.)
 cuir roimh (See cuir)
 e.g. I decided
  chuir mi romham
decry (v.)
 càin, *a'* càineadh
degree
 ìre: *an* ìre, *na h-*ìre (f.)
deep (adj.)
 domhain, *nas* doimhne
deer
 fiadh: *am* fiadh, *an* fhéidh, *na* féidh (m.)
deerhound
 mialchù (m.) (See cù)
defeat
 ruaig: *an* ruaig, *na* ruaige, *na* ruaigean (f.)
defend (v.)
 dion, *a'* dion
dejected (adj.)
 fo phràmh (Lit. under sorrow)
delay (v.)
 dàil: *an* dàil, *na* dàile, *na* dàilean (f.); maille: *a'* mhaille, *na* maille (f.)
delight
 sòlas: *an* sòlas, *an t-*sòlais (m.)
delightful (adj.)
 taitneach, *nas* taitniche
den (of animal)
 saobhaidh: *an* saobhaidh, *an t-*saobhaidh, *na* saobhaidhean (m.)
dense (adj.)
 dùmhail, *nas* dùmhaile

deny (v.)
diùlt, a' diùltadh (do)

depart (v.)
imich, ag imeachd

department
roinn: *an* roinn, *na* roinne, *na* roinnean (f.)
e.g. Department of Education
Roinn an Fhoghluim

depend (on) (v.)
croch, a' crochadh (air)

dependent on
an urra ri

deranged (adj.)
as mo (do, etc.) rian (Lit. out of my (your etc.) mind); saobh, *nas* saobha

descend (v.)
teirinn, a' tearnadh

descendants
siol: *an* siol, *an t-*sil (m.) (sing. n. lit. = seed); sliochd: *an* sliochd, *an t-*sliochda (m. coll.)

desert
fàsach: *an f*hàsach, *na* fàsaich, *na* fàsaichean (f.)

desire
miann: *am* miann, *a'* mhiann, *na* miannan (m.)

I desire (v.)
is miann leam (+ n. nom.)

dessert
milsean: *am* milsean, *a'* mhilsein (m.)

destination (n.)
ceann-uidhe: *an* ceann-uidhe, *a'* chinn-uidhe, *na* cinn-uidhe (m.)

destroy (v.)
mill, a' milleadh

destructive (adj.)
millteach, *nas* milltiche

dew
driùchd: *an* driùchd, *an* driùchda, *na* driùchdan (m.)

did
rinn (p.t. of dean) (See App.: **dean**)

die (v.)

bàsaich, a' bàsachadh; caochail, a' caochladh; rach gu bàs (See **rach**)

difference
difir: *an* difir, *an* difir, *na* difirean (m.); eadardhealachadh: *an t-*eadardhealachadh, *an* eadardhealachaidh, *na h-*eadardhealachaidhean (m.)

different (adj.)
eadardhealaichte, *nas* eadardhealaichte

difficult (adj.)
doirbh, *nas* duilghe

difficulty
duilgheadas: *an* duilgheadas, *an* duilgheadais (m.)

dig (v.)
cladhaich, a' cladhach; ruamhair, a' ruamhar

diligence
dichioll: *an* dichioll, *an* dichill (m.)

diligent (adj.)
dichiollach, *nas* dichiollaiche; dealasach, *nas* dealasaiche

dinner
dinnear: *an* dinnear, *na* dinnearach, *na* dinnearan (f.)

dipper (bird)
gobhlachan: *an* gobhlachan, *a'* ghobhlachain, *na* gobhlachain (m.)

director
fear-stiùiridh (m.) (See **fear**)

dirk
biodag: *a'* bhiodag, *na* biodaige, *na* biodagan (f.)

dirt
salachar: *an* salachar, *an t-*salachair, *na* salacharan (m.)

dirty (adj.)
salach, *nas* salaiche

dirty (v.)
salaich, a' salachadh

disagreement
easaontachd: *an* easaontachd, *na h-*easaontachd (f.)

disc (record)
clàr: *an* clàr, *a'* chlàir, *na* clàran (m.)

discord
  aimhreit, *an* aimhreit, *na*
  h-aimhreite, *na* h-aimhreitean (f.)
discussion
  comhradh: *an* comhradh, *a'*
  chomhraidh, *na* comhraidhean (m.)
disease
  galar, *an* galar, *a'* ghalair, *na*
  galaran (m.)
disgraceful (adj.)
  nàrach, *nas* nàraiche; tàmailteach,
  nas tàmailtiche
dish
  soitheach: *an* soitheach, *an*
  t-soithich, *na* soithichean (m.)
disperse (expel) (v. trans.)
  fuadaich, a' fuadach
dissimilar (adj.)
  eu-coltach, *nas* eu-coltaiche
distance
  astar, *an* *t*-astar, *an* astair, *na*
  h-astair (m.)
distant (adj.)
  cian, *nas* céine
distress
  iomagain: *an* iomagain, *na*
  h-iomagaine, *na* h-iomagainean (f.)
district
  cearn: *an* cearn, *a'* chearnaidh,
  na cearnaidhean (m.)
disturbance
  buaireadh: *am* buaireadh, *a'*
  bhuairidh, *na* buairidhean (m.)
ditch
  dig: *an* dìg, *na* dìge, *na* dìgean (f.)
divide (v.)
  roinn, a' roinn
division
  roinn: *an* roinn, *na* roinne, *na*
  roinnean (f.)
do (v.)
  dean, a' deanamh (Irr. v. See App.:
  dean)
doctor
  dotair: *an* dotair, *an* dotair, *na*
  dotairean (m.)
dog
  cù: *an* cù, *a'* choin, *na* coin, *nan*
  con (gen. pl.) (m. irr.)
doll
  luidheag: *an* luidheag, *na* luidheige,
  na luidheagan (f.)
door
  dorus: *an* dorus, *an* doruis, *na*
  dorsan (m.)
doubt
  teagamh: *an* teagamh, *an* teagaimh,
  na teagamhan (m.)
doubtful (adj.)
  teagamhach, *nas* teagamhaiche
doubtless
  gun teagamh (Lit. without doubt)
dove
  calman: *an* calman, *a'* chalmain, *na*
  calmain (m.)
down (from above) (adv.)
  a nuas (adv.)
down below (adv.)
  shios
down(wards) (adv.)
  sios
drag (v.)
  slaod, a' slaodadh; tarraing, a'
  tarraing
dream
  aisling: *an* aisling, *na* h-aislinge,
  na h-aislingean (f.); bruadar: *am*
  bruadar, *a'* bhruadair, *na*
  bruadaran (m.)
dream (v.)
  bruadair, a' bruadar
dress
  eideadh: *an* *t*-eideadh, *an* eididh,
  na h-eididhean (m.)
dresser
  dreasair, *an* dreasair, *an* dreasair,
  na dreasairean (m.)
dress up (v.)
  sgeadaich, a' sgeadachadh
well-dressed (adj.)
  spaideil, *nas* spaideile
drink
  deoch: *an* deoch, *na* dìbhe, *na*
  deochan (f.)
drink (v.)
  òl, ag òl

drip (v.)
sil, a' sileadh

drive (a car)
stiùir, a' stiùireadh

drop
boinne: *am* boinne, *a'* bhoinne, *na* boinnean (m.)

drown (v.)
bàth, a' bàthadh

drug (n.)
cungaidh: *a'* chungaidh, *na* cungaidh, *na* cungaidhean (f.)

drunk (adj.)
misgeach, *nas* misgiche; fo mhisg (Lit. under inebriation)

dry (v.)
tioramaich, a' tioramachadh

dry (scorch, wither) (v.)
searg, a' seargadh

dry (adj.)
tioram, *nas* tioraime

duck
tunnag: *an* tunnag, *na* tunnaige, *na* tunnagan (f.)

duck (wild)
lach: *an* lach, *na* lacha, *na* lachan (f.)

dumb (adj.)
balbh, *nas* bailbhe

dun-coloured (adj.)
odhar, *nas* uidhre

durable (adj.)
buan, *nas* buaine; seasmhach, *nas* seasmhaiche

during (prep)
ré (+ gen.)

dust
duslach: *an* duslach, *na* duslaich (f.); luaithre: *an* luaithre, *na* luaithre (f.)

duty
dleasdanas: *an* dleasdanas, *an* dleasdanais, *na* dleasdanais (m.); dreuchd: *an* dreuchd, *na* dreuchd (f.)

dwell (v.)
tàmh, a' tàmh (v.)

E

each (adj.)
gach (precedes n.)

eagle
iolair: *an* iolair, *na* h-iolaire, *na* h-iolairean (f.)

ear
cluas: *a'* chluas, *na* cluaise, *na* cluasan

early (adv.)
moch

earn (v.)
coisinn, a' cosnadh

earth
talamh: *an* talamh, *an* talmhainn (m.); ùir: *an* ùir, *na* h-ùrach, *na* h-ùirean (f.)

east (n.)
ear: *an* ear (f.)

east(ern) (adj.)
ear

Easter
a' Chàisg, *na* Càisge, *na* Càisgean (f.)

easy (adj.)
furasda, *nas* f hasa; soirbh, *nas* soirbhe

easy-going (adj.)
socrach, *nas* socraiche

eat (v.)
ith, *ag* ithe

echo
mac-talla (m.) (See **mac**)

edge
oir: *an* oir, *na* h-oire, *na* h-oirean (f.)

editor
fear-deasachaidh (m.) (See **fear**)

educate (v.)
oileanaich, ag oileanachadh

education
foghlum: *am* foghlum, *an* f hoghluim (m.)

eel
easgann: *an* easgann, *na* h-easgainn, *na* h-easgannan (f.)

effect

effect
buaidh: *a'* bhuaidh, *na* buaidhe, *na* buaidhean (f.); buil: *a'* bhuil, *na* buile (f.).
effective (adj.)
eifeachdach, *nas* eifeachdaiche
effort
spàirn: *an* spàirn, *na* spàirne (f.)
egg
ugh: *an* t-ugh, *an* uighe, *na* h-uighean (m.)
eight (adj.)
ochd
eight (as noun)
a h-ochd
eight persons
ochdnar
eighth (adj.)
ochdamh
eighty (men)
ceithir fichead (fear)
either (NOT either . . . or)
nas motha
> e.g. That doesn't matter either!
> Chaneil sin gu difeir nas motha!
elbow
uileann: *an* uileann, *na* h-uilne, *na* h-uilnean (f.)
election
taghadh: *an* taghadh, *an* taghaidh, *na* taghaidhean (m.)
electricity
dealan: *an* dealan, *an* dealain (m.)
elegant (adj.)
riomhach, *nas* riomhaiche; snasail, *nas* snasaile; snasmhor, *nas* snasmhoire
(the) elements (of weather)
(na) siantan (See sian)
elm (tree)
leamhan: *an* leamhan, *an* leamhain, *na* leamhain (m.)
eloquent (adj.)
pongail, *nas* pongaile
else (adj.)
eile
> e.g. someone else
> fear eile

embarrassed (adj.)
tamailteach, *nas* tamailtiche
ember
eibhleag: *an* eibhleag, *na* h-eibhleige, *na* h-eibhleagan (f.)
emigrant
eilthireach: *an* t-eilthireach, *an* eilthirich, *na* h-eilthirich (m.)
empty (adj.)
falamh, *nas* falaimhe
empty (v.)
falamhaich, a' falamhachadh
encourage (v.)
brosnaich, a' brosnachadh; misnich, a' misneachadh
encouragement
misneach: *a'* mhisneach, *na* misnich (f.)
encouraging (adj.)
misneachail, *nas* misneachaile
end (n.)
crioch: *a'* chrioch, *na* criche, *na* criochan (f.); deireadh: *an* deireadh, *an* deiridh, *na* deiridhean (m.)
end (v.)
criochnaich, a' criochnachadh
in the end
air a' cheann thall; mu dheireadh; mu dheireadh thall
enemy
nàmh: *an* nàmh, *an* naimh, *na* naimh (m.); nàmhaid: *an* nàmhaid, *an* nàmhad, *na* naimhdean (m.)
engagement (marriage)
reiteachadh: *an* reiteachadh, *an* reiteachaidh, *na* reiteachaidh (m.)
engine
inneal: *an* t-inneal, *an* inneil, *na* h-innealan (m.)
engineer
innleadair: *an* t-innleadair, *an* innleadair, *na* h-innleadairen (m.)
engineering
innleadaireachd: *an* t-innleadaireachd, *an* innleadaireachd (m.)
Englishman

Sasunnach: *an* Sasunnach, *an*
t-Sasunnaich, *na* Sasunnaich (m.)
English (adj.)
Sasunnach, *nas* Sasunnaiche
English (language)
Beurla: *a*' Bheurla, *na* Beurla (f.)
enjoy (v.)
meal, a' mealtainn (v.)
enjoyment
toil-inntinn, *an* toil-inntinn, *na*
toil-inntinne, *na* toil-inntinnean (f.)
enlarge (v.)
leudaich, a' leudachadh;
meudaich, a' meudachadh
enliven (v.)
beothaich, a' beothachadh
enmity
nàimhdeas: *an* nàimhdeas, *an*
nàimhdeis (m.)
enough
gu leòr; (See gnothach)
enquire (v.)
feòraich, a' feòrach (de)
enthusiastic (about) (adj.)
dealasach, *nas* dealasaiche (air)
entice (v.)
tàlaidh, a' tàladh
entirely (adv.)
gu tur
envelope
céis: *a*' chéis, *na* céise, *na* céisean
(f.)
envy
farmad: *am* farmad, *an* fharmaid
(m.)
envy (v.)
gabh farmad ri (+ dat.) (See gabh)
equipment
uidheam: *an* t-uidheam, *an* uidheim,
na h-uidheaman (m.)
escape (v.)
teich, a'teicheadh
especially (adv.)
air leth; gu h-àraidh; gu sònraichte
essence
brìgh: *a*' bhrìgh, *na* brighe (f.)
establish (v.)
steidhich, a' steidheachadh

established
steidhichte (p.p. of steidhich)
estate
oighreachd: *an* oighreachd, *na*
h-oighreachd, *na* h-oighreachdan (f.)
eternally (adv.)
gu siorruidh; gu bràth
evangelist
soisgeulach: *an* soisgeulach, *an*
t-soisgeulaich, *na* soisgeulaich (m.)
even (adv.)
eadhon
evening
feasgar: *am* feasgar, *an* fheasgair,
na feasgairean (m.)
event (m.)
tachartas: *an* tachartas, *an*
tachartais, *na* tachartasan (m.)
ever (adv.)
a chaoidh (of future time)
ever (adv.)
riamh (only of time past)
every (adj.)
a h-uile (+ sing. n.)
e.g. every boy
a h-uile gille
every Tom, Dick & Harry
a h-uile mac màthar
evident (adj.)
am follais (Lit. in clearness)
e.g. It will come to light
Thig e am follais
evil
olc: *an* t-olc, *an* uilc, *na* h-uilc (m.)
evil (adj.)
olc, *nas* miosa
exam
deuchainn: *an* deuchainn, *na*
deuchainn, *na* deuchainnean (f.)
example
eiseimpleir: *an* eiseimpleir, *na*
h-eiseimpleir, *na* h-eiseimpleirean
(f.)
excellent (adj.)
sàr (precedes n. + asp.)
e.g. an excellent man
sar dhuine
sonraichte, *nas* sonraichte

exercising
 cleasachd: *a'* chleasachd, *na*
 cleasachd (f.)
excursion
 sgriob: *an* sgriob, *na* sgrioba, *na*
 sgrioban (f.)
excuse
 leisgeul: *an* leisgeul, *an* leisgeil, *na*
 leisgeulan (m.)
exhortation
 ìmpidh: *an* ìmpidh, *na h-*ìmpidhe,
 *na h-*ìmpidhean (f.)
exist (v.)
 mair, *a'* mairsinn
I expect (v.)
 Tha mi an dùil gu (+ dep. form of
 v.)
expensive (adj.)
 cosgail, *nas* cosgaile; daor, *nas*
 daoire
explain (v.)
 mìnich, *a'* mìneachadh
explore (v.)
 rannsaich, *a'* rannsachadh
exploring
 rannsachadh: *an* rannsachadh, *an*
 rannsachaidh, *na* rannsachaidh (m.)
eye
 suil: *an t-*suil, *na* sùla, *na* suilean (f.)
eye-brow
 mala: *a'* mhala, *na* mala, *na*
 malaidhean (f.)
eyelash
 rosg: *an* rosg, *an* roisg, *na* rosgan
 (m.)
eye-sight
 fradharc: *am* fradharc, *an*
 fhradhairc (m.); leirsinn: *an*
 leirsinn, *na* leirsinn (f.)

F

face
 aghaidh: *an* aghaidh, *na h-*aghaidhe,
 *na h-*aghaidhean (f.)
fair (of colour) (adj.)
 bàn, *nas* bàine

fairy
 sithiche: *an* sithiche, *an t-*sithiche,
 na sithichean (m.)
faithful (adj.)
 dìleas, *nas* dìlse
fall (v.)
 tuit, *a'* tuiteam
family
 teaghlach: *an* teaghlach, *an*
 teaghlaich, *na* teaghlaichean (m.)
famous (adj.)
 ainmeil, *nas* ainmeile
fank
 faing: *an* fhaing, *na* fainge, *na*
 faingean (f.)
far (adv.)
 fada, *nas* fhaide
far away
 fad air falbh, *nas* fhaide air falbh
as far as (prep.)
 gu ruige
fare
 faradh: *am* faradh, *an* fharaidh, *na*
 faraidhean (m.)
farewell!
 beannachd leat (sing.)!; beannachd
 leibh (pl.)!
take farewell (of)
 gabh beannachd (le) (See gabh)
farewell
 soraidh: *an t-*soraidh, *na* soraidh
 (f.) (le)
      e.g. Farewell to you, my love
           Soraidh leat, a'ghràidh
farmer
 tuathanach: *an* tuathanach, *an*
 tuathanaich, *na* tuathanaich (m.)
fashion
 fasan: *am* fasan, *an* fhasain, *na*
 fasanan (m.)
fashionable (adj.)
 fasanta, *nas* fasanta
fast (adj.)
 luath, *nas* luaithe
fat (adj.)
 reamhar, *nas* reamhra
father
 athair: *an t-*athair, *an* athar, *na*

h-athraichean (m.)

fatigue
sgios: *an* sgios, *na* sgios (f.)

fault
coire: *a'* choire, *na* coire, *na*
coireannan (f.); meang: *a'* mheang,
na meanga, *na* meangan (f.)

at fault
coireach, *nas* coiriche (adj.)

favourable (adj.)
fàbharach, *nas* fàbharaiche

fear
eagal: *an t*-eagal, *an* eagail, *na*
h-eagail (m.)

feast
ròic: *an* ròic, *na* ròice, *na* ròicean
(m.)

feat
euchd: *an t*-euchd, *an* euchda, *na*
h-euchdan (m.)

feather
ite: *an* ite, *na h*-ite, *na h*-itean (f.)

February
an Gearran, *a'* Ghearrain (m.)

feeble (adj.)
lag, *nas* laige

feed (v.)
biadh, *a'* biadhadh

feel (v.)
fairich, *a'* faireachdainn

fell (v.) (e.g. trees)
leag, *a'* leagail

female (adj.)
boirionn

feminine (adj.)
banail, *nas* banaile

fern
raineach: *an* raineach, *na* rainich,
na rainich (f.)

ferry
aiseag: *an* aiseag, *na h*-aiseige, *na*
h-aiseagan (f.)

ferry-boat
bàt-aiseige (m.) (See bàta)

few (adj.)
beagan (+ asp. + gen.)
e.g. **a few people**
beagan dhaoine

fever
fiabhrus: *am* fiabhrus, *an*
fhiabhruis, *na* fiabhrusan (m.)

fiddle
fidheall: *an* fhidheall, *na* fidhle, *na*
fidhlean (f.)

field
achadh: *an t*-achadh, *an* achaidh,
na h-achaidhean (m.); raon: *an*
raon, *an* raoin, *na* raointean (m.)

fierce (adj.)
borb, *nas* buirbe

fiery cross
crann-tara (See crann)

fifth (adj.)
cóigeamh

fifty (adj.)
leth-cheud (+ sing. n.)
e.g. **fifty soldiers**
leth-cheud saighdear

fight
sabaid: *an t*-sabaid, *na* sabaide, *na*
sabaidean (f.)

fight (v.)
sabaid, *a'* sabaid (ri)

fill (v.)
lion, *a'* lionadh

film
film: *am* film, *an* fhilm, *na* **filmean**
(m.)

filth
salachar: *an* salachar, *an t*-**salachair**,
na salacharan (m.)

filthy (adj.)
rapach, *nas* rapaiche

find (v.)
lorg, *a'* lorg; faigh, *a'* faighinn

fine (adj.)
gasda, *nas* gasda

fine (of weather) (adj.)
breagha (briagha), *nas* breagha
(briagha)

finger
corrag: *a'* chorrag, *na* corraige, *na*
corragan (f.); meur: *a'* mheur, *na*
meòir, *na* meòir (f.)

finish (v.)
criochnaich, *a'* criochnachadh

fire (a gun) (v.)
  loisg, a' losgadh
fire
  teine: *an teine, an teine, na
  teintean* (m.)
fire-place
  cagailt: *a' chagailt, na cagailte, na
  cagailtean* (f.)
firm (adj.)
  daingeann, *nas* daingne
first (adj.)
  ceud (+ asp.)
    e.g. the first boy
             a cheud bhalach
at first
  air thoiseach
fish
  iasg: *an t-iasg, an éisg, na
  h-éisg* (m.)
fish (v.)
  iasgaich, ag iasgach
fisherman
  iasgair: *an t-iasgair, an iasgair, na
  h-iasgairean* (m.)
fishing-boat
  bàt'-iasgaich (See bàta)
fishing line
  driamlach: *an driamlach, an
  driamlaich, na driamlaich* (m.)
fishing-rod
  slat-iasgaich (f.) (See slat)
fist
  dòrn: *an dòrn, an dùirn, na dùirn*
  (m.)
fisticuffs
  bualadh-dhòrn: *am bualadh-dhòrn,
  a' bhualaidh-dhòrn* (m.)
five (adj.)
  cóig
five (n.)
  a cóig
five people (n.)
  cóignear
flail
  sùist: *an t-sùist, na sùiste, na
  sùistean* (f.)
flame
  lasair: *an lasair, na lasrach, na*

  lasraichean (f.)
flash
  soillse: *an soillse, an t-soillse, na
  soillsean* (m.)
flask
  searrag: *an t-searrag, na searraige,
  na searragan* (f.)
flexible (adj.)
  sùbailte, *nas* sùbailte
flirt
  mir, a' mire
flit (i.e. change residence) (v.)
  imrich, ag imrich
flood
  tuil: *an tuil, na tuile, na tuiltean* (f.)
floor
  làr: *an làr, an làir, na làran*, (m.);
  ùrlar: *an t-ùrlar, an ùrlair, na
  h-ùrlairean* (m.)
flounder (fish)
  leabag: *an leabag, na leabaige, na
  leabagan* (f.)
flow (v.)
  sruth, a' sruthadh
flower
  flùr: *am flùr, an f hlùir, na
  flùraichean* (m.)
fluent (adj.)
  fileanta, *nas* fileanta (adj.)
fly
  cuileag: *a' chuileag, na cuileige, na
  cuileagan* (f.)
foal
  searrach: *an searrach, an
  t-searraich, na searraich* (m.)
foam
  cobhar: *an cobhar, a' chobhair* (m.)
fodder
  fodar: *am fodar, an f hodair* (m.)
fold (for sheep or cattle)
  buaile: *a' bhuaile, na buaile, na
  buailtean* (f.)
fold (v.)
  paisg, a' pasgadh
foliage
  duilleach: *an duilleach, na
  duillich* (f.)
folklore

beul-aithris (f.) (See beul)
follow (v.)
  lean, a' leantainn
the following day
  Iarnamhaireach (m.); an ath-
  latha (m.)
fond (of) (adj.)
  déidheil, *nas* déidheile (air); measail
  nas measaile (air)
food
  biadh: *am* biadh, a' bhidh (m.);
  lòn: *an* lòn, *an* lòin (m.)
fool
  amadan: *an* t-amadan, *an* amadain,
  na h-amadain (m.)
fooling (n.)
  fealla-dhà: *an* fhealla-dhà, *na*
  fealla dhà (f.)
foolish (adj.)
  gòrach, *nas* gòraiche
foolishness
  gòraiche: a' ghòraiche, *na*
  gòraiche (f.)
foot
  cas: a' chas, *na* coise, *na* casan (f.)
foot (measure)
  troigh: *an* troigh, *na* troighe, *na*
  troighean (f.)
football
  ball-coise (m.) (See **ball**)
for (prep.)
  airson (+ gen.)
for (of time) (prep.)
  car (+ acc.)
    e.g. for a moment
           car tiota
for (i.e. because) (conj.)
  oir (+ ind. form of v.)
force
  spàirn: *an* spàirn, *na* spàirne (f.)
fore-father
  priomh-athair (m.) (See **athair**);
  sinnsear: *an* sinnsear, *an* t-sinnsir,
  na sinnsirean (m.)
forehead
  bathais: a' bhathais, *na* bathais, *na*
  bathaisean (f.)
foreign (adj.)

céin, *nas* céine
foreknowledge
  roimh-fhios (m.) (See **fios**)
forest
  coille: a' choille, *na* coille, *na*
  coilltean (f.)
forever (adv.)
  gu bràth; am feasd; gu siorruidh
forget (v.)
  diochuimhnich, a'
  diochuimhneachadh
forgive (v.)
  maith, a' mathadh
forgiveness
  maitheanas: *am* maitheanas, a'
  mhaitheanais (m.)
forsake (v.)
  tréig, a' tréigsinn
fort
  dùn: *an* dùn, *an* dùin, *na* dùin (m.)
fortnight
  colladeug (contr. of ceithir-
  latha-deug)
fortunate (adj.)
  sealbhach, *nas* sealbhaiche
forty (men)
  da fhichead (fear)
forward(s) (adv.)
  air adhart
found (v.)
  steidhich, a' steidheachadh
foundation
  bunait: a' bhunait, *na* bunaite, *na*
  bunaitean (f.)
four (adj.)
  ceithir
four (n.)
  a ceithir
fourth (adj.)
  ceathramh
four persons (n.)
  ceathrar
fox
  madadh-ruadh (m.) (See **madadh**);
  sionnach: *an* sionnach, *an*
  t-sionnaich, *na* sionnaich (m.)
fragment (of cloth)
  sgòd: *an* sgòd, *an* sgòid, *na* sgòdan (m.`

fragment
  spealg: *an* spealg, *na* speilg, *na* spealgan (f.)

fragments (n. pl.)
  sprùileach: *an* sprùileach, *na* sprùiliche (f. coll.)

free (adj.)
  an asgaidh (Lit. in a gift)

free (at liberty) (adj.)
  saor, *nas* saoire

freedom
  saorsa: *an t*-saorsa, *na* saorsa (f.)

freezer
  reothadair: *an* reothadair, *an* reothadair, *na* reothadairean (m.)

frenzy
  boile: *a'* bhoile, *na* boile (f.)

frequent (adj.)
  minig, *nas* minige; tric, *nas* trice

fresh (adj.)
  ùr, *nas* ùire

Friday
  Di-Haoine

friend
  caraid: *an* caraid, *a'* charaid, *na* cairdean (m.)

friend (female)
  bancharaid: *a'* bhancharaid, *na* bancharaide, *na* banchairdean (f.)

friendly (with) (adj.)
  càirdeil, *nas* càirdeile (ri)

frog
  losgann: *an* losgann, *an* losgainn, *na* losgannan (m.)

frolick (v.)
  mir, *a'* mire

from (a)
  a

from (the)
  as (+ art.)

from
  (bh)o (+ asp. + dat.)

from me, you etc.
  see bhuam

front
  beulaibh: *am* beulaibh, *a'* bheulaibh (m.)

in front of (prep.)
  air beulaibh (+ gen.)

frost
  reothadh: *an* reothadh, *an* reothaidh (m.)

fruit
  meas: *am* meas, *a'* mheasa, *na* measan (m.)

bring to fruition
  thoir gu buil (See thoir)

full (of) (adj.)
  làn, *nas* làine (de)

fumes
  smùid: *an* smùid, *na* smuide (f.)

fun
  spòrs: *an* spòrs, *na* spòrsa (f.)

funny (adj.)
  éibhinn, *nas* éibhinne

furniture
  àirneis: *an* àirneis, *na h*-àirneise, *na h*-àirneisean (f.)

G

Gaelic
  Gàidhlig: *a'* Ghàidhlig, *na* Gàidhlige (f.)

galley
  birlinn: *a'* bhìrlinn, *na* bìrlinne, *na* birlinnean (f.)

gamekeeper
  geamair: *an* geamair, *a'* gheamair, *na* geamairean (m.)

gannet
  guga: *an* guga, *a'* ghuga, *na* gugaichean (m.); sùlair: *an* sùlair, *an t*-sùlair, *na* sùlairean (m.)

gap
  bearn: *a'* bhearn, *na* beirn, *na* bearnan (f.)

garden
  gàradh: *an* gàradh, *a'* ghàraidh, *na* gàraidhean (m.)

gardening
  gàirneileachd: *a'* ghàirneileachd, *na* gàirneileachd (f.)

gas

gas: *an* gas, *a*' ghais (m.)

gate
geata: *a*' gheata, *na* geata, *na* geataichean (f.)

gather (v.)
cruinnich, *a*' cruinneachadh; tionail, *a*' tional

gay (adj.)
aighearach, *nas* aighearaiche

general (army) (n.)
seanalair: *an* seanalair, *an* t-seanalair, *na* seanalairean (m.)

generally (adv.)
(am) bitheantas

generation
ginealach: *an* ginealach, *a*' ghinealaich, *na* ginealaich (m.)

generous (adj.)
fialaidh, *nas* fialaidhe

gentle (adj.)
min, *nas* mine; socair, *nas* socaire

gentleman
duine uasal (m.) (See duine)

gentleness
suairceas: *an* suairceas, *an* t-suairceis (m.)

geography
tir-eòlas: *an* tir-eòlas, *an* tir-eòlais (m.)

get (v.)
faigh, *a*' faighinn AND *a*' faotainn (Irr. v. See App.: faigh)

ghost
bòcan: *am* bòcan, *a*' bhòcain, *na* bòcain (m.); samhladh: *an* samhladh, *an* t-samhlaidh, *na* samhlaidhean (m.); taibhse: *an* taibhse, *an* taibhse, *na* taibhsean (m.)

giant
famhair: *am* famhair, *an* fhamhair, *na* famhairean (m.)

gift
tiodhlac: *an* tiodhlac, *an* tiodhlaic, *na* tiodhlaicean (m.)

girl
caileag: *a*' chaileag, *na* caileige, *na* caileagan (f.)

girl (poetic)
ribhinn: *an* ribhinn, *na* ribhinne, *na* ribhinnean (f.)

give (v.)
thoir, *a*' toirt (Irr. v. See App.: thoir)

glass
gloine: *a*' ghloine, *na* gloine, *na* gloineachan (f.)

glen
gleann: *an* gleann, *a*' ghlinne, *na* glinn AND *na* gleanntan (m.)

glittering (adj.)
lannaireach, *nas* lannairiche

gloom
gruaim: *a*' ghruaim, *na* gruaime (f.)

gloomy (adj.)
gruamach, *nas* gruamaiche

glove
miotag: *a*' mhiotag, *na* miotaige, *na* miotagan (f.)

go (v.)
rach, *a*' dol (Irr. v. See App.: rach); falbh, *a*' falbh

go abroad
rach a null thairis

go north
rach mu thuath

go on!
siuthad! (sing.) defective v. siuthadaibh! (pl.)

goat
gobhar: *a*' ghobhar, *na* goibhre, *na* goibhrean (f.)

god
dia: *an* dia, *an* dé, *na* diathan (m.); an Ni Math (m.) (See ni)

gold
òr: *an* t-òr, *an* òir (m.)

good (adj.)
math, *nas* fheàrr

Goodbye!
Beannachd leat (sing.)! Beannachd leibh (pl.)!

goodness
math: *am* math, *a*' mhaith (m.); maitheas: *am* maitheas, *a*' mhaitheis (m.)

goods
badhar: *am* badhar, *a'* bhadhair
(m.)
goose
geadh: *an* geadh, *a'* gheòidh, *na*
geòidh (m.)
gospel
soisgeul: *an* soisgeul, *an t-*soisgeil,
na soisgeil (m.)
government
riaghaltas: *an* riaghaltas, *an*
riaghaltais (m.)
grain
gràn: *an* gràn, *a'* ghràin, *na*
gràinean (m.)
grammar
gràmair: *an* gràmair, *a'* ghràmair,
na gràmairean (m.)
grandchild
ogha: *an t-*ogha, *an* ogha, *na*
*h-*oghaichean AND *na h-*oghachan
(m.)
grandfather
seanair: *an* seanair, *an t-*seanair, *na*
seanairean (m.)
grandmother
seanmhair: *an t-*seanmhair, *na*
seanmhar, *na* seanmhairean (f.)
grasp (v.)
greimich, a' greimeachadh
grass
feur: *am* feur, *an* fheòir (m.)
grass-edge
fàl: *am* fàl, *an* fhàil, *na* fàil (m.)
grave
uaigh: *an* uaigh, *na h-*uaghach, *na*
*h-*uaighean (f.)
gravel
grinneal: *an* grinneal, *a'* ghrinneil
(m.)
graveyard
cladh: *an* cladh, *a'* chlaidh, *na*
cladhan (m.)
graze (v.)
feuraich, a' feurach
greed
sannt: *an* sannt, *an t-*sannta (m.)
greedy (adj.)

sanntach, *nas* sanntaiche; gionach,
nas gionaiche
green (adj.)
uaine, *nas* uaine; gorm, *nas*
guirme
grey (adj.)
liath, *nas* léithe
grief
smalan: *an* smalan, *an* smalain, *na*
smalain (m.)
grind (v.)
bleith, a' bleith
grip
greim: *an* greim, *a'* ghreime, *na*
greimean (m.)
groove
eag: *an* eag, *na h-*eaga, *na h-*eagan
(f.)
grope (v.)
rùraich, a' rùrach
group
buidheann: *a'* bhuidheann, *na*
buidhne, *na* buidhnean (f.)
play-group
buidheann-cluich (f.)
grove
doire: *an* doire, *na* doire, *na*
doireachan (f.)
grow (v.)
fàs, a' fàs
gruel
brochan: *am* brochan, *a'* bhrochain
(m.)
guard (n.)
freiceadan: *am* freiceadan, *an*
fhreiceadain, *na* freiceadanan (m.)
guide (v.)
treòraich, a' treòrachadh
guide-book
leabhar-iùil (m.) (See leabhar)
guilty (adj.)
ciontach, *nas* ciontaiche; coireach,
nas coiriche
gun
gunna: *an* gunna, *a'* ghunna, *na*
gunnaichean (m.)
gurgling (adj.)
plubraich, *nas* plubraiche

gush (v.)
steall, a' stealladh

H

habitually (adv.)
(am) bitheantas

hair
falt: *am* falt, *an* f huilt (m.)

half
leth: *an* leth, *na* leth (f.)

and a half
gu leth (used after the noun)
e.g. three and a half feet
tri troighean gu leth

half-hour
leth uair (See uair)

half-past (ten)
leth uair an deidh (deich)

hall
talla: *an* talla, *na* talla, *na*
tallaichean (f.)

Halloween
Oidhche Shamhna (See an
t-Samhainn)

halting (adj.)
lapach, *nas* lapaiche

ham
muc-fheòil: *a'* mhuc-fheòil, *na*
muic f heòil (f.)

hammer
òrd: *an t-*òrd, *an* ùird, *na* h-ùird
(m.)

hand
làmh: *an* làmh, *na* làimhe, *na*
làmhan (f.)

in hand
os làimh

the upper hand
làmh an uachdair

handkerchief
neapaicin: *an* neapaicin, *na*
neapaicine, *na* neapaicinean (f.)

handle (v.)
laimhsich, a' laimhseachadh

handsome (adj.)
pearsanta, *nas* pearsanta

handwriting
làmh-sgriobhaidh (m.): (See **lamh**)

happen (v.)
tachair, a' tachairt

as it happened
mar thachair

hang (v.)
croch, a' crochadh

happiness
sonas: *an* sonas, *an t-*sonais (m.)

happy (adj.)
toilichte, *nas* toilichte; sona, *nas*
sona; subhach, *nas* subhaiche

harass (v.)
sàraich, a' sàrachadh

harbour
caladh: *an* caladh, *a'* chalaidh, *na*
calaidhean (m.); laimrig: *an*
laimrig, *na* laimrige, *na*
laimrigean (f.)

hard (adj.)
cruaidh, *nas* cruaidhe

hardy (adj.)
calma, *nas* calma

hardly
cha mhór gu (+ dep. for of v.)
(See **scarcely**)

hare
geàrr: *a'* gheàrr, *na* gearra, *na*
gearran (f.); maigheach: *a'*
mhaigheach, *na* maighiche, *na*
maighichean (f.)

harm
beud: *am* beud, *a'* bheud, *na*
beudan (m.); cron: *an* cron, *a'*
chroin (m.)

harmless (adj.)
solta, *nas* solta

harp
clàrsach: *a'* chlàrsach, *na*
clàrsaiche, *na* clàrsaichean (f.)

harpist
clàrsair: *an* clàrsair, *a'* chlàrsair,
na clàrsairean (m.)

harvest
buain: *a'* bhuain, *na* buana (f.)

hat
ad: *an* ad, *na* h-aide, *na* h-adan (f.)

hatred
  gràin: a' ghràin, na gràine (f.);
  fuath: am fuath, an fhuatha (m.)

haughtiness
  pròis: a' phròis, na pròise (f.)

haughty (adj.)
  pròiseil, nas pròiseile

have to (must) (v.)
  feumaidh (+ v. n.) (def. v.)
    e.g. I have to leave
          Feumaidh mi fàgail
          They have to buy food
          Feumaidh iad biadh a
          cheannach

hawk
  seabhag: an t-seabhag, na
  seabhaig, na seabhagan (f.)

hazel
  calltainn: a' challtainn, na
  calltainne, na calltainn (f.)

he (pron.)
  e

head
  ceann: an ceann, a' chinn, na cinn
  (m.)

headland
  rinn: an rinn, na rinne, na rinnean
  (f.); ros: an ros, an rois, na rosan
  (m.); rubha: an rubha, an rubha,
  na rubhan (m.)

headmaster
  maighstir-sgoile (m.) (See maighstir)

health
  slàinte: an t-slàinte, na slàinte (f.)

Good health!
  Slàinte mhór!

healthy (adj.)
  fallain: nas fallaine; slàn, nas
  slàine

hear (v.)
  cluinn, a' cluintinn (Irr. v. See
  App.: cluinn)

heart
  cridhe: an cridhe, a' chridhe, na
  cridheachan (m.)

heart-break
  briseadh-cridhe: am briseadh-
  cridhe, a' bhrisidh-cridhe, na

  brisidhean-cridhe (m.)

hearty (adj.)
  cridheil, nas cridheile

heat
  teas: an teas, an teas (m.)

heather
  fraoch: am fraoch, an fhraoich (m.)

heaven
  nèamh: an nèamh, an nèimh, na
  nèamhan (m.)

heavens
  speur: an speur, na speura, na
  speuran (m.)

Good heavens!
  Mo chreach!

heavy (adj.)
  trom, nas truime

hedgehog
  gràineag: a' ghràineag, na
  gràineig, na gràineagan (f.)

heel
  sàil: an t-sàil, na sàile AND na
  sàlach, na sàiltean (f.)

height
  àirde: an àirde, na h-àirde, na
  h-àirdean (f.)

heir
  oighre: an t-oighre, an oighre, na
  h-oighreachan (m.)

Hell
  ifrinn: an ifrinn, na h-ifrinn, na
  h-ifrinnean (f.)

helmet (n.)
  clogaid: a' chlogaid, na clogaide, na
  clogaidean (f.)

helmsman
  stiùireadair: an stiùireadair, an
  stiùireadair, na stiùireadairean (m.)

help
  cuideachadh: an cuideachadh, a'
  chuideachaidh (m.)

help (v.)
  cuidich, a' cuideachadh

hen
  cearc: a' chearc, na circe, na
  cearcan (f.)

her (pron. direct object)
  i

her (adj.)
    a (*not* + asp.); a h- (+ vowel)

herd
    greigh: *a'* greigh, *na* greighe, *na*
    greighean (f.)

here (adv.)
    (ann) an seo

here and there
    thall 's a bhos; an siud 's an seo

heritage
    dualchas: *an* dualchas, *an*
    dualchais (m.)

hermit
    aonaran: *an t*-aonaran, *an*
    aonarain, *na h*-aonaranan (m.)

hero
    gaisgeach: *an* gaisgeach, *a'*
    ghaisgich, *na* gaisgich (m.); laoch:
    an laoch, *an* laoich, *na* laoich (m.)

little hero
    laochan: *an* laochan, *an* laochain,
    na laochain (m.)

herring
    sgadan: *an* sgadan, *an* sgadain, *na*
    sgadain (m.)

hide (of animal)
    seich: *an t*-seich, *na* seiche, *na*
    seichean (f.)

hide (containing hair)
    bian: *am* bian, *a'* bhéin, *na* béin (m.)

hide (shaggy)
    peall: *am* peall, *a'* phill, *na*
    pillean (m.)

hide (v.)
    falaich, a' falach

hide and seek
    falach-fead (m.)

high (adj.)
    àrd, *nas* àirde

Highland (adj.)
    Gaidhealach, *nas* Gaidhealaiche

the Highlands
    a' Ghaidhealtachd (nom. sing.),
    na Gaidhealtachd (gen. sing.) (f.)

The Highlands & Islands
Development Board
    Bòrd-Leasachaidh na Gaidhealtachd
    's nan Eilean

The Highland Region
    Roinn na Gaidhealtachd (f.)

hillock
    cnoc: *an* cnoc, *a'* chnuic, *na*
    cnocan (m.); tulach: *an* tulach, *an*
    tulaich, *na* tulaich (m.)

hillside
    leathad: *an* leathad, *an* leathaid,
    na leathaidean (m.)

him (pron. direct object)
    e

hind
    eilid: *an* eilid, *na h*-éilde, *na*
    h-éildean (f.)

hinder (v.)
    bac, a' bacadh

hinge
    bann: *am* bann, *a'* bhanna, *na*
    bannan (m.)

hire (v.)
    fasdaidh, a' fasdadh

his (adj.)
    a (+ asp.)

history
    eachdraidh: *an* eachdraidh, *na*
    h-eachdraidhe, *na h*-eachdraidhean
    (f.)

hit (v.)
    buail, a' bualadh

hither
    a nall

hither and thither
    a null 's a nall

take hold of
    beir, a' breith + air (Irr. v. See
    App.: beir)

hole
    toll: *an* toll, *an* tuill, *na* tuill (m.)

holiday
    latha saor (m.) (See **latha**)

hollow
    sloc: *an* sloc, *an t*-sluic, *na* slocan
    (m.)

hollow (little)
    lagan: *an* lagan, *an* lagain, *na*
    laganan (m.)

holy (adj.)
    naomh, *nas* naoimhe

The Holy Child
an Leanabh Naomh (m.) (See
leanabh)
home
dachaidh: *an* dachaidh, *na*
dachaidh, *na* dachaidhean (f.)
home-sickness
cianalas, *an* cianalas, *a'* chianalais
(m.)
home (wards) (adv.)
dhachaidh
honest
fìrinneach, *nas* fìrinniche
honey
mil: *a'* mhil, *na* meala (f.)
honeymoon (the)
mìos nam pòg (m.) (See mìos)
honour
onoir: *an* onoir, *na* h-onoire, *na*
h-onoirean (f.)
hook
dubhan: *an* dubhan, *an* dubhain,
na dubhain (m.)
hop
sìnteag: *an* t-sìnteag, *na* sìnteige, *na*
sìnteagan (f.)
hope
dòchas: *an* dòchas, *an* dòchais, *na*
dòchasan (m.)
I hope that (v.)
tha mi an dòchas gu (+ dep. form
of v.)
e.g. I hope that you are happy
      Tha mi an dòchas gu bheil
thu toilichte
horrible (adj.)
oillteil, *nas* oillteile
horse
each: *an* t-each, *an* eich, *na* h-eich
(m.)
horseman
marcaiche: *am* marcaiche, *a'*
mharcaiche, *na* marcaichean (m.)
hospitable (adj.)
aoidheil, *nas* aoidheile
hospital
ospadal: *an* t-ospadal, *an* ospadail,
na h-ospadalan (m.)

hostility
naimhdeas: *an* naimhdeas, *an*
naimhdeis (m.)
hot (adj.)
teth, *nas* teotha
hotel
taigh-òsda (m.); taigh seinnse (m.)
(See taigh)
hotelier
òsdair: *an* t-òsdair, *an* òsdair, *na*
h-osdairean (m.)
hour
uair: *an* uair, *na* h-uarach, *na*
h-uairean (f.)
house
taigh: *an* taigh, *an* taighe, *na*
taighean (m.)
How?
Ciamar?
How long . . .?
Dé cho fad's a (+ indep. form of
v.)
e.g. How long were you in
London?
      Dé cho fad's a bha thu
ann an Lunnain?
How many?
Cia mheud (+ sing. n.)
e.g. How many trees are on the
island?
      Cia mheud craobh a tha
air an eilean
considering how much
leis cho mór agus a (+ indep.
form of v.)
however (adv.)
gidheadh; co-dhiù
howling
nuallanaich: *an* nuallanaich, *na*
nuallanaiche (f.)
hubbub
othail: *an* othail, *na* h-othaile, *na*
h-othailean (f.)
human (adj.)
daonda, *nas* daonda
humble (adj.)
iriosal, *nas* iriosaile
humility

irioslachd: *an* irioslachd, *na* h-irioslachd (f.)

hundred (adj.)
ceud (ciad) (+ sing. n.)
  e.g. **a hundred soldiers**
    ceud saighdear

hunger
acras: *an t*-acras, *an* acrais (m.)

I am hungry
Tha an t-acras orm

hunt (n.)
sealg: *an t*-sealg, *na* seilge, *na* sealgan (f.)

hunt (v.)
sealg, a' sealg

hunter
sealgair: *an* sealgair, *an t*-sealgair, *na* sealgairean (m.)

hunting
sealgaireachd: *an t*-sealgaireachd, *na* sealgaireachd (f.)

hurried (adj.)
cabhagach, *nas* cabhagaiche

hurry
cabhag, a' chabhag, *na* cabhaige (f.)

I am in hurry
Tha cabhag orm

hurry (v.)
greas, a' greasadh

hurry up!
greas ort! (sing.); greas oirbh! (pl.)

husband
céile: *an* céile, *a'* chéile (m.)

husk
plaosg: *am* plaosg, *a'* phlaoisg, *na* plaosgan (m.)

hut
bothan: *am* bothan, *a'* bhothain, *na* bothain (m.)

hymn
laoidh: *an* laoidh, *na* laoidhe, *na* laoidhean (f.)

I

I (pron.)
mi; mise (emphatic)

ice
deigh: *an* deigh, *na* deighe (f.)

idle (adj.)
diomhain, *nas* diomhaine

if (conj.)
ma (+ indep. form of v. in pres. t.)
  e.g. **if I am**
    ma tha mi
ma (+ rel. future)
  e.g. **if I shall be**
    ma bhitheas mi
nan, nam (+ dep. form of v. in p.t.)
  e.g. **if I was, if I were**
    nan robh mi

if . . . not
mur(a) (+ dependent form of v. p.t. & pres. t.; + rel. future tense)

ignorant (adj.)
aineolach, *nas* aineolaiche

ill-behaved (adj.)
mi-stòlda, *nas* mi-stòlda

image
ìomhaigh: *an* ìomhaigh, *na* h-ìomhaighe, *na* h-ìomhaighean (f.)

imagination
mac-meanma, *am* mac-meanma, *a'* mhic-meanma

immediately (adv.)
air ball

important (adj.)
cudthromach, *nas* cudthromaiche

impossible (adj.)
eu-comasach, *nas* eu-comasaiche

improve (v.)
leasaich, a' leasachadh

in a (prep.)
ann an (am before b.f. m. p) + dat.
  e.g. **in a boat**
    ann am bàta

in the (prep.)
anns + article + dat.
  e.g. **in the boat**
    anns a' bhàta

in me (you etc.)

See annam

incapable (adj.)
eu-comasach, *nas* eu-comasaiche

inch
òirleach: *an t*-òirleach, *an* òirlich, *na h*-òirlich (m.)

incident (m.)
tachartas: *an* tachartas, *an* tachartais, *na* tachartasan (m.)

indeed (adv.)
da-rìribh; gu dearbh

independence (political)
féin-riaghladh: *am* féin-riaghladh, *an f*héin-riaghlaidh (m.)

independence (of character)
neo-eiseimealachd: *an* neo-eiseimealachd, *na* neo-eiseimealachd (f.)

indifferent (adj.)
coma

I am indifferent to
is coma leam (+ nom. n.)

I am totally indifferent!
Tha mi coma to-dhiù!

indignant (adj.)
tàmailteach, *nas* tàmailtiche

individually (adv.)
fa leth

industrious (adj.)
dìchiollach, *nas* dìchiollaiche; gnìomhach, *nas* gnìomhaiche

industry (factories etc.)
gnìomhachas: *an* gnìomhachas, *a' ghnìomhachais (m.)

infamy
mi-chliù: *am* mi-chliù, *a'* mhi-chliù (m.)

infant
pàisd: *am* pàisd, *a'* phàisde, *na* pàisdean (f.)

infectious (adj.)
gabhaltach, *nas* gabhaltaiche

information
fiosrachadh: *am* fiosrachadh, *an f*hiosrachaidh (m.)

informed (adj.)
fiosrach, *nas* fiosraiche

inhabitants

muinntir: *a'* mhuinntir, *na* muinntire (f. coll.)

inheritance
oighreachd: *an* oighreachd, *na h*-oighreachd, *na h*-oighreachdan (f.)

inhospitable (adj.)
mosach, *nas* mosaiche

injustice
eucoir: *an* eucoir, *na h*-eucòrach, *na h*-eucoirean (f.); mi-cheartas: *am* mi-cheartas, *a'* mhi-cheartais (m.)

innkeeper
òsdair: *an t*-òsdair, *an* òsdair, *na h*-òsdairean (m.)

innocent (adj.)
neo-chiontach, *nas* neo-chiontaiche

inside (prep.)
am broinn (+ gen.)

in(side) (adv.)
a staigh; a stigh

instead of
an àite (+ gen.)

instrument
inneal: *an t*-inneal, *an* inneil, *na h*-innealan (m.)

insult (v.)
nàraich, *a'* nàrachadh

insulting (adj.)
tàmailteach, *nas* tàmailtiche

insurance
urras: *an t*-urras, *an* urrais, *na h*-urrasan (m.)

intelligence
tuigse: *an* tuigse, *na* tuigse (f.)

intelligent (adj.)
tuigseach, *nas* tuigsiche

intelligibility
soilleireachd: *an t*-soilleireachd, *na* soilleireachd (f.)

intention
miann: *am* miann, *a'* mhiann, *na* miannan (m.); rùn: *an* rùn, *an* rùin, *na* rùintean (m.)

interest (on money)
riadh: *an* riadh, *an* réidh (m.)

interest (concern)
ùidh: *an* ùidh, *na h*-ùidhe, *na h*-ùidhean (f.)

interesting (adj.)
intinneach, *nas* intinniche

into (prep.)
a steach do (+ dat.)
e.g. He is going into the house
Tha e a'dol a steach do'n
taigh

intoxication
daorach: *an* daorach, *na* daoraich,
na daoraich (f.)

introduction (e.g. of a book)
roimh-ràdh: *an* roimh-ràdh, *an*
roimh-ràidh, *na* roimh-ràdhan (m.)

intruder
sgimilear: *an* sgimilear, *an*
sgimileir, *na* sgimilearan (m.)

invisible (adj.)
neo-fhaicsinneach, *nas* neo-
fhaicsinniche

invitation
cuireadh: *an* cuireadh, *a'* chuiridh,
na cuiridhean (m.)

invoice
fairdeal: *am* fàirdeal, *an* fhàirdeil,
na fàirdeil (m.)

iron
iarunn: *an* t-iarunn, *an* iaruinn,
na h-iaruinn (m.)

iron (v.)
iarnaig, ag iarnaigheadh

island
eilean: *an* t-eilean, *an* eilein, *na*
h-eileanan (m.)

The Lord of the Isles
Triath nan Eilean (See triath)

it (nom. & acc. pron.)
e (m.); i (f.)

J

jacket
seacaid: *an* t-seacaid, *na* seacaide,
na seacaidean (f.)

jam
silidh: *an* silidh, *an* t-silidh (m.)

January
am Faoilteach, *an* Fhaoiltich (m.)

jersey
geansaidh: *an* geansaidh, *a'*
gheansaidh, *na* geansaidhean (m.);
peitean: *am* peitean, *a'* pheitein, *na*
peiteanan (m.)

jewel
ailleagan: *an* t-ailleagan, *an*
ailleagain, *na* h-ailleagain (m.);
seud: *an* seud, *an* t-seòid, *na*
seudan AND *na* seoid (m.)

job (employment)
cosnadh: *an* cosnadh, *a'* chosnaidh,
na cosnaidhean (m.)

joiner
saor: *an* saor, *an* t-saoir, *na* saoir
(m.)

joist
spàrr: *an* spàrr, *an* spàrra, *na*
spàrran (m.)

jollity
sùgradh: *an* sùgradh, *an* t-sùgraidh
(m.)

journey
turus: *an* turus, *an* turuis, *na*
tursan (m.)

joy
aoibhneas: *an* t-aoibhneas, *an*
aoibhneis, *na* h-aoibhneasan (m.);
sòlas: *an* sòlas, *an* t-sòlais (m.)

judge
breitheamh: *am* breitheamh, *a'*
bhreitheimh, *na* breitheamhan (m.)

judgment
breith: *a'* bhreith, *na* breithe (f.)

July
an t-Iuchar, *an* Iuchair (m.)

jump
leum: *an* leum, *an* leuma, *na*
leuman (m.)

jump (v.)
leum, a' leum

June
an t-Og-Mhios, *an* Og-Mhiosa (m.)

justice
ceartas: *an* ceartas, *a'* cheartais (m.)

just (adj.)
ceart, *nas* cearta; direach, *nas*
diriche

just (exactly) (adv.)
dìreach
e.g. just as you said
dìreach mar a thuirt thu

justice
còir: *a'* chòir, *na* còrach, *na* còraichean (f.)

K

keen (on) (adj.)
dèidheil, *nas* dèidheile (air)

keep (v.)
cùm, *a'* cumail; glèidh, *a'* glèidheadh

kettle
coire: *an* coire, *a'* choire, *na* coireachan (m.)

key
iuchair: *an* iuchair, *na* h-iuchrach, *na* h-iuchraichean (f.)

kick
breab: *am* breab, *a'* bhreaba, *na* breaban (m.)

kick (v.)
breab, *a'* breabadh

kill (v.)
marbh, *a'* marbhadh

kilt
fèileadh: *am* fèileadh, *an* fhèilidh, *na* fèilidhean (m.)

kind (type)
seòrsa: *an* seòrsa, *an* t-seòrsa, *na* seòrsachan (m.)

kind (to) (adj.)
coibhneil, *nas* coibhneile (ri); còir *nas* còire

king
rìgh: *an* rìgh, *an* rìgh, *na* rìghrean (m.)

kingdom
rìoghachd: *an* rìoghachd, *na* rìoghachd, *na* rìoghachdan (f.)

kiss (v.)
pòg, *a'* pògadh

kiss
pòg: *a'* phòg, *na* pòige, *na* pògan (f.)

kitten
piseag: *a'* phiseag, *na* piseige, *na* piseagan (f.)

knee
glùin: *a'* ghlùin, *na* glùine, *na* glùinean (f.)

kneel (v.)
sleuchd, *a'* sleuchdadh

knife
sgian: *an* sgian, *na* sgeine, *na* sgianan (f.)

knight
ridir: *an* ridir, *an* ridir, *na* ridirean (m.)

knit (v.)
figh, *a'* fighe

knock (v.)
gnog, *a'* gnogadh

knocking
gnogadh: *an* gnogadh, *a'* ghnogaidh, *na* gnogaidhean (m.)

knock down (v.)
leag, *a'* leagail

I know
tha fios agam air + dat.
e.g. I know that subject
Tha fios agam air a' chuspair sin

I know (a person)
is aithne dhomh + n. nom.
e.g. I know Mary
Is aithne dhomh Mairi

knowledge
eòlas: *an* t-eòlas, *an* eòlais (m.); fios: *am* fios, *an* fhiosa (m.)

knowledgeable (about) (adj.)
eòlach, *nas* eòlaiche (air)

L

laboratory
obair-lann: *an* obair-lann, *na* h-obair-lainn, *na* h-obair-lannan (f.)

labour
saothair: *an* t-saothair, *na* saothrach, *na* saothraichean (f.)

labour (v.)

saothraich, a' saothrachadh

lack
cion: *an* cion, *a'* chion (m.); dìth:
an dìth, *na* dìth (f.)

lady
bean-uasal (f.) (See bean)

ladder
fàradh: *am* fàradh, *an* fhàraidh, *na*
fàraidhean (m.)

lamb
uan: *an* t-uan, *an* uain, *na* h-uain
(m.)

lame (adj.)
bacach, *nas* bacaiche; crùbach, *nas*
crùbaiche

lamp
lampa: *an* lampa, *na* lampa, *na*
lampaichean (m.)

land
fearann: *am* fearann, *an* fhearainn,
na fearainn (m.); tìr: *an* tìr, *na*
tìre, *na* tìrean (f.)

language
cànain: *a'* chànain, *na* cànaine, *na*
cànainean (f.)

lantern
lòchran: *an* lòchran, *an* lòchrain,
na lòchrain (m.)

lark
uiseag: *an* uiseag, *an* h-uiseige, *na*
h-uiseagan (f.)

last (adj.)
deireannach, *nas* deireannaiche

last (adj.)
mu dheireadh
e.g. last week
an t-seachdainn mu
dheireadh

at last
mu dheireadh

at long last
mu dheireadh thall

last night (ad.)
an raoir

lastly (adv.)
mu dheireadh

late (at night) (adj.)
anmoch, *nas* anmoiche

late (for an appointment) (adj.)
fadalach, *nas* fadalaiche

(the) late
nach maireann
e.g. the late Alan McDonald
Ailean Domhnullach nach
maireann

Latin
Laidionn: *an* Laidionn, *na* Laidinn
(f.)

laugh
gàire: *an* gàire, *a'* ghàire, *na*
gàirean (m.)

laugh (v.)
dean gàire (See dean)

law
lagh: *an* lagh, *an* lagha, *na*
laghannan (m.)

lawyer
fear-lagha: *am* fear-lagha, *an* fhir-
lagha, *na* fir-lagha (m.)

laziness
leisg: *an* leisg, *na* leisge (f.)

lazy (adj.)
leisg, *nas* leisge

lead
luaidh: *an* luaidh, *na* luaidhe (f.)

leader
ceannard: *an* ceannard, *a'*
cheannaird, *na* ceannardan (m.)

leaf
duilleag: *an* duilleag, *na* duilleige,
na duilleagan (f.)

learn (v.)
ionnsaich, ag ionnsachadh

learned (adj.)
foghluimte, *nas* foghluimte

leave (v.)
fàg, a' fàgail

leer (n.)
plion: *am* plion, *a'* phlion (m.)

left (adj.)
clì, *nas* clithe

leg
cas: *a'* chas, *na* coise, *na* casan (f.)

legacy
dìleab: *an* dìleab, *na* dìleib, *na*
dìleaban (f.)

legal (adj.)
laghail, *nas* laghaile

leisure
socair: *an t*-socair, *na* socaire AND *na* socrach (f.)

length
fad: am fad, an fhaid (m.)

in length
am fad

lesson
leasan: *an* leasan, *an* leasain, *na* leasain (m.)

let (allow) (v.)
leig, a' leigeil (le)
e.g. He will not let Mary do that
Cha leig e le Mairi sin a dheanamh

letter
litir: *an* litir, *na* litreach, *na* lithrichean (f.)

level (adj.)
còmhnard, *nas* còmhnairde; rèidh, *nas* rèidhe

liberty
saorsa: *an t*-saorsa, *na* saorsa (f.)

library
lann-leabhraichean: *an* lann-leabhraichean, *na* lainn-leabhraichean (f.)

T.V. licence
cead-coimhead (m.) (See cead)

vehicle licence
cead-rathaid chàraichean (m.) (See cead)

lichen
crotal: *an* crotal, *a'* chrotail (m.)

lie (untruth)
breug: *a'* bhreug, *na* breige, *na* breugan (f.)

lie (down) (v.)
laigh, a' laighe

life
beatha: *a'* bheatha, *na* beatha, *na* beathannan (f.)

lifestyle
dòigh-beatha (See dòigh)

lift (v.)
tog, a' togail

light
leus: *an* leus, *an* leòis (m.); soillse: *an t*-soillse, *na* soillse, *na* soillsean (f.); solus: *an* solus, *an t*-soluis, *na* soluis (m.)

light (v.)
las, a' lasadh

lightning
dealanach: *an* dealanach, *an* dealanaich, *na* dealanaich (m.)

like (similar to) (adj.)
coltach, nas coltaiche
e.g. James is like John
Tha Seumas coltach ri Iain

I (you etc.) like
is math leam (leat etc.) + n. nom. or verbal n.; is toigh leam (leat etc.) + n. nom. or verbal n.
e.g. I like Mary
is toigh leam Mairi
I like to fish (i.e. fishing)
is toigh leam iasgach

like (v.)
See please (v.)

like (= as) (adv.)
mar (+asp.)
e.g. Fast like a deer
Luath mar fhiadh

like (conj.)
mar a (+ indep. form of v.)

likeness
coltas: *an* coltas, *a'* choltais (m.); samhail: *an* samhail, *an t*-samhla, *na* samhailean (m.)

likelihood
coltas: *an* coltas: *a'* choltais (m.)

in all likelihood
a reir coltais

likewise (adv.)
mar an ceudna

limit (n.)
crìoch: *a'* chrìoch, *na* crìche, *na* crìochan (f.)

line
loine: *an* loine, *na* loine, *na* lointean (f.)

linen
anart: *an t*-anart, *an* anairt, *na*

h-anartan (m.)

lion
leomhann: *an* leomhann, *an* leomhainn, *na* leomhainn (m.)

lip
bile: *a'* bhile, *na* bile, *na* bilean (f.)

listen (to) (v.)
éisd, ag éisdeachd (ri)

listeners
luchd-eisdeachd (m.)

literature
litreachas: *an* litreachas, *an* litreachais (m.)

little (adj.)
beag, *nas* lugha; meanbh, *nas* meanbha

a little (pron.)
beagan (nom.), beagain (gen.) (m.)

little by little
beagan is beagan

livelihood
beò-shlàinte: *a'* bheò-shlàinte, *na* beò-shlàinte (f.)

lively (adj.)
aigeannach, *nas* aigeannaiche; beòthail, *nas* beòthaile; sgairteil, *nas* sgairteile; sùnndach, *nas* sùnndaiche

load
eallach: *an* t-eallach, *an* eallaich, *na* h-eallaich (m.); luchd: *an* luchd, *na* luchda, na luchdan (f.)

loan
iasad: *an* t-iasad, *an* iasaid, *na* h-iasadan (f.)

lobster
giomach, *an* giomach, *a'* ghiomaich, *na* giomaich (m.)

loch
loch: *an* loch, *an* locha, *na* lochan (m.)

lochan
lochan: *an* lochan, *an* lochain, *na* lochain (m.)

lock (v.)
glas, *a'* glasadh

locked (p.p.)
glaiste

lonely (adj.)
aonaranach, *nas* aonaranaiche

long (adj.)
fada, *nas* fhaide

long for (v.)
ionndrainn, ag ionndrainn

long lasting (adj.)
buan, *nas* buaine

longing
ionndrainn: *an* ionndrainn, *na* h-ionndrainne (f.)

for a long time (of past time)
o chionn fhada
    e.g. I haven't seen you for a long time
        Chan fhaca mi thusa o chionn fhada

look (v.)
amhairc, ag amharc

look (at) (v.)
coimhid, *a'* coimhead (air); seall, *a'* sealltainn (air)

Look! (Behold!)
Feuch!

loom
beairt: *a'* bheairt, *na* beairte, *na* beairtean (m.)

loose (v.)
sgaoil, *a'* sgaoileadh

lord
morair: *am* morair, *a'* mhorair, *na* morairean (m.); tighearna: *an* tighearna, *an* tighearna, *na* tighearnan (m.)

The Lord of the Isles
Triath nan Eilean (m.) (See triath)

lorry
làraidh: *an* làraidh, *na* làraidh, *na* làraidhean (f.)

lose (v.)
caill, *a'* call

loss
call: *an* call, *a'* challa, *na* callaidhean (m.)

a lot of
móran, mórain (m.) (+ gen. when followed by a sing. n.; + asp. + gen. when followed by a plural n.)

e.g. a lot of Gaelic
        móran Gàidhlige
    a lot of houses
        móran thaighean

love
    gaol: *an* gaol, *a'* ghaoil (m.);
    gràdh: *an* gràdh, *a'* ghràidh (m.)

love (v.)
    gràdhaich, *a'* gràdhachadh

loving (adj.)
    gràdhach, *nas* gràdhaiche

low (adj.)
    iosal, *nas* ìsle

Lowlands
    Galldachd: *a'* Ghalldachd, *na*
    Galldachd (f.)

Lowland (adj.)
    Gallda, *nas* Gallda

lowland plain
    machair: *a'* mhachair, *na* machrach,
    na machraichean (f.)

Lowlander
    Gall: *an* Gall, *a'* Ghoill, *na* Goill
    (m.)

luck
    sealbh: *an* sealbh, *an t-*seilbh, *na*
    sealbhan (m.)

lucky (adj.)
    sealbhach, *nas* sealbhaiche

luggage
    treallaichean (nom. pl.), *na*
    treallaichean (nom. pl.)

lump
    meall: *am* meall, *a'* mhìll, *na*
    meallan (m.)

lung
    sgamhan: *an* sgamhan, *an*
    sgamhain, *na* sgamhanan (m.)

M

mackerel
    rionnach: *an* rionnach, *an*
    rionnaich, *na* rionnaich (m.)

mad (adj.)
    saobh, *nas* saobha

made (p.t.)

rinn (p.t. of dean) (See App.:
    dean)

madness
    boile: *a'* bhoile, *na* boile (f.)

magazine
    iris: *an* iris, *na h-*irise, *na*
    *h-*irisean (f.)

magazine (quarterly)
    ràitheachan: *an* ràitheachan, *an*
    ràitheachain, *na* ràitheachain (m.)

maid (poetic)
    rìbhinn: *an* rìbhinn, *na*
    rìbhinne, *na* rìbhinnean (f.)

maiden
    gruagach: *a'* ghruagach, *na*
    gruagaiche, *na* gruagaichean (f.);
    maighdean: *a'* mhaighdean, *na*
    maighdin, *na* maighdeanan (f.);
    òigh: *an* òigh, *na h-*òighe, *na*
    *h-*òighean (f.)

mainland
    tìr mór: *an* tìr mór, *an* tìr mhóir
    (m.)

majority
    mór-chuid: *am* mór chuid, *a'*
    mhóir-chuid (m.)

make (v.)
    dean, *a'* deanamh (Irr. v. See App.:
    dean)

malice
    mi-rùn: *am* mi-rùn, *a'* mhi-rùin (m.)

man
    duine: *an* duine, *an* duine, *na*
    daoine (m.)

many a (adj.)
    iomadh (+ sing. n.); a liuthad (+
    sing. n.)

many (adj.)
    móran (+ asp. + gen.)
        e.g. many men
            móran dhaoine

how many? (See how)
    cia mheud (+ sing. n.)

so many
    a leithid (de); uiread (+ gen. or
    de)
        e.g. I have never seen so many
            people

Chan fhaca mi riamh
uiread de dhaoine

March
am Mart, a' Mhairt (m.)

mare
làir: an làir, na làire, na làirean (f.)

mark (examination)
comharradh: an comharradh, a'
chomharraidh, na comharraidhean
(m.)

market
féill: an fhéill, na féille, na
féilltean (f.)

marry (v.)
pòs, a' pòsadh

marvellous (adj.)
miorbhaileach, nas miorbhailiche

mast
crann: an crann, a' chroinn, na
croinn (m.)

master
maighstir: am maighstir, a'
mhaighstir, na maighstirean

material
stuth: an stuth, an stuith, na
stuthan (m.)

matter
gnothach: an gnothach, a'
ghnothaich, na gnothaichean

It does not matter!
Chan eil e gu difir!; Ma thogair!

mature (adj.)
inbheach, nas inbhiche

maul (v.)
pronn, a' pronnadh

May
an Ceitean, a' Cheitein (m.); a'
Mhàigh, na Màighe (f.)

may (i.e. be allowed) (v.)
faodaidh (+ verbal n.)
e.g. **You may (i.e. are allowed to)
go away**
Faodaidh tu falbh
I may do that
Faodaidh mi sin a
dheanamh

may not
chan fhaod (+ verbal n.)

me (pron. direct object)
mi

meadow
dail: an dail, na daile, na dailean (f.);
lianag: an lianag, na lianaige, na
lianagan (f.);
lòn: an lòn, àn lòin, na lòintean (m.)

meal (for hens etc.)
min: a' mhin, na mine (f.)

mean (adj.)
spiocach, nas spiocaiche

mean character
spiocaire: an spiocaire, an
spiocaire, na spiocairean (m.)

by means of
trid (+ gen.)

measles
griuthach: a' ghriuthach, na
griuthaiche (f.)

measure (v.)
tomhais, a' tomhas

meat
feòil: an fheòil, na feòla (f.)

medal
bonn: am bonn, a' bhuinn, na
buinn AND na bonnan (m.)

gold medal
bonn-òir (m.)

silver medal
bonn-airgid (m.)

medicine
cungaidh: a' chungaidh, na
cungaidhe, na cungaidhean (f.)

mediocre (adj.)
meadhonach, nas meadhonaiche

meet (v.)
coinnich, a' coinneachadh (m.);
tachair, a' tachairt (ri)

meeting
coinneamh: a' choinneamh, na
coinneimh, na coinneamhan (f.)

melodious (adj.)
binn, nas binne; fonnmhor, nas
fonnmhoire

member
ball: am ball, a' bhuill, na buill (m.)

memory
cuimhne: a' chuimhne, na

121

cuimhne (f.)

merciful (adj.)
tròcaireach, *nas* tròcairiche

messenger
teachdaire: *an* teachdaire, *an*
teachdaire, *na* teachdairean (m.)

mew (v.)
miag, a' miagail

mid-day
meadhon-latha (m.)

middle
meadhon: *am* meadhon, *a'*
mheadhoin, *na* meadhonan (m.)

midge
meanbh-chuileag: *a'* mheanbh-
chuileag, *na* meanbh-chuileige, *na*
meanbh-chuileagan (f.)

midnight
meadhon-oidhche (m.)

mighty (adj.)
neartmhor, *nas* neartmhoire

mild (adj.)
seimh, *nas* seimhe; somalta, *nas*
somalta

mild (of temperament) (adj.)
siobhalta, *nas* siobhalta

mile
mìle: *a'* mhìle, *na* mìle, *na*
miltean (f.)

milk
bainne: *am* bainne, *a'* bhainne
(m.)

milk (v.)
bleoghainn, a' bleoghann

milking time
eadradh: *an* t-eadradh, *an* eadraidh,
na h-eadraidhean (m.)

mill
muileann: *a'* mhuileann, *na*
muilne, *na* muiltean (f.)

million
muillean: *am* muillean, *a'*
mhuillein, *na* muilleanan (m.)

mind
intinn: *an* inntinn, *na* h-inntinne,
na h-inntinnean (f.)

out of my mind
as mo rian

minister
ministear: *am* ministear, *a'*
mhinisteir, *na* ministearan (m.)

minute
mionaid: *a'* mhionaid, *na*
mionaide, *na* mionaidean (f.)

minute (adj.)
mionaideach, *nas* mionaidiche

mirror
sgàthan: *an* sgàthan, *an* sgàthain,
na sgàthanan (m.)

mirth
mire: *a'* mhire, *na* mire (f.);
sùgradh: *an* sùgradh, *an*
t-sùgraidh (m.)

misfortune
mi-fhortan: *am* mi-fhortan, *a'*
mhi-fhortain, *na* mi-fhortanan (m.)

mist
ceò: *an* ceò, *a'* cheò (m.)

mistake
mearachd: *a'* mhearachd, *na*
mearachd, *na* mearachdan (f.)

Mister, Mr.
Maighstir: *am* maighstir, *a'*
mhaighstir, *na* maighstirean (m.)

mistress, Mrs.
ban-mhaighstir (f.) (See **maighstir**)

mix (v.)
measgaich, a' measgachadh

mod
mòd: *am* mòd, *a'* mhòid, *na*
mòdan (m.)

mole
famh: *am* famh, *an* fhaimh, *na*
famhan (m.)

in a moment
an ceartair

Monday
Di-Luain (m.)

from Monday to Friday
bho Dhi-Luain gu Di-haoine

money
airgiod: *an* t-airgiod, *an* airgid (m.)

monk
manach: *am* manach, *a'* mhanaich,
na manaich (m.)

monster

uile-bheist: *an* uile-bheist, *na h-*uile-bheist, *na h-*uile-bheistean (f.)

month
mios: *am* mios, *a'* mhios, *na* miosan (m.)

moon
gealach: *a'* ghealach, *na* gealaich (f.)

moor (land)
blàr: *am* blàr, *a'* bhlàir, *na* blàran (m.); monadh: *am* monadh, *a'* mhonaidh, *na* monaidhean (m.); mòinteach: *a'* mhòinteach, *na* mòintich, *na* mòintichean (f.)

more (adj.)
barrachd (+ asp. + gen); tuilleadh (+ asp. + gen)
e.g. more people
barrachd dhaoine

more (adv.)
tuilleadh
e.g. I will return no more
Cha till mi tuilleadh

more than
a bharrachd air; còrr is (+ n. nom.)

morning
madainn: *a'* mhadainn, *na* maidne, *na* madainnean (f.)

morsel
mir: *am* mir, *a'* mhir, *na* mìrean (m.)

moss
còinneach: *a'* chòinneach, *na* còinniche (f.)

mother
màthair: *a'* mhàthair, *na* màthar, *na* màthraichean (f.)

mother (adj.)
màthaireil
e.g. mother tongue
cànain mhàthaireil

mountain
beinn, *a'* bheinn, *na* beinne, *na* beanntan (f.)

mouse
luch: *an* luch, *na* lucha, *na* luchan (f.)

mouth
beul: *am* beul, *a'* bheòil, *na* beòil (m.)

mouth music
port-a-beul (m.)

move (v. trans & intrans.)
caraich, *a'* carachadh; gluais, *a'* gluasad

move (v. intrans.)
imich, ag imeachd

much
mòran, mòrain (m.) (+ gen.)
e.g. much hunger
mòran acrais

How much does it cost?
Dé a' phris a tha e?

so much
a leithid (+ gen. OR + de); uiread (+ gen. OR + de.)
e.g. I have never seen so much money
Chan fhaca mi riamh uiread airgid

mud
poll: *am* poll, *a'* phuill (m.)

murder
murt: *am* murt, *a'* mhuirt, *na* muirt (m.)

museum
taigh-tasgaidh (m.) (See taigh)

music
ceòl: *an* ceòl, *a'* chiùil, *na* ciùil (m.)

musical instrument
inneal-ciuil (m.) (See inneal)

musicians
luchd-ciuil (m.)

must (v.)
feumaidh (+ verbal n.) (defective v.)
e.g. You must go away
Feumaidh tu falbh
I must buy food
Feumaidh mi biadh a cheannach

I must (v.)
is (fh)eudar dhomh (+ verbal n.)
e.g. I must walk home
Is (fh)eudar dhomh

coiseachd dhachaidh
I must see Mary
Is (fh)eudar dhomh Màiri
fhaicinn

I must
tha agam ri (+ verbal n.)
  e.g. I must walk
    Tha agam ri coiseachd

my (adj.)
mo (+ asp.)

N

nail (i.e. of a finger)
ìne: *an* ìne, *na* h-ìne, *na* h-ìnean (f.)

nail (metal)
tarag: *an* tarag, *na* taraige, *na*
taragan (f.)

name
ainm: *an* t-ainm, *an* ainme, *na*
h-ainmean (m.)

name (v.)
ainmich, ag ainmeachadh

named
ris an abrar; ris an canar
  e.g. the boy named John
    an gille ris an abrar Iain

narrow (adj.)
caol, *nas* caoile; cumhang, *nas*
cumhainge

nasty (adj.)
mosach, *nas* mosaiche

nationality
dùthchas: *an* dùthchas, *an*
dùthchais, *na* dùthchasan (m.)

natural (adj.)
nàdurrach, *nas* nàdurraiche

nature
nàdur: *an* nàdur, *an* nàduir, *na*
nàduir (m.)

naughty
mi-mhodhail, *nas* mi-mhodhaile

near (adj.)
dlùth, *nas* dlùithe; faisg, *nas*
fhaisge

near (prep.)
faisg air (+ dat.); an cois (+ gen.)

neat (adj.)
grinn, *nas* grinne; snasmhor, *nas*
snasmhoire

necessary (adj.)
feumail, *nas* feumaile; riatanach,
nas riatanaiche

neck
amhach: *an* amhach, *na*
h-amhaiche, *na* h-amhaichean (f.)

need
dìth: *an* dìth, *na* dìthe, *na* dìthean
(f.)

need (v. trans)
feumaidh (defective v.)

need (i.e. lack) (v.)
a dhìth air (See dìth)
  e.g. Mary needs food
    Tha biadh a dhìth air
    Màiri
    (Lit. food is lacking on
    Mary)

need (i.e. have to) (v.)
leig leas (+ infin.) (See leig)
  e.g. You need not go to school
    Cha leig thu leas a dhol
    do'n sgoil

in need (of)
feumach, *nas* feumaiche (air) (adj.)
  e.g. in need of food
    feumach air biadh

needle
snathad: *an* t-snathad, *na* snathaide,
na snathadan (f.)

neglect
dearmad, *an* dearmad, *an* dearmaid,
na deramaid AND *na* dearmadan
(m.)

neglect (v.)
leig air dhearmad (See leig)
  e.g. He neglected the work
    Leig e an obair air
    dhearmad

negligence
neo-chùram: *an* neo-chùram, *an*
neo-chùraim (m.)

neigh (of a horse) (v.)

neigh
sitrich, a' sitrich
neighbour
nàbaidh: *an* nàbaidh, *an* nàbaidh,
na nàbaidhean (m.)
nest
nead: *an* nead, *an* nid, *na* nid (m.)
nest (v.)
neadaich, a' neadachadh
net (fishing)
lion: *an* lion, *an* lin, *na* lin (m.)
nettle
deanntag: *an* deanntag, *na*
deanntaige, *na* deanntagan (f.)
never
neg. v. + ever (See ever)
new
nuadh, *nas* nuaidhe; ùr, *nas* ùire
news
fios: *am* fios, *an* fhiosa, *na* fiosan
(m.); naidheachd: *an* naidheachd,
na naidheachd, *na* naidheachdan (f.)
newspaper
paipear-naidheachd (See paipear)
(m.)
next (adj.)
ath (precedes n. + asp.)
nice (adj.)
laghach, *nas* laghaiche; snog, *nas*
snoige
night
oidhche: *an* oidhche, *na* h-oidhche,
na h-oidhcheannan (f.)
all night long
fad na h-oidhche (See fad)
last night (adv.)
(an) raoir
nimble (adj.)
sgiobalta, *nas* sgiobalta
nine
naoi
nine (persons)
naoinear
ninety (men)
ceithir fichead (fear) 's a deich
ninth
naoidheamh
noble (adj.)
usual, *nas* uaisle

noise
fuaim: *am* fuaim, *an* fhuaime, *na*
fuaimean (m.)
noisy (adj.)
faramach, *nas* faramaiche;
ùpraideach, *nas* ùpraidiche
North (adj.)
tuath
in the North
mu thuath
to the North of (Mull)
tuath air (Muile)
nose
sròn: *an* t-sròn, *na* sròine, *na*
srònan (f.)
note (of music)
pong: *am* pong, *a'* phuing, *na*
pongan (m.)
notice (v.)
mothaich, a' mothachadh
notice (n.)
sanas: *an* sanas, *an* t-sanais, *na*
sanasan (m.)
novel
nobhal: *an* nobhal, *an* nobhail, *na*
nobhalan
novelty
annas: *an* t-annas, *an* annais, *na*
h-annasan (m.)
November
an t-Samhainn, *na* Samhna (f.)
now (adv.)
a nis; an dràsda
become numb (v.)
rag, a' ragadh
number
aireamh: *an* t-aireamh, *na*
h-aireimhe, *na* h-aireamhan (f.)
numerous (adj.)
lionmhor, *nas* lionmhoire; pailt,
nas pailte
nurse
banaltrum: *a'* bhanaltrum, *na*
banaltruim, *na* banaltruim (f.)
nut
cnò: *a'* chnò, *na* cnotha, *na*
cnothan (f.)

O

oak
  darach: *an* darach, *na* daraich, *na*
  daraich (f.)

oar
  ràmh: *an* ràmh, *an* raimh, *na*
  raimh (m.)

oath
  bòid: *a'* bhòid, *na* bòide, *na*
  bòidean (f.); mionn: *am* mionn, *a'*
  mhionna, *na* mionnan (m.)

oatmeal
  min-choirce (f.) (See min)

oats
  coirce: *an* coirce, *a'* choirce (m.)

obedient (adj.)
  umhail, *nas* umhaile

obliging (adj.)
  easgaidh, *nas* easgaidhe

obstruction
  cnap-starradh: *an* cnap-starradh, *a'*
  chnap-starraidh, *na* cnap-
  starraidh (m.)

obvious (adj.)
  follaiseach, *nas* follaisiche

ocean
  cuan: *an* cuan, *a'* chuain, *na*
  cuantan (m.)

October
  an Dàmhar, *an* Dàmhair (m.)

of (prep.)
  de (+ asp. + dat.)

of me, of you etc.
  See dhiom

off me, you etc.
  See dhiom

offer (v.)
  tairg, *a'* tairgsinn

office
  oifis: *an* oifis, *na* h-oifis, *na*
  h-oifisean (f.)

officer
  oifigear: *an* t-oifigear, *an* oifigir,
  na h-oifigearan (m.)

official
  maor: *am* maor, *a'* mhaoir, *na*
  maoir (m.)

official (adj.)
  dreuchdail, *nas* dreuchdaile

offspring
  sliochd: *an* sliochd, *an*
  t-sliochda (m. coll.)

often (adv.)
  gu tric

oil
  ola: *an* ola, *na* h-ola, *na* h-olaichean
  (f.)

oil rig
  crann ola (m.) (See crann)

old
  sean AND seann, *nas* sine.
  (Seann precedes the noun it
  qualifies and usually aspirates it,
        e.g. seann chù
              an old dog
  If, however, the following noun
  begins with d, t or s, it is not
  aspirated
        e.g. seann duine
              an old man)

old-fashioned (adj.)
  seanagarra, *nas* seanagarra

old man
  bodach: *am* bodach, *a'* bhodaich,
  na bodaich (m.)

old woman
  cailleach: *a'* chailleach, *na*
  cailliche, *na* cailleachan (f.)

omission
  dearmad: *an* dearmad, *an* dearmaid,
  na dearmadan AND *na* dearmaid
  (m.)

on (prep.)
  air (+ dat.)

on me you etc.
  See orm

once (on one occasion)
  aon uair

one (adj.)
  aon

one (person or thing)
  fear: *am* fear, *an* fhir (m.); té: *an*
  té, *na* té (f.)

one at a time
  fear mu seach

only (adv.)
  a mhàin
open (v.)
  fosgail, a' fosgladh
open (adj.)
  fosgailte, *nas* fosgailte
opinion
  barail: *a*' bharail, *na* baralach, *na*
  barailean (f.); beachd: *am* beachd,
  a' bheachd, *na* beachdan (m.)
opportunity
  cothrom: *an* cothrom, *a*' chothruim,
  na cothroman (m.)
opposite (prep.)
  mu choinneamh (+ gen.)
oppression
  fòirneart: *am* fòirneart, *an*
  fhòirneirt (m.)
or (conj.)
  neo; no
oral tradition
  beul-aithris (f.) (See beul)
orange
  orainsear: *an t*-orainsear, *an*
  orainseir, *na h*-orainsearan (m.)
orchestra
  orcastra: *an t*-orcastra, *an*
  orcastra, *na h*-orcastran (m.)
order (command and arrangement)
  òrdugh: *an t*-òrdugh, *an* òrduigh,
  na h-òrduighean
order (arrangement)
  rian: *an* rian, *an* rian (m.)
order (v.)
  òrduich, ag òrduchadh
in order
  (ann) an òrdugh
orderly (adj.)
  dòigheil, *nas* dòigheile
other (adj.)
  eile
otherwise (adv.)
  air neo
otter
  dóbhran: *an* dóbhran, *an* dóbhrain,
  na dóbhrain (m.)
I ought (v.)
  bu chòir dhomh (+ verbal n.)

e.g. You ought to stay here
     Bu chòir dhut fuireach
     an seo
   I ought to do that
     Bu chòir dhomh sin a
     dheanamh
ounce
  ùnnsa: *an t*-ùnnsa, *an* ùnnsa, *na*
  h-ùnnsachan (m.)
our (adj.)
  ar
out (involving motion) (adv.)
  a mach
out of me, you etc.
  See asam
outside (adv.)
  a muigh
over (adv.)
  thairis
over (prep.)
  thar (+ asp. + gen.); tarsainn
  (+ gen.); thairis air (+ dat.)
over me, you etc.
  See tharam
over-confident (adj.)
  bragail, *nas* bragaile
owl (barn)
  comhachag: *a*' comhachag, *na*
  comhachaig, *na* comhachagan (f.)
owner
  uachdaran: *an t*-uachdaran, *an*
  uachdarain, *na h*-uachdaranan (m.)

P

pack
  pac: *am* pac, *a*' phaic, *na*
  pacaichean (m.); poca: *am* poca, *a*'
  phoca, *na* pocannan (m.)
page
  duilleag: *an* duilleag, *na* duilleige,
  na duilleagan (f.)
pail
  cuman: *an* cuman, *a*' chumain, *na*
  cumain (m.); peile: *am* peile, *a*'
  pheile, *na* peilichean (m.)
pain

pian: *am* pian, *a'* phéin, *na*
piantan (m.)

pair
càraid: *a'* chàraid, *na* càraide, *na*
càraidean (f.); paidhir: *a'*
phaidhir, *na* paidhreach, *na*
paidhirichean (f.)

palace
lùchairt: *an* lùchairt, *na* lùchairte,
na lùchairtean (f.)

palm (of hand)
bas: *a'* bhas, *na* boise, *na* basan (f.)

pan
pana: *am* pana, *a'* phana, *na*
panaichean (m.)

pane (window)
lòsan: *an* lòsan, *an* lòsain, *na*
lòsain (m.)

paper
paipear: *am* paipear, *a'* phaipeir, *na*
paipearan (m.)

parable
co-shamhladh: *an* co-shamladh, *a'*
cho-shamlaidh, *na*
co-shamlaidhean (m.)

parcel
pasgan: *am* pasgan, *a'* phasgain, *na*
pasganan (m.)

pardon
maitheanas: *am* maitheanas, *a'*
mhaitheanais (m.)

Pardon me! (imp.)
Gabh mo leisgeul!

parent
pàrant: *am* pàrant, *a'* phàrant,
na pàrantan (m.)

parish
sgìre: *an* sgìre, *na* sgìre, *na* sgìrean
(f.)

park
pàirc: *a'* phàirc, *na* pàirce, *na*
pàircean (f.)

Parliament
Parlamaid: *a'* Pharlamaid, *na*
Parlamaide (f.)

part (v.)
dealaich, *a'* dealachadh

for my (your, etc.) part

air mo, (do, etc.) shon(sa)

parting
dealachadh: *an* dealachadh, *an*
dealachaidh, *nu* dealachaidh (m.)

pass (mountain)
bealach: *am* bealach, *a'* bhealaich,
na bealaichean (m.)

passport
cead-dol-thairis: *an* cead-dol-
thairis, *a'* chead-dol-thairis (m.)

past (prep.)
seach (+ acc.); seachad air (+
dat.)

e.g. I went past the house
Chaidh mi seachad air an
taigh

pastime(s)
cur-seachad: *an* cur-seachad, *a'*
chuir-seachad (m.)

path
frith-rathad: *am* frith-rathad, *an*
f hrith-rathaid, *na* frith-rathaidean
(m.)

patience
foighidinn: *an* f hoighidinn, *na*
foighidinn (f.)

patient (adj.)
foighidneach, *nas* foighidniche

patronymic
sloinneadh: *an* sloinneadh, *an*
t-sloinnidh, *na* sloinnidhean (m.)

e.g. Finlay, son of Alan, son of
James
Fionnlagh Ailein Sheumais
(method of naming in the
Highlands to distinguish
people with the same
surname)

pavement
cabhsair: *an* cabhsair, *a'*
chabhsair, *na* cabhsairean (m.)

paw
spòg: *an* spòg, *na* spòige, *na*
spògan (f.)

pay (v.)
pàigh, *a'* pàigheadh

pea
peasair: *a'* pheasair, *na* peasrach,

na peasraichean (f.)

peace
fois: *an* fhois, *na* foise (f.); sìth: *an*
t-sìth, *na* sìthe, *na* sìthean (f.)

peaceful (adj.)
sìtheil, *nas* sìtheile

pear
peur: *a'* pheur, *na* peura, *na*
peuran (f.)

peat
mòine: *a'* mhoine, *na* mòna (f.)

a (single) peat
fàd mòna (f.)

peel (n.)
plaosg: *am* plaosg, *a'* phlaoisg, *na*
plaosgan (m.)

peel (v.)
rùisg, *a'* rùsgadh

pen
peann: *am* peann, *a'* phinn, *na*
pinn (m.)

pencil
peansail: *am* peansail, *a'* phensail,
na peansailean (f.)

penny
sgillinn: *an* sgillinn, *na* sgillinne, *na*
sgillinnean (f.)

people
muinntir: *a'* mhuinntir, *na*
muinntire (f. coll.); sluagh: *an*
sluagh, *an* *t*-sluaigh, *na* sloigh (m.)

perhaps
's mathaid (gu + dep. form of v.);
's math a dh'fhaoidte (gu +
dependent form of v.)
  e.g. perhaps you are right
              'S mathaid gu bheil thu
              ceart

periphery
iomall: *an* *t*-iomall, *an* iomaill, *na*
h-iomallan (m.)

permission
cead: *an* cead, *a'* cheada (m.)

pernicious (adj.)
sgriosail, *nas* sgriosaile

person
fear: *am* fear, *an* fhir, *na* fìr (m.);
neach: *an* neach (m.)

personally (adv.)
gu pearsanta

pet
peata: *am* peata, *a'* pheata, *na*
peatachan (m.)

pewter
staoin: *an* staoin, *na* staoine (f.)

pheasant
easag: *an* easag, *na* *h*-easaige, *na*
h-easagan (f.)

philosopher
feallsanach: *am* feallsanach, *an*
fheallsanaich, *na* feallsanaich (m.)

philosophy
feallsanachd: *an* fheallsanachd, *na*
feallsanachd (f.)

physician
lighiche: *an* lighiche, *an* lighiche,
na lighichean (m.)

picture
dealbh: *an* dealbh, *na* deilbhe, *na*
dealbhan (f.)

piece
mìr: *am* mìr, *a'* mhìre, *na* mìrean
(m.); pìos: *am* pìos, *a'* phìos, *na*
pìosan (f.)

pier
ceadha: *an* ceadha, *a'* cheadha, *na*
ceadhachan

pig
muc: *a'* mhuc, *na* muice, *na* mucan
(f.)

pillow
cluasag: *a'* chluasag, *na* cluasaige,
na cluasagan (f.)

pine (tree)
giuthas: *an* giuthas, *a'* ghiuthais, *na*
giuthais (m.)

pink (adj.)
liath dhearg

pipe
pìob: *a'* phìob, *na* pìoba, *na*
pìoban (f.)

piper
pìobaire: *am* pìobaire, *a'* phìobaire,
na pìobairean (m.)

piping
pìobaireachd: *a'* phìobaireachd, *na*

piobaireachd (f.)

pistol
daga: *an* daga, *an* daige, *na* dagaichean (m.)

pit
sloc: *an* sloc, *an* t-sluic, *na* slocan (m.)

pity
truas: *an* truas, *an* truais (m.)

place
àite: *an* t-àite, *an* àite, *na* h-àitean (m.); ionad: *an* t-ionad, *an* ionaid, *na* h-ionadan (m.)

in the first place
anns a' cheud àite

placid (adj.)
somalta, *nas* somalta

plague
plàigh: *a'* phlàigh, *na* plàighe, *na* plàighean (f.)

plain
còmhnard: *an* còmhnard, *a'* chòmhnaird, *na* còmhnardan (m.); raon: *an* raon, *an* raoin, *na* raointean (m.)

plaintive (adj.)
tiamhaidh, *nas* tiamhaidhe

plan
plan: *am* plan, *a'* phlana, *na* planaichean (m.)

plane
itealan: *an* t-itealan, *an* itealain, *na* h-itealanan (m.)

planet
planaid: *a'* phlanaid, *na* planaide, *na* planaidean (f.)

plant
lus: *an* lus, *an* luis, *na* lusan (m.)

plate
truinnsear: *an* truinnsear, *an* truinnseir, *na* truinnsearan (m.)

play (v.)
cluich, a' cluich

play (n.)
dealbh-chluich: *an* dealbh-chluich, *an* deilbh-chluich, *na* dealbhan-cluiche (m.)

play-group

buidheann-cluich (f.) (See **buidheann**)

pleasant (adj.)
taitneach, *nas* taitniche

please!
ma's e do thoil e (sing.), ma's e bhur toil e (pl.)

please (v.)
còrd, a' còrdadh
e.g. **That pleases me**
    Tha sin a' còrdadh rium
    i.e. I like that

pleasing (adj.)
tlachdmhor, *nas* tlachdmhoire

pleasure
tlachd: *an* tlachd, *na* tlachd (f.)

pledge
barrantas: *am* barrantas, *a'* bharrantais (m.)

plentiful (adj.)
lìonmhor, *nas* lìonmhoire; pailt, *nas* pailte

plenty (adj.)
gu leòr

plenty (n.)
pailteas: *am* pailteas, *a'* phailteis (m.)

plough
crann: *an* crann, *a'* chroinn, *na* croinn (m.)

plough (v.)
treabh, a' treabhadh

plumber
plumair: *am* plumair, *a'* phlumair, *na* plumairean (m.)

pocket
pòcaid: *a'* phòcaid, *na* pòcaide, *na* pòcaidean (f.)

poet
bàrd: *am* bàrd, *a'* bhàird, *na* bàird (m.)

poetry
bàrdachd: *a'* bhàrdachd, *na* bàrdachd (f.)

poison
puinsean: *am* puinsean, *a'* phuinsein, *na* puinseanan (m.)

poisonous (adj.)

poisonous
  nimheil, *nas* nimheile

policeman
  polasman: *am* polasman, *a'*
  pholasmain, *na* polasmanan (m.)

polish (v.)
  liomh, a' liomhadh

polite (adj.)
  modhail, *nas* modhaile

politeness
  suairceas: *an* suairceas, *an*
  *t-*suairceis (m.)

political (adj.)
  politiceach, *nas* politiciche

pollute (v.)
  salaich, a' salachadh

pool
  glumag: *a'* ghlumag, *na* glumaige,
  na glumagan (f.); linne: *an*
  linne, *na* linne, *na* linneachan AND
  na linntean (f.)

poor (adj.)
  bochd, *nas* bochda

porridge
  brochan: *am* brochan, *a'* bhrochain
  (m.); lite: *an* lite, *na* lite (f.)

port
  port: *am* port, *a'* phuirt, *na*
  portan AND *na* puirt (m.)

portion
  cuid: *a'* chuid, *na* codach (f.);
  roinn: *an* roinn, *na* roinne, *na*
  roinnean (f.)

possession
  sealbh: *an* sealbh, *an* *t-*seilbh, *na*
  sealbhan (m.)

possible (adj.)
  comasach, *nas* comasaiche

post (v.)
  post, a' postadh

post a letter (to)
  cuir litir (do) (See cuir)

post (i.e. postal service)
  post: *am* post, *a'* phuist, *na* postan
  (m.)

postman
  posta: *am* posta, *a'* phosta, *na*
  postaichean (m.)

post office

oifis a' phuist (m.) (See oifis)

pot
  poit: *a'* phoit, *na* poite, *na* poitean
  (f.)

pot (big)
  prais: *a'* phrais, *na* praise, *na*
  praisean (f.)

potato(es)
  buntata: *am* buntata, *a'* bhuntata
  (no plural) (m.)

pound (weight)
  pùnnd: *am* pùnnd, *a'* phuinnd, *na*
  puinnd (m.)

pound (Sterling)
  pùnnd Sassunach (m.) (See pùnnd)

pound note
  nota: *an* nota, *an* nota, *na*
  notaichean (m.)

pound (v.)
  pronn, a' pronnadh

pour (v. trans. & intrans.)
  dòirt, a' dòrtadh

pour (of rain) (v. intrans.)
  sil, a' sileadh

poverty
  airc: *an* airc, *na* h-airce (f.);
  bochdainn: *a'* bhochdainn, *na*
  bochdainne (f.)

powder
  pùdar: *am* pùdar, *a'* phùdair (m.)

power
  cumhachd: *a'* chumhachd, *na*
  cumhachd, *na* cumhachdan (f.);
  lùths: *an* lùths, *an* lùiths (m.);
  spionnadh: *an* spionnadh, *an*
  spionnaidh (m.)

powerful (adj.)
  neartmhor, *nas* neartmhoire

praise (v.)
  mol, a' moladh; luaidh, a' luaidh

praiseworthy
  ionmholta, *nas* ionmholta

pray (v.)
  dean ùrnuigh (See dean)

prayer
  ùrnuigh: *an* ùrnuigh, *na* h-ùrnuighe,
  na h-ùrnuighean (f.)

preach (v.)

searmonaich, a' searmonachadh
precise (adj.)
mionaideach, *nas* mionaidiche
preface
roimh-ràdh: *an* roimh-ràdh, *an*
roimh-ràidh, *na* roimh-ràdhan (m.)
pregnant (adj.)
torrach, *nas* torraiche
I prefer (v.)
's fhearr leam (+ nom. n.)
prepare (v.)
deasaich, a' deasachadh;
deisealaich, a' deisealachadh;
ullaich, ag ullachadh
presence
làthair: *an* làthair, *na* làthaire (f.)
present (adv.)
an lathair (Lit. in presence)
in the presence of
an lathair (+ gen.)
president (n.)
ceann-suidhe: *an* ceann-suidhe, *a'*
chinn-suidhe, *na* cinn-suidhe (m.)
pretend (v.)
leig air (See leig)
   e.g. we pretended
      leig sinn oirnn
pretty (adj.)
boidheach, *nas* boidhche; snog, *nas*
snoige
price
pris: *a'* phris, *na* prise, *na* prisean
(f.)
   e.g. What price is it?
De a' phris a tha e?
prick (v.)
prioc, a' priocadh
pride
moit: *a'* mhoit, *na* moite (f.);
pròis: *a'* phròis, *na* pròise (f.)
priest
sagart: *an* sagart, *an t-*sagairt, *na*
sagairt AND *na* sagartan (m.)
prime (adj.)
priomh (prefixed to n. + asp.)
   e.g. capital city
      priomh-bhaile
prime minister

priomhair: *am* priomhair, *a'*
phriomhair, *na* priomhairean (m.)
primrose
sòbhrach: *an t-*sòbhrach, *na*
sòbhraiche, *na* sòbhraichean (f.)
prince
prionnsa: *am* prionnsa, *a'*
phrionnsa, *na* prionnsachan (m.)
print (n.)
clò: *an* clò, *a'* chlòdha, *na* clòdhan
(m.)
print (v.)
cuir (ann) an clò
   e.g. He printed a book
      Chuir e leabhar (ann) an
clò
printer
clò-bhualadair: *an* clò-bhualadair,
a' chlò-bhualadair, *na*
clò-bhualadairean (m.)
prison
priosan: *am* priosan, *a'* phriosain,
na priosanan (m.)
prisoner
priosanach: *am* priosanach, *a'*
phriosanaich, *na* priosanaich (m.)
private (adj.)
diamhair, *nas* diamhaire
prize
duais: *an* duais, *na* duaise, *na*
duaisean (f.)
probably
is dòcha gu (+ dep. form of v.)
   e.g. You are probably right
      Is dòcha gu bheil thu ceart
problem
ceist: *a'* cheist, *na* ceiste, *na*
ceistean (f.)
produce
math: *am* math, *a'* mhaith (m.);
toradh: *an* toradh, *an* toraidh, *na*
toraidhean (m.)
productive (adj.)
torach, *nas* toraiche
profession (job)
dreuchd: *an* dreuchd, *na* dreuchd
(f.)
professional (adj.)

dreuchdail, *nas* dreuchdaile

professor
ollamh: *an t*-ollamh, *an* ollaimh, *na h*-ollamhan (m.)

profit
buannachd: *a'* bhuannachd, *na* buannachd (f.)

profit (v.)
buannaich, a' buannachd

profitable (adj.)
probhaideach, *nas* probhaidiche

progeny
siol: *an* siol, *an t*-sìl (m.)

progress
adhartas: *an t*-adhartas, *an* adhartais, *na h*-adhartasan (m.)

promise
geall: *an* geall, *a'* ghill, *na* gill (m.)

promise (v.)
geall, a' gealltainn

promising (adj.)
gealltanach, *nas* gealltanaiche

promontory
rinn: *an* rinn, *na* rinne, *na* rinnean (f.); ros: *an* ros, *an* rois, *na* rosan (m.); rubha: *an* rubha, *an* rubha, *na* rubhan (m.)

pronunciation
dòigh-labhairt (f.) (See dòigh)

prophet
fàidh: *am* fàidh, *an* fhàidh, *na* fàidhean (m.); fiosaiche: *am* fiosaiche, *an* fhiosaiche, *na* fiosaichean (m.)

prose
rosg: *an* rosg, *an* roisg, *na* rosgan (m.)

prosperity
soirbheas: *an* soirbheas, *an t*-soirbheis, *na* soirbheis (m.)

protect (v.)
dion, a' dion

protection
sgàth: *an* sgàth, *an* sgàtha, *na* sgàthan (m.)

Protestant
Prostanach: *am* Prostanach, *a'* Phrostanaich, *na* Prostanaich (m.)

proud (of) (adj.)
moiteil, *nas* moiteile (le); pròiseil, *nas* pròiseile (le); uaibhreach, *nas* uaibhriche (le)

prove (v.)
dearbh, a' dearbhadh

proverb
seanfhacal: *an* seanfhacal, *an t*-seanfhacail, *na* seanfhaclan (m.)

provisions
lòn: *an* lòn, *an* lòin (m. coll.)

psalm
salm: *an* salm, *an t*-sailm, *na* sailm (m.)

publication
foillseachadh: *am* foillseachadh, *an* fhoillseachaidh, *na* foillseachaidh (m.)

publish (v.)
foillsich, a' foillseachadh

publisher
foillseachair: *am* foillseachair, *an* fhoillseachair, *na* foillseachairean (m.)

pudding (blood)
marag: *a'* mharag, *na* maraig, *na* maragan (f.)

black pudding
marag dhubh (f.)

pull (v.)
slaod, a' slaodadh; tarraing, a' tarraing

pullet
eireag: *an* eireag, *na h*-eireige, *na h*-eireagan (f.)

pulp
pronnach: *a'* phronnach, *na* pronnaiche (f.)

pulpit
cùbaid: *a'* chùbaid, *na* cùbaide, *na* cùbaidean (f.)

punishment
peansachadh: *am* peansachadh, *a'* pheansachaidh, *na* peansachaidh (m.)

pupil
sgoilear: *an* sgoilear, *an* sgoileir, *na* sgoilearan (m.)

puppy
  cuilean: *an* cuilean, *a'* chuilein, *na* cuileanan (m.)
purple (adj.)
  purpaidh, *nas* purpaidhe
purpose
  seadh: *an* seadh, *an t*-seadha, *na* seadhan (m.)
purse
  sporan: *an* sporan, *an* sporain, *na* sporain (m.)
pursuers
  luchd-tòraidh (m.) (See luchd)
push (v.)
  spàrr, *a'* spàrradh; put, *a'* putadh
put (v.)
  cuir, *a'* cur
put on (v.)
  cuir orm, ort etc. (See cuir)
    e.g. I put on my coat
      Chuir mi orm mo chòta

Q

quarter
  cairteal: *an* cairteal, *a'* chairteil, *na* cairtealan (m.)
quay
  cidhe: *an* cidhe, *a'* chidhe, *na* cidhean (m.)
queen
  banrigh: *a'* bhanrigh, *na* banrigh, *na* banrighean (f.)
question
  ceist: *a'* cheist, *na* ceiste, *na* ceistean (f.)
question (v.)
  ceasnaich, *a'* ceasnachadh
put a question (to) (v.)
  cuir ceist (air) (See cuir)
quick (adj.)
  luath, *nas* luaithe
quick-witted (adj.)
  gleusda, *nas* gleusda; geur-chuiseach, *nas* geurchuisiche
quiet (adj.)
  sàmhach, *nas* sàmhaiche

quietness
  sàmhchair: *an t*-sàmhchair, *na* sàmhchaire (f.)
quite (completely) (adv.)
  buileach
quite (somewhat) (adv.)
  car
    e.g. quite wet
    car fliuch

R

rabbit
  coineanach: *an* coineanach, *a'* choineanaich, *na* coineanaich (m.)
radio
  rédio: *an* rédio, *an* rédio (m.)
rag
  luideag: *an* luideag, *na* luideige, *na* luideagan (f.)
rage
  boile: *a'* bhoile, *na* boile (f.)
rage (e.g. of the sea)
  onfhadh: *an t*-onfhadh, *an* onfhaidh, *na* h-onfhaidhean (m.)
ragged (adj.)
  riobach, *nas* riobaiche
rain
  uisge: *an t*-uisge, *an* uisge, *na* h-uisgeachan (m.)
rainbow
  bogha-froise (m.) (See bogha)
rake
  ràcan: *an* ràcan, *an* ràcain, *na* ràcain (m.)
rank
  sreath: *an t*-sreath, *na* sreatha, *na* sreathan (f.)
rare (adj.)
  ainneamh, *nas* ainneimhe; annasach, *nas* annasaiche; tearc, *nas* teirce
rat
  radan: *an* radan, *an* radain, *na* radain (m.)
rational (adj.)
  reusanta, *nas* reusanta

rattle
glag: *an* glag, *a'* ghlaig, *na* glagan

rave (v.)
breislich, a' breislich

raven
fitheach: *am* fitheach, *an* fhithich, *na* fithich (m.)

reach (v.)
ruig, a' ruigsinn AND a' ruigheachd (Irr. v. See App.: ruig)

read (v.)
leugh, a' leughadh

readers, readership
luchd-leughaidh (m.) (See luchd)

ready (adj.)
deiseil, *nas* deiseile: ullamh, *nas* ullaimhe

reap (v.)
buain, a' buain

rear (a family) (v.)
àraich, ag àrach

reason
aobhar: *an t-*aobhar, *an* aobhair, *na h-*aobharan (m.)

reasonable (adj.)
reusanta, *nas* reusanta

recently (adv.)
o chionn ghoirid

recognise (v.)
aithnich, ag aithneacheadh

recommend (to) (v.)
mol, a' moladh (do)

record (disc)
clàr: *an* clàr, *a'* chlàir, *na* clàran (m.)

record (written)
iris: *an* iris, *na h-*irise, *na h-*irisean (f.)

red (adj.)
dearg, *nas* deirge; ruadh, *nas* ruaidhe

reef
bogha: *am* bogha, *a'* bhogha, *na* boghachan (m.); sgeir: *an* sgeir, *na* sgeire, *na* sgeirean (f.)

reel (dance)
ruidhle: *an* ruidhle, *an* ruidhle, *na* ruidhlean (m.)

Reformation
Ath-Leasachadh: *an t-*Ath-Leasachadh, *an* Ath-Leasachaidh (m.)

refrigerator
reothadair: *an* reothadair, *an* reothadair, *na* reothadairean (m.)

refuse (v.)
diùlt, a' diùltadh

regal (adj.)
rioghail, *nas* rioghaile

region
roinn: *an* roinn, *na* roinne, *na* roinnean (f.)

regulation
riaghailt: *an* riaghailt, *na* riaghailte, *na* riaghailtean (f.); lagh: *an* lagh, *an* lagha, *na* laghannan (m.)

reign (v.)
rioghaich, a' rioghachadh

related (to) (adj.)
càirdeach, *nas* càirdiche (do)

relationship
càirdeas: *an* càirdeas, *a'* chàirdeis (m.)

relevance
buinteanas: *am* buinteanas, *a'* bhuinteanais (m.)

relief
faochadh: *am* faochadh, *an* fhaochaidh (m.)

religious (adj.)
cràbhach, *nas* cràbhaiche

remain (v.)
fan, a' fantainn

I remember
tha cuimhne agam (air) (See cuimhne)

remote (adj.)
iomallach, *nas* iomallaiche

removal (of residence) (n.)
imrich: *an* imrich, *na h-*imriche, *na h-*imrichean (f.)

renew (v.)
nuadhaich, a' nuadhachadh

rent
màl: *am* màl, *a'* mhàil, *na* màil (m.)

repair (v.)
 leasaich, a' leasachadh

repent (v.)
 gabh aithreachas (See gabh)

repentance
 aithreachas: *an t*-aithreachas, *an*
 aithreachais (m.)

report
 aithris: *an* aithris, *na h*-aithrise,
 na h-aithrisean (f.); iomradh: *an*
 t-iomradh, *an* iomraidh, *na*
 h-iomraidhean (m.)

according to report
 a reir aithris

representative
 riochdaire: *an* riochdaire, *an*
 riochdaire, *na* riochdairean (m.)

reptile
 snàgair: *an* snàgair, *an t*-snàgair,
 na snàgairean (m.)

reputation (good)
 cliù: *an* cliù, *a'* chliù (m.)

research
 rannsachadh: *an* rannsachadh, *an*
 rannsachaidh, *na* rannsachaidh
 (m.); sgrùdadh: *an* sgrùdadh, *an*
 sgrùdaidh, *na* sgrùdaidhean (m.)

research (v.)
 sgrùd, a' sgrùdadh

resemblance
 samhail: *an* samhail, *an t*-samhla,
 na samhailean (m.)

respect
 meas: *am* meas, *a'* mheas (m.);
 spéis: *an* spéis, *na* spéise (f.); suim:
 an t-suim, *na* suime, *na*
 suimeannan (f.); urram: *an t*-urram,
 an urraim, *na h*-urraman (m.)

with much respect
(subscription to a letter)
 le mór spéis

respect (v.)
 meas, a' measadh

respected (adj.)
 measail, *nas* measaile

the rest (i.e. the others) (n.)
 càch

rest (peace) (n.)

 fois: *an* fhois, *na* foise (f.)

rest (v.)
 leig anail (See leig)
  e.g. I rested
    leig mi m'anail

restless (adj.)
 mi-stòlda, *nas* mi-stòlda

retire (from work) (v.)
 leig dreuchd (See leig)
  e.g. I retired
    Leig mi dhiom mo
    dhreuchd

return (v.)
 till, a' tilleadh

Reverend (adj.)
 Urramach, *nas* Urramaiche
  e.g. the Reverend Roderick
    MacKinnon
    an t-Urramach Ruaraidh
    MacFhionghuin

revision
 sùil air ais (f.) (See sùil)

rheumatism
 lòinidh: *an* lòinidh, *na* lòinidh (f.)

riddle
 toimhseachan: *an* toimhseachan,
 an toimhseachain, *na*
 toimhseachanan (m.)

ridge
 druim: *an* druim, *an* droma, *na*
 dromannan (m.)

right (n.)
 còir: *a'* chòir, *na* còrach, *na*
 còraichean (f.)

right (adj.)
 ceart, *nas* cearta

right (hand side) (adj.)
 deas

ring
 fàinne: *am* fàinne, *an* fhàinne, *na*
 fàinnean (m.)

ring (v.)
 seirm, a' seirm

rip (v.)
 reub, a' reubadh

river
 abhainn: *an* abhainn, *na h*-aibhne,
 na h-aibhnichean (f.)

road
rathad: *an* rathad, *an* rathaid, *na* rathaidean (m.)

roam (v.)
siubhail, a' siubhal

roar (v.)
beuc, a' beucail; ràn, a' rànaich

roaring (of deer)
langanaich: *an* langanaich, *an* langanaich (m.)

roaring (of the sea)
onfhadh: *an* t-onfhadh, *an* onfhaidh, *na* h-onfhaidhean (m.)

rob (v.)
spùinn, a' spùinneadh

rock (pointed) (n.)
creag: *a'* chreag, *na* creige, *na* creagan (f.)

rock
sgòrr: *an* sgòrr, *an* sgorra, *na* sgorran (m.)

rod
slat: *an* t-slat, *na* slaite, *na* slatan (f.)

roe deer
earb: *an* earb, *na* h-earba, *na* h-earban (f.)

rook
ròcais: *an* ròcais, *na* ròcais, *na* ròcaisean (f.)

room
rùm: *an* rùm, *an* rùim, *na* rumannan (m.); seòmar: *an* seòmar, *an* t-seòmair, *na* seòmraichean (m.)

roost (hen)
spiris: *an* spiris, *na* spirise, *na* spirisean (f.)

root
bun: *am* bun, *a'* bhuin, *na* buin AND *na* bunan (m.); freumh: *am* freumh, *an* fhreumha, *na* freumhaichean (m.)

rope
ròpa: *an* ròpa, *an* ròpa, *na* ròpannan

rope (heather)
sioman: *an* sioman, *an* t-siomain, *na* siomanan (m.)

rose
ròs: *an* ròs, *an* ròis, *na* ròsan (m.)

rotten (adj.)
grod, *nas* groide

rough (adj.)
garbh, *nas* gairbhe

round (adj.)
cruinn, *nas* cruinne

rout (defeat)
ruaig: *an* ruaig, *na* ruaige, *na* ruaigean (f.)

route
slighe: *an* t-slighe, *na* slighe, *na* slighean (f.)

row
sreath: *an* t-sreath, *na* sreatha, *na* sreathan (f.)

row (v.)
iomair, ag iomramh

rowan
caorann: *a'* chaorann, *na* caorainne, *na* caorainn (f.)

royal (adj.)
rioghail, *nas* rioghaile

rub (against) (v.)
suath, a' suathadh (ri)

rudder
stiùir: *an* stiùir, *na* stiùireach *na* stiùirean AND *na* stiùirichean (f.)

rude (adj.)
mi-mhodhail, *nas* mi-mhodhaile

ruin
tobhta: *an* tobhta, *na* tobhta, *na* tobhtaichean (f.)

ruinous (adj.)
sgriosail, *nas* sgriosaile

rule
lagh: *an* lagh, *an* lagha, *na* laghannan (m.); riaghailt: *an* riaghailt, *na* riaghailte, *na* riaghailtean (f.)

rule (v.)
riaghail, a' riaghladh

rulers
luchd-riaghlaidh (m.) (See luchd)

run (v.)
ruith, a' ruith

137

rushes
   luachair: *an* luachair, *na*
   luachrach (f.)

rusty (adj.)
   meirgeach, *nas* meirgiche

rye
   seagal: *an* seagal, *an t-*seagail (m.)

S

Sabbath
   Sàbaid: *an t-*Sàbaid, *na* Sàbaide,
   na Sàbaidean (f.)

sack
   poca: *am* poca, *a'* phoca, *na*
   pocannan (m.)

sad (adj.)
   brònach, *nas* brònaiche; dubhach,
   nas dubhaiche; duilich, *nas*
   duilghe; muladach, *nas*
   muladaiche; smalanach, *nas*
   smalanaiche

saddle
   diollaid: *an* diollaid, *na* diollaide,
   na diollaidean (f.)

sadness
   duilgheadas: *an* duilgheadas, *an*
   duilgheadais (m.); mulad: *am*
   mulad, *a'* mhulaid, *na* muladan
   (m.)

safe (adj.)
   sàbhailte, *nas* sàbhailte; tearuinte,
   nas tearuinte

said (p.t.)
   arsa (defective v. used only with
   direct speech)
      e.g. "You are right," I said
         "Tha thu ceart," arsa mise

sail
   seòl: *an* seòl, *an t-*siùil, *na* siùil (m.)

sail (v.)
   seòl, *a'* seòladh

sailor
   maraiche: *am* maraiche, *a'*
   mharaiche, *na* maraichean (m.);
   seòladair: *an* seòladair, *an*
   *t-*seòladair, *na* seòladairean (m.)

saint
   naomh: *an* naomh, *an* naoimh, *na*
   naoimh (m.)

sake
   son (m.)
      e.g. for my (your etc.) sake
         air mo (do etc.) shon(sa)
      for my (your etc.) part
         air mo (do etc.) shon(sa)

for the sake of
   air sgàth (+ gen.)

salesman
   reiceadair: *an* reiceadair, *an*
   reiceadair, *na* reiceadairean (m.)

salmon
   bradan: *am* bradan, *a'* bhradain,
   na bradain (m.)

salt
   salann: an salann, an t-salainn (m.

salt-cellar
   saillear: *an* saillear, *an t-*sailleir, *na*
   saillearan (m.)

salt water (sea)
   sàl: *an* sàl, *an t-*sàil (m.)

same (adj.)
   aon (precedes n.); ceudna (used
   after n.)

sand
   gainmheach: *a'* ghainmheach, *na*
   gainmhich (f.)

satisfactory (adj.)
   riaraichte (p. p. of riaraich);
   taitneach, *nas* taitniche

satisfied
   riaraichte (p. p. of riaraich);
   sàsaichte (p.p. of sasaich)

satisfy (v.)
   riaraich, *a'* riarachadh; sàsaich, *a'*
   sàsachadh

Saturday
   Di-Sathurna (m.)

sauce
   sabhs: *an* sabhs, *an t-*saibhse, *na*
   saibhsean (m.)

saucer
   sàsair: *an* sàsair, *an t-*sàsair, *na*
   sàsairean (m.)

sausage

isbean: *an t*-isbean, *an* isbein, *na*
h-isbeanan (m.)

savage (adj.)
garg, *nas* gairge

save (v.)
sàbhail, a' sàbhaladh

saw (n.)
sàbh: *an* sàbh, *an t*-saibh, *na*
saibh (m.)

saw (v.)
sàbh, a' sàbhadh

say (v.)
abair, ag radh (Irr. v. See App.:
abair); can, a' cantainn

scarce (adj.)
gann, *nas* gainne

scarcely
cha mhór gu (+ dep. form of v.)
e.g. He scarcely reached the house
Cha mhór gun do rainig e
an taigh

scarcity
gainnead: *a*' ghainnead, *na*
gainnid (f.)

scarecrow
bodach-ròcais (m.) (See **bodach**)

scatter (v.)
sgap, a' sgapadh

scene
sealladh: *an* sealladh, *an*
t-seallaidh, *na* seallaidhean (m.)

scent
fàile: *am* fàile, *an* fhàile, *na*
fàilean (m.)

scholar
sgoilear: *an* sgoilear, *an* sgoileir, *na*
sgoilearan (m.)

scholarship
sgoilearachd: *an* sgoilearachd, *na*
sgoilearachd (f.)

school
sgoil: *an* sgoil, *na* sgoile, *na*
sgoiltean AND *na* sgoilean (f.)

schooling
sgoilearachd: *an* sgoilearachd, *na*
sgoilearachd, *na* sgoilearachdan (m.)

schoolmaster
maighstir-sgoile (m.) (See

maighstir)

science
ealdhain: *an* ealdhain, *na*
h-ealdhaine, *na h*-ealdhainean (f.)

scold (v.)
trod, a' trod (ri)

Scot
Albannach: *an t*-Albannach, *an*
Albannaich, *na h*-Albannaich (m.)

Scotland
Alba (nom.), *na h*-Alba (gen.)

Scottish (adj.)
Albannach, *nas* Albannaiche

scrape (v.)
sgriob, a' sgriobadh

screech
sgriachail: *an* sgriachail, *na*
sgriachaile, *na* sgriachailean (f.)

scribble (n.)
sgriobag: *an* sgriobag, *na*
sgriobaig, *na* sgriobagan (f.)

scrutinise (v.)
sgrùd, a' sgrùdadh

scythe
speal: *an* speal, *na* speala, *na*
spealan (f.)

scythe (v.)
speal, a' spealadh

sea
muir: *a*' mhuir, *na* mara, *na*
marannan (f.); fàirge: *an* fhairge,
na fairge, *na* fairgean (f.)

sea (i.e. salt water)
sàl: *an* sàl, *an t*-sàil (m.)

seagull
faoileag: *an* fhaoileag, *na*
faoileige, *na* faoileagan (f.)

seal (mammal)
ròn: *an* ròn, *an* ròin, *na* ròin (m.)

search (v.)
sir, a' sireadh; rannsaich, a'
rannsachadh

search for (v.)
rùraich, a' rùrach

in search of
an toir air (+ dat.)

season
ràith: *an* ràith, *na* ràithe, *na*

ràithean (f.)

seat
  suidheachan: *an* suidheachan, *an t*-suidheachain, *na* suidheachain (m.)

sea-weed
  feamainn: *an* fheamainn, *na* feamann (f.)

second (adj.)
  dara AND dàrna

second (of time)
  diog: *an* diog, *an* dioga, *na* diogan (m.)

secret
  rùn: *an* rùn, *an* rùin, *na* rùin (m.)

secret (adj.)
  diomhair, *nas* diomhaire

secretly (adv.)
  os iosal

secretary
  rùnair: *an* rùnair, *an* rùnair, *na* rùnairean (m.)

Secretary of State
  Rùnair na Stàite (m.)

section
  earrann: *an* earrann, *na* h-earrainn, *na* h-earrannan (f.)

see (v.)
  faic, a' faicinn (Irr. v. See App.: **faic**)

seed
  pòr: *am* pòr, *a'* phòir, *na* pòran (m.); siol: *an* siol, *an t*-sìl (m.)

self, selves (pron.)
  fhéin (used after n. & pron.)
    e.g. myself
          mi-fhéin

self-government
  féin-riaghladh: *am* féin-riaghladh, *an* fhéin-riaghlaidh (m.)

sell (v.)
  reic, a' reic

semi-circle
  leth-chuairt: *an* leth-chuairt, *na* leth-chuairte, *na* leth-chuairtean (f.)

send for (v.)
  cuir fios air (See **cuir**)

sense
  ciall: a' chiall, *na* ceille (f.); seadh:

an seadh, *an t*-seadha, *na* seadhan (m.)

sensible (adj.)
  tuigseach, *nas* tuigsiche

sentence (i.e. prison)
  breith: a' bhreith, *na* breithe (f.); breitheanas: *am* breitheanas, *a'* bhreitheanais, *na* breitheanasan (f.)

sentence (grammar)
  cialltradh: *an* cialltradh, *a'* chialltraidh, *na* cialltraidhean (m.)

separation
  dealachadh: *an* dealachadh, *an* dealachaidh, *na* dealachaidh (m.)

September
  an t-Sultainn, *na* Sultainne (f.)

sermon
  searmon: *an* searmon, *an t*-searmoin, *na* searmonan (m.)

servant
  searbhanta: *an t*-searbhanta, *na* searbhanta, *na* searbhantan (f.)

serve (v.)
  fritheil, a' frithealadh

service (attention)
  frithealadh: *am* frithealadh, *an* fhrithealaidh, *na* frithealaidh (m.)

service
  seirbhis: *an t*-seirbhis, *na* seirbhise, *na* seirbhisean (f.)

set off (v.)
  tog, a' togail + orm, ort etc.
    e.g. I am setting off
          Tha mi a' togail orm

settle (v.)
  suidhich, a' suidheachadh

seven (adj.)
  seachd

seven (noun)
  a seachd

seven persons (n.)
  seachdnar

seventh (adj.)
  seachdamh

seventy (men)
  trì fichead (fear) 's a deich

sew (v.)
  fuaigheil, a' fuaigheal

sewing machine
beairt-fuaigheil (m.) (See **beairt**)

shade
dubhar: *an* dubhar, *an* dubhair
(m.); sgàth: *an* sgàth, *an* sgàtha,
na sgàthan (m.)

shadow
faileas: *am* faileas, *an* fhaileis, *na*
faileasan (m.); sgàil: *an* sgàil, *na*
sgàile, *na* sgàilean (f.)

shaggy (adj.)
peallach, *nas* peallaiche

shake (v.)
crath, a' crathadh

shame
nàire: *an* nàire, *na* nàire (f.)

For shame!
Mo nàire! (Lit. my shame)

shape
cumadh: *an* cumadh, a' chumaidh,
na cumaidhean (m.)

share (n.)
roinn: *an* roinn, *na* roinne, *na*
roinnean (f.)

sharp (adj.)
geur, *nas* geura

sharpness
faobhar: *am* faobhar, *an*
fhaobhair, *na* faobharan (m.)

sharp-pointed (adj.)
biorach, *nas* bioraiche

she (pron.)
I

sheaf
sguab: *an* sguab, *na* sguaibe, *na*
sguaban (f.)

shears
deamhais: *an* deamhais, *na*
deamhais, *na* deamhaisean (f.)

shed (e.g. blood) (v.)
dòirt, a' dòrtadh

sheep
caora: a' chaora, *na* caorach, *na*
caoraich, *nan* caorach (gen. pl.) (f.)

shear (v.)
rùisg, a' rùsgadh

shelf
sgeilp: *an* sgeilp, *na* sgeilpe, *na*

sgeilpean (f.)

shell
slige: *an t*-slige, *na* slige, *na*
sligean (f.)

shell-fish
maorach: *am* maorach, a'
mhaoraich (m. coll.),

shelter
fasgadh: *am* fasgadh, *an* fhasgaidh,
na fasgaidhean (m.)

sheltered (adj.)
fasgach, *nas* fasgaiche

shepherd
buachaille: *am* buachaille, a'
bhuachaille, *na* buachaillean (m.);
ciobair: *an* ciobair, a' chiobair, *na*
ciobairean (m.)

sheriff
siorram: *an* siorram, *an t*-siorraim,
na siorraman (m.)

shield
sgiath: *an* sgiath, *na* sgéithe, *na*
sgiathan (f.)

shilling
tasdan: *an* tasdan, *an* tasdain, *na*
tasdanan (m.)

shine (v.)
boillsg, a' boillsgeadh; dealraich,
a' dealrachadh; dearrs, a'
dearrsadh; soillsich, a' soillseadh

shining (adj.)
deàrrsanta, *nas* deàrrsanta

shingle
mol: *am* mol, a' mhoil, *na* molan
(m.)

shinty
iomain: *an* iomain, *na h*-iomaine
(f.)

shinty stick
caman: *an* caman, a' chamain, *na*
camain (m.)

ship
long: *an* long, *na* luinge, *na* longan
(f.)

shire
siorrachd: *an t*-siorrachd, *na*
siorrachd, *na* siorrachdan (f.)

shirt

léine: *an* léine, *na* léine, *na*
léintean (f.)

shiver (v.)
crith, a' crith

shivering (participle)
air chrith

shoe
bròg: *a'* bhròg, *na* bròige, *na*
brògan (f.)

shoemaker
greusaiche: *an* greusaiche, *a'*
ghreusaiche, *na* greusaichean (m.)

shop
bùth: *a'* bhùth, *na* bùtha, *na*
bùthan (f.)

shore
cladach: *an* cladach, *a'* chladaich,
na cladaichean (m.)

short (adj.)
gèarr, *nas* giorra; goirid, *nas*
giorra

shortage
gainne: *a'* ghainne, *na* gainne (f.)

shorten (v.)
giorraich, a' giorrachadh

shot
urchair: *an* urchair, *na* h-urchrach,
na h-urchraichean (f.)

shoulder
gualann: *a'* ghualann, *na* guailne,
na guailnean (f.)

shout (v.)
eigh, ag eigheach; eubh, ag
eubhachd; glaodh, a' glaodhaich

loud shout
iolach: *an* iolach, *na* h-iolaich, *na*
h-iolaich (f.)

shove (v.)
put, a' putadh

shovel
sluasaid: *an* t-sluasaid, *na*
sluasaide, *na* sluasaidean (f.)

show (to) (v.)
nochd, a' nochdadh (do)

shower
fras: *an* fhras, *na* froise, *na* frasan
(f.)

shrewd (adj.)

geur-chuiseach, *nas* geur-chuisiche

shriek (v.)
ràn, a' rànaich

shy (adj.)
diùid, *nas* diùide; socrach, *nas*
socaraiche

sick (adj.)
tinn, *nas* tinne

sickness
tinneas: *an* tinneas, *an* tinneis, *na*
tinneasan (m.)

side
taobh: *an* taobh, *an* taobha, *na*
taobhan (m.)

to the other side (movement away)
a nunn; a null (adv.)

sigh
osann: *an* t-osann, *an* osainn, *na*
na h-osainn (m.)

sigh (v.)
plosg, a' plosgadh

sign
comharradh: *an* comharradh, *a'*
chomharraidh, *na* comharraidhean
(m.)

silence
samhchair: *an* t-samhchair, *na*
samhchaire (f.)

silent (adj.)
sàmhach, *nas* sàmhaiche

silk
sioda: *an* sioda, *an* t-sioda, *na*
siodachan (m.)

silly (adj.)
faoin, *nas* faoine

simple (adj.)
simplidh, *nas* simplidhe

sin
peacadh: *am* peacadh, *a'* pheacaidh,
na peacaidhean (m.)

sin (v.)
peacaich, a' peacachadh

since (time & reason) (conj.)
bho'n (+ indep. form of v.)

since (reason) (conj.)
a chionn gu (+ dep. form of v.)

since (of time) (conj.)
o chionn gu (+ dep. form of v.)

since (prep.)
  o chionn
sincere (adj.)
  dùrachdach, *nas* dùrachdaiche
sinew
  fèith: *an* fhèith, *na* fèithe, *na*
  fèithean (f.)
sing (v.)
  seinn, a' seinn
singer
  seinneadair: *an* seinneadair, *an*
  t-seinneadair, *na* seinneadairean
  (m.)
singing
  seinn: *an* *t*-seinn, *na* seinne (f.)
sinner
  peacach: *am* peacach, *a'* pheacaich,
  na peacaich (m.)
sink (intrans. v.)
  rach fodha (Lit. go under) (See
  rach)
sister
  piuthar: *a'* phiuthar, *na* peathrach,
  na peathraichean (f.)
sister-in-law
  piuthar-cheile (f.)
sit (v.)
  suidh, a' suidhe
  e.g. I sit, am sitting
        Tha mi 'nam shuidhe
        (Lit. I am in my sitting)
site
  làrach: *an* làrach, *na* làraiche, *na*
  làraichean (f.)
situate (v.)
  suidhich, a' suidheachadh
situated
  suidhichte (p.p. of suidhich)
situation
  suidheachadh: *an* suidheachadh,
  an *t*-suidheachaidh, *na*
  suidheachaidh (m.)
six (adj.)
  sia
six (n.)
  a sia
six persons
  sianar

sixth (adj.)
  siathamh
sixty (men)
  tri fichead (fear)
size
  meud: *am* meud, *a'* mheud (m.)
skerry
  sgeir: *an* sgeir, *na* sgeire, *na*
  sgeirean (f.)
skilled (adj.)
  ealanta, *nas* ealanta
skin
  craiceann: *an* craiceann, *a'*
  chraicinn, *na* craicinn (m.)
skip (n.)
  sinteag: *an* *t*-sinteag, *na* sinteig, *na*
  sinteagan (f.)
skipper
  sgiobair: *an* sgiobair, *an* sgiobair,
  na sgiobairean (m.)
skirt
  sgiorta: *an* sgiorta, *na* sgiorta, *na*
  sgiortaichean (f.)
skull
  claigionn: *an* claigionn, *a'* chlaiginn,
  na claignean (m.)
sky
  iarmailt: *an* iarmailt, *na*
  h-iarmailte, *na* h-iarmailtean (f.)
sky
  speur: *an* speur, *na* speura, *na*
  speuran (m.)
slate
  sgleat: *an* sgleat, *na* sgleata, *na*
  sgleatan (f.)
slave
  tràill: *an* tràill, *an* tràill, *na*
  tràillean (m.)
sleep
  cadal: *an* cadal, *a'* chadail, *na*
  cadail (m.)
sleep (v.)
  caidil, a' cadal
sleeve
  muinchill: *a'* mhuinchill, *na*
  muinchill, *na* muinchillean (f.);
  muilchinn: *a'* mhuilchinn, *na*
  muilchinn, *na* muilchinnean (f.)

slide (v.)
    sleamhnaich, a' sleamhnachadh

slogan
    sluaghairm: *an t*-sluaghairm, *na*
    sluaghairme, *na* sluaghairmean (f.)

slope
    leathad: *an* leathad, *an* leathaid, *na*
    leathaidean (m.); sliabh: *an*
    sliabh, *an t*-sléibh, *na* sléibhtean
    (m.)

slovenly (adj.)
    rapach, *nas* rapaiche

slow (adj.)
    mall, *nas* maille; slaodach, *nas*
    slaodaiche

slug (insect)
    seilcheag: *an t*-seilcheag, *na*
    seilcheig, *na* seilcheagan (f.)

slumber
    suain: *an t*-suain, *na* suaine (f.)

small (adj.)
    beag, *nas* lugha

smart (adj.)
    snasmhor, *nas* snasmhoire; tapaidh,
    nas tapaidhe

smoke
    smùid: *an* smùid, *na* smùide (f.);
    ceò: *an* ceò, *a'* cheò (m.)

smoke (v.)
    smoc, a' smocadh

smooth (adj.)
    mìn, *nas* mìne

smooth (level) (adj.)
    réidh, *nas* réidhe

snail
    seilcheag: *an t*-seilcheag, *na*
    seilcheig, *na* seilcheagan (f.)

snake
    nathair: *an* nathair, *na* nathrach,
    na nathraichean (f.)

sneezing (n.)
    sreathartaich: *an t*-sreathartaich, *na*
    sreathartaiche (f.)

sniff (v.)
    snòtaich, a' snòtadh

snip (v.)
    rùisg, a' rùsgadh

snore (n.)

snore (v.)
    srann: *an* srann, *an t*-sranna, *na*
    srannan (m.)

snore (v.)
    srann, a' srannail

snow (n.)
    sneachda: *an* sneachda, *an*
    t-sneachda (m.)

snug (adj.)
    seasgar, *nas* seasgaire

so (adv.)
    cho
      e.g. so good
            cho math

so (thus) (adv.)
    mar sin

and so on
    agus mar sin air adhart

soap
    siabun: *an* siabun, *an t*-siabuin (m.)

social committee
    comunn soisealta (m.) (See
    comunn)

society (association)
    comunn: *an* comunn, *a'* chomuinn,
    na comuinn (m.)

sock
    stocainn: *an* stocainn, *na* stocainne,
    na stocainnean (f.)

soft (adj.)
    bog, *nas* buige

solan goose
    sùlair: *an* sùlair, *an t*-sùlair, *na*
    sùlairean (m.)

soldier
    saighdear: *an* saighdear, *an*
    t-saighdeir, *na* saighdearan (m.)

sole (of foot)
    bonn: *am* bonn, *a'* bhuinn, *na*
    buinn AND bonnan (m.)

solve (v.)
    fuasgail, a' fuasgladh

some . . . or other . . .
    air chor-eigin
      e.g. someone or other
      fear air chor-eigin

some . . . others (prons.)
    feadhainn . . .feadhainn eile

someone (pron.)

cuideigin

some (people or things) (pron.)
feadhainn: *an* fheadhainn, *na*
feadhna (f.)

somersault
car-a-mhuiltean: *an* car-a-
mhuiltean, *a'* chuir-a-mhuiltean, *na*
cuir-a-mhuiltean (m.)

something (pron.)
rudeigin

something or other
rud air chor-eigin

sometime (adv.)
uaireigin

sometimes (adv.)
uaireanan

son
mac: *am* mac, *a'* mhic, *na* mic (m.)

song
òran: *an* t-òran, *an* òrain, *na*
h-òrain (m.); dàn: *an* dàn, *an*
dàin, *na* dàin (m.)

soon (adv.)
a dh'aithghearr; (ann) an ùine
ghoirid

as soon as
cho luath's a (÷ indep. form of v.)
  e.g. I began to read as soon as I
       was in school
             Thoisich mi a leughadh
             cho luath 's a bha mi
             anns an sgoil

soot
suith: *an* suith, *an* t-suith (m.)

sore (adj.)
goirt, *nas* goirte

sorrowful (adj.)
cianail, *nas* cianaile; smalanach, *nas*
smalanaiche

sort
seòrsa: *an* seòrsa, *an* t-seòrsa, *na*
seòrsachan (m.)

soup
brot: *am* brot, *a'* bhrota (m.)

south
deas

in the south
mu dheas

spaceman
speurair: *an* speurair, *an* speurair,
na speurairean (m.)

spaceship
speur-shoitheach (m.) (See
soitheach)

space helmet
speur-chlogaid (f.) (See clogaid)

spade
spaid: *an* spaid, *na* spaide, *na*
spaidean (f.)

spar
spàrr: *an* spàrr, *an* spàrra, *na*
spàrran (m.)

spark
sradag: *an* t-sradag, *na* sradaige, *na*
sradagan (f.)

speak (to) (v.)
bruidhinn, *a'* bruidhinn (ri)

speak (v.)
labhair, *a'* labhairt

special (adj.)
àraidh; sònraichte, *nas* sònraichte

speckled (adj.)
breac, *nas* brice

spectacles (n. pl.)
speuclairean: *na* speuclairean (nom.
pl.) *nan* speuclairean (gen. pl.)

speech
cainnt: *a'* chainnt, *na* cainnte, *na*
cainntean (f.)

speech (talk or lecture)
òraid: *an* òraid, *na* h-òraide, *na*
h-òraidean (f.)

speed
astar: *an* t-astar, *an* astair, *na*
h-astair (m.); luathas: *an* luathas,
an luathais (m.)

spend (time and money) (v.)
caith, *a'* caitheamh

spend (money) (v.)
cosg, *a'* cosg

spider
damhan-allaidh: *an* damhan-allaidh,
an damhain-allaidh, *na* damhain-
allaidh (m.)

spin (e.g. yarn) (v.)
sniomh, *a'* sniomh

spirit (morale)
aigne: *an* aigne, *na h*-aigne, *na h*-aignean (f.)

spirit (of morale & religion)
spiorad: *an* spioraid, *na* spioradan (m.)

spiritual (adj.)
spioradail, *nas* spioradaile

spite
mi-rùn: *am* mi-rùn, *a'* mhi-rùin (m.)

in spite of (prep.)
a dh'aindeoin

in spite of that
a dh'aindeoin (sin)

splinter
spealg: *an* spealg, *na* speilg, *na* spealgan (f.)

split (v.)
sgàin, *a'* sgàineadh; sgoilt, *a'* sgoilteadh

split (adj.)
sgoilte (p.p. of sgoilt)

spoil
mill, *a'* milleadh

spokesman
fear-labhairt (m.) (See fear)

spoon
spàin: *an* spàin, *na* spàine, *na* spàinean (f.)

sport
spòrs: *an* spòrs, *na* spòrsa (f.)

spot
spot: *an* spot, *an* spoit, *na* spotan (m.)

spotless (adj.)
gun smal (Lit. without spot)

spout
srùb: *an* srùb, *an t*-srùib, *na* srùban (m.)

spout (v.)
steall, *a'* stealladh

sprain (v.)
sgoch, *a'* sgochadh

spread (v.)
sgap, *a'* sgapadh

sprightliness
sùnnd: *an* sùnnd, *an t*-sùnnd (m.)

Spring

Earrach: *an t*-earrach, *an* earraich, *na h*-earraich (m.)

squint-eyed (adj.)
caogach, *nas* caogaiche

squirrel
feòrag: *an* fheòrag, *na* feòraige, *na* feòragan (f.)

stab (v.)
sàth, *a'* sàthadh

stabbed
sàthte (p.p. of sàth)

stable
stàbull: *an* stàbull, *an* stàbuill, *na* stàbullan (m.)

stack
cruach: *a'* chruach, *na* cruaiche, *na* cruachan

stackyard
iodhlainn: *an* iodhlainn, *na h*-iodhlainne, *na h*-iodhlainnean (f.)

stag
damh: *an* damh, *an* daimh, *na* daimh (m.)

stage (theatre)
àrd-ùrlar: *an t*-àrd-ùrlar, *an* àrd ùlair, *na h*-àrd-ùrlaran (m.)

stain
spot: *an* spot, *an* spoit, *na* spotan (m.)

stair(s)
staidhir: *an* staidhir, *na* staidhreach, *na* staidhreachan (f.)

stamp
stampa: *an* stampa, *an* stampa, *na* stampaichean (m.)

stand (v.)
seas, *a'* seasamh
e.g. **I am standing**
tha mi 'nam sheasamh (Lit. I am in my standing)

standing stones
tursachan (pl.): *na* tursachan (nom. pl.), *nan* tursachan (gen. pl.) (m.)

star
reul: *an* reul, *na* reil, *na* reulan (f.); rionnag: *an* rionnag, *na* rionnaige, *na* rionnagan (f.)

starling

druid: *an* druid, *na* druide, *na*
druidean (f.)

start (through fear) (v.)
clisg, a' clisgeadh

state (condition)
staid: *an* staid, *na* staide, *na*
staidean (f.)
e.g. **in a bad state**
(ann) an droch staid

State (country)
stàt: *an* stàt, *na* stàite, *na* stàtan
(f.)

statement
raidhinn: *an* raidhinn, *an* raidhinn,
na raidhinn (m.)

stately (adj.)
stàiteil, *nas* stàiteile

stay (v.)
fuirich, a' fuireach

steal (from) (v.)
goid, a' goid (air)

steamer
bàta-smùid (m.) (See bàta)

steep (adj.)
cas, *nas* caise; corrach, *nas*
corraiche

steep (e.g. in water) (v.)
bogaich, a' bogachadh

steer (v.)
stiùir, a' stiùireadh

step
ceum: *an* ceum, *a'* cheuma, *na*
ceuman (m.)

stick
maide: *am* maide, *a'* mhaide, *na*
maidean (m.)

stiff (adj.)
rag, *nas* raige

become stiff (v.)
rag, a' ragadh

sting
gath: *an* gath, *a'* ghatha, *na*
gathan (m.)

sting (v.)
prioc, a' priocadh

stirk
gamhainn: *an* gamhainn, *a'*
ghamhna, *na* gamhna (m.)

stocking
stocainn: *an* stocainn, *na* stocainne,
na stocainnean (f.)

stomach
brù: *a'* bhrù, *na* bronn, *a'* bhroinn
(dat. sing.), *na* bruthan (nom.
pl.) (f. irr.); stamag: *an* stamag, *na*
stamaig, *na* stamagan (f.)

stone
clach: *a'* chlach, *na* cloiche, *na*
clachan (f.)

stone (slab)
leac: *an* leac, *na* lice, *na* leacan (f.)

stonemason
clachair: *an* clachair, *a'* chlachair,
na clachairean (m.)

stoop (v.)
lùb, a' lùbadh

stop (v. intrans.)
sguir, a' sgur

stop (v. trans. & intrans.)
stad, a' stad

store (n.)
stòr: *an* stòr, *an* stòir, *na* stòir (m.)

storm
doinneann: *an* doinneann, *na*
doinninne, *na* doinneanan (f.);
gailleann: *a'* ghailleann, *na*
gaillinn, *na* gailleannan; sian: *an*
t-sian, *na* sine, *na* siantan (f.);
stoirm: *an* stoirm, *na* stoirme, *na*
stoirmean (f.)

stormy (adj.)
stoirmeil, *nas* stoirmeile

story
sgeul: *an* sgeul, *na* sgeoil, *na*
sgeulan (f.); sgeulachd: *an*
sgeulachd, *na* sgeulachd, *na*
sgeulachdan (f.)

short story
sgeulachd ghoirid (f.)

storyteller
seanachaidh: *an* seanachaidh, *an*
t-seanachaidh, *na* seanachaidhean
(m.); sgeulaiche: *an* sgeulaiche, *an*
sgeulaiche, *na* sgeulaichean (m.)

straight (adj.)
direach, *nas* diriche

strange (unusual) (adj.)
annasach, *nas* annasaiche
strange (foreign) (adj.)
coimheach, *nas* coimhiche
strange (amusing) (adj.)
neònach, *nas* neònaiche
stranger
coigreach: *an* coigreach, *a'* choigrich, *na* coigrich (m.)
(the) Strathclyde Region
Roinn Strathchluaidh (f.)
streak
srian: *an t*-srian, *na* sreine, *na* sriantan (f.); strioch: *an* strioch, *na* striocha, *na* striochan (f.)
stream
allt: *an t*-allt, *an* uillt, *na h*-uillt (m.); sruth: *an* sruth, *an t*-srutha, *na* sruthan (m.)
street
sràid: *an t*-sràid, *na* sràide, *na* sràidean (f.)
strength
lùths: *an* lùths, *an* lùiths (m.); neart: *an* neart, *an* neirt (m.); spionnadh: *an* spionnadh, *an* spionnaidh (m.)
from strength to strength
bho neart gu neart
strengthen
neartaich, a' neartachadh
stretch (v.)
sìn, a' sìneadh
strife
strì: *an t*-strì, *na* strì (f.)
strike (industrial)
stailc: *an* stailc, *na* stailce, *na* stailcean (f.)
strike (hit) (v.)
buail, a' bualadh
string
sreang: *an t*-sreang, *na* sreinge, *na* sreangan (f.)
stroke (v.)
sliob, a' sliobadh
strong (adj.)
làidir: *nas* làidire AND *nas* treasa
struggle

strì: *an t*-strì, *na* strì (f.)
strut (v.)
spaidsirich, a' spaidsearachd
stubborn (adj.)
dùr, *nas* dùire
student
oileanach: *an t*-oileanach, *an* oileanaich, *na h*-oileanaich (m.)
stuff
stuth: *an* stuth, *an* stuith, *na* stuthan (f.)
stumble (v.)
tuislich, a' tuisleachadh
subject
cuspair: *an* cuspair, *a'* chuspair, *na* cuspairean (m.)
substance
brìgh: *a'* bhrìgh, *na* brìghe (f.)
success
buaidh: *a'* bhuaidh, *na* buaidhe, *na* buaidhean (f.); soirbheas: *an* soirbheas, *an t*-soirbheis, *na* soirbheis (m.)
such (adj.)
a leithid de (+ asp. + dat.)
e.g. Such weather!
A leithid de shide!
sudden (adj.)
grad, *nas* graide; obann, *nas* obainne
suddenly (adv.)
gu h-obann
suffer (v.)
fuiling, a' fulang
suffice (v.)
foghainn, a' foghnadh
sugar
siùcar: *an* siùcar, *an t*-siùcair (m.)
suit
deise: *an* deise, *na* deise, *na* deiseachan (f.)
suitable (for) (adj.)
freagarrach, *nas* freagarraiche (do)
sulphur
pronnasg: *am* pronnasg, *a'* phronnaisg (m.)
sum
suim: *an t*-suim, *na* suime, *na*

suimeannan (f.)
summer
  samhradh: *an* samhradh, *an*
  t-samhraidh, *na* samhraidhean (m.)
summer home
  taigh-samhraidh (See taigh)
all summer long
  fad an t-samhraidh
sun
  grian: *a'* ghrian, *na* gréine (f.)
sunny (adj.)
  grianach, *nas* grianaiche
sunbathe (v.)
  blian, a' blianadh
Sunday
  Di-Domhnaich (m.) La(tha) na
  Sabaid (m.)
(the) sunset
  dol fodha na gréine
supper
  suipeir: *an t*-suipeir, *na*
  suipeireach, *na* suipeirean (f.)
supple (adj.)
  sùbailte, *nas* sùbailte
support
  taic: *an* taic, *na* taice (f.)
sure (adj.)
  cinnteach, *nas* cinntiche
surly (adj.)
  iargalt, *nas* iargalta
surname
  cinneadh: *an* cinneadh, *a'* chinnidh,
  na cinnidhean (m.)
surprise
  iongnadh: *an t*-iongnadh, *an*
  iongnaidh, *na h*-iongnaidhean (m.)
I am surprised
  Tha iongnadh orm
surprising (adj.)
  iongantach, *nas* iongantaiche
suspicion
  amharus: *an t*-amharus, *an*
  amharuis, *na h*-amharuis (m.)
swan
  eala: *an* eala, *na h*-eala, *na*
  h-ealachan (f.)
swallow (v.)
  sluig, a' slugadh

swear
  mionnaich, a' mionnachadh
sweat
  fallus: *am* fallus, *an f*halluis (m.)
sweep (v.)
  sguab, a' sguabadh
sweet (adj.)
  milis, *nas* milse
sweet (of a tune) (adj.)
  binn, *nas* binne
sweetheart
  leannan: *an* leannan, *an* leannain,
  na leannanan (f.)
sweet(s)
  suiteas: *an* suiteas, *an t*-suiteis (m.);
  milsean: *am* milsean, *a'* mhilsein
  (m.); siucairean (m.) (See siùcar)
swell (v.)
  at, ag at
swift (adj.)
  bras, *nas* braise; luath, *nas* luaithe
swim (v.)
  snàmh, a' snàmh
sword
  claidheamh: *an* claidheamh, *a'*
  chlaidheimh, *na* claidhmhnean (m.)

T

table
  bòrd: *am* bòrd, *a'* bhùird, *na*
  bùird (m.)
tale
  seanachas: *an* seanachas, *an*
  t-seanachais, *na* seanachasan (m.)
tail
  earball: *an t*-earball, *an* earbaill,
  na h-earbaill (m.)
tailor
  tàillear: *an* tàillear, *an* tàilleir, *na*
  tàillearan (m.)
take (v.)
  gabh, a' gabhail; thoir, a' toirt
  (Irr. v. See App.: **thoir**)
take off (v.)
  cuir dhiom, dhiot etc.
    e.g. I took off my coat

chuir mi dhiom mo chota

talk (to) (v.)
bruidhinn, a' bruidhinn (ri)

talkative (adj.)
briathrail, *nas* briathraile

tame (v.)
ceannsaich, a' ceannsachadh

tartan
breacan: *am* breacan, *a'* bhreacain,
na breacanan (m.)

taste
blas: *am* blas, *a'* bhlais (m.)

tasty (adj.)
blasda, *nas* blasda

tax
màl: *am* màl, *a'* mhàil, *na* màil (m.)

tea
tì: *an* tì, *na* tì (f.)

cup of tea
strùpag: *an t-*strùpag, *na*
strùpaige, *na* strùpagan (f.)

teach (v.)
teagaisg, a' teagasg; oileanaich, ag
oileanachadh

teacher (female)
bean-teagaisg (f.) (See bean)

teacher (male)
fear-teagaisg (m.) (See fear)

tear (drop)
deur: *an* deur, *na* deura, *na*
deuran AND *na* deòir (f.)

tear (v.)
reub, a' reubadh

tear away (v. trans.)
spion, a' spionadh

tease (v.)
tarraing a (See tarraing)

tell (to) (v.)
aithris, ag aithris (do); innis, ag
innseadh (do)

ten (adj.)
deich

ten (n.)
a deich

tenth (adj.)
deicheamh

ten people (n.)
deichnear

tern
steàrnan: *an* steàrnan, *an*
steàrnain, *na* steàrnanan (m.)

terrible (adj.)
oillteil, *nas* oillteile

terrier
abhag: *an* abhag, *na h-*abhaige, *na*
*h-*abhagan (f.)

test
deuchainn: *an* deuchainn, *na*
deuchainn, *na* deuchainnean (f.)

testament
tiomnadh: *an* tiomnadh, *an*
tiomnaidh, *na* tiomnaidhean (m.)

The New Testament
An Tiomnadh Nuadh (m.)

The Old Testament
An Seann Tiomnadh (m.)

testimony
teisteanas: *an* teisteanas, *an*
teisteanais, *na* teisteanais (m.);
fianais: *an* fhianais, *na* fianais, *na*
fianaisean (m.)

than
na (See nas)

thankful (adj.)
taingeil, *nas* taingeile

that (pron.)
sin; siud
e.g. That is the town
Sin am baile

that (adj.)
art. + n. + sin.; art. + n. +
siud; art. + n. + ud.
e.g. that town
am baile siud

that which
na (rel. pron.)

that (= which) (rel. pron.)
a

that (conj.)
gun (before indirect speech)

thatch
tughadh: *an* tughadh, *an*
tughaidh (m.)

thaw
aiteamh: *an* aiteamh, *na*
*h-*aiteimh (m.)

the (art.)
an, am (before b, f, m, p) (m. sing. nom.); an, a' + asp. before consonant (f. sing. nom.); na (f. gen. sing.); na (m. & f. nom. pl.); na h- (f. gen. sing. before a vowel); na h- (m. & f. nom. pl. before a vowel); nan, nam (before b, f, m, p) (m. & f. gen. pl.)

theft
meirle: a' mheirle, na meirle (f.)

their (adj.)
an; am (before b, f, m, p)

them (pron. direct object)
iad

then
an uair sin, nuair sin

then (not time) (adv.)
matà

there (adv.)
(ann) an siud; (ann) an sin

here and there
thall 's a bhos

there is/are (v.)
tha

therefore (adv.)
air an aobhar sin; a réisde

they (pron.)
iad

thick (adj.)
tiugh, nas tighe

thick (dense) (adj.)
dùmhail, nas dùmhaile

thicken (v.)
dùmhlaich, a' dùmhlachadh

thief
meirleach: am meirleach, a' mheirlich, na meirlich (m.)

thigh
sliasaid: an t-sliasaid, na sléisde, na sléisdean (f.)

thin (adj.)
caol, nas caoile; tana, nas taine

thing
ni: an ni, an ni, na nithean (m.); rud: an rud, an ruid, na rudan (m.)

think (v.)
saoil, a' saoilsinn; smaoin(t)ich, a'

smaoin(t)eachadh

third (adj.)
treas; tritheamh

thirst
pathadh: am pathadh, a' phathaidh, na pathaidh (m.)

I am thirsty
Tha am pathadh orm

thirty (men)
deich (fir) air fhichead

this (pron.)
seo
e.g. This is the town
Seo am baile

this (adj.)
art + n. + seo
e.g. this town
am baile seo

thistle
fóghnan: am fóghnan, an fhóghnain, na fóghnanan (m.)

thither (adv.)
a null; (a) nunn

thong
iall: an iall, na h-éille, na h-iallan (f.)

thought
smuain: an smuain, na smuaine, na smuaintean (f.)

thousand
mile: a' mhile, na mile, na miltean (f.) (usually in sing.)
e.g. ten thousand
deich mile
a thousand people
mile fear

thread
snàth: an snàth, an t-snàith, na snàithean (m.)

threaten (v.)
bagair, a' bagradh (air)

three (adj.)
tri

three (n.)
a tri

three people (n.)
triùir

thresh (v.)

sùist, a' sùist
threshold
 stairnseach: *an* stairsneach, *na*
 stairsnich, *na* stairsnichean (f.)
throat
 sgòrnan: *an* sgòrnan, *an* sgòrnain,
 na sgòrnanan (m.); slugan: *an*
 slugan, *an* t-slugain, *na* sluganan (m.)
throb (v.)
 plosg, a' plosgadh
throw (v.)
 tilg, a' tilgeil
through (prep.)
 troimh (+ asp. + dat.)
through (adv.)
 troimhe
through me, you etc.
 See tromham
through (by means of) (prep.)
 trìd (+ gen.)
throughout (prep.)
 air feadh (+ gen.)
thrush
 smeòrach: *an* smeòrach, *na*
 smeòraich, *na* smeòraichean (f.)
thrust (v.)
 spàrr, a' sparradh
thumb
 òrdag: *an* òrdag, *na* h-òrdaige, *na*
 h-òrdagan (f.)
thunder
 tairneanach: *an* tairneanach, *an*
 tairneanaich (m.)
Thursday
 Diardaoin (m.)
thus (adv.)
 mar sin
ticket
 bileag: *a'* bhileag, *na* bileig, *na*
 bileagan (f.)
tide
 seòl-mara (See seòl)
neap-tide
 còntraigh: *a'* chòntraigh, *na*
 còntraighe, *na* còntraighean (f.)
spring-tide
 reothart: *an* reothart, *na* reothairt,
 na reothartan (f.)

tidy (v.)
 sgioblaich, a' sgioblachadh
tidy (adj.)
 sgiobalta, *nas* sgiobalta
tie (v.)
 ceangail, a' ceangal
tighten (v.)
 teannaich, a' teannachadh
timber
 fiodh: *am* fiodh, *an* fiodha, *na*
 fiodhan (m.)
time (not on the clock)
 am: *an* t-am, *an* ama, *na*
 h-amannan (m.); tìde: *an* tìde, *an*
 tìde (m.); ùine: *an* ùine, *na* h-ùine,
 na h-ùineachan (f.)
time (on the clock)
 See uair
all the time
 fad na tìde (See fad)
for a long time
 o chionn fhada
for a short time
 o chionn ghoirid
in a short time
 an ceartair; an ùine ghoirid
from time to time
 bho am gu am
Take your time!
 Air do shocair! (Lit. at your leisure)
What time is it?
 Dé an uair a tha e?
timid (adj.)
 meata, *nas* meata
tin (metal)
 staoin: *an* staoin, *na* staoine (f.)
tinker
 ceàrd: *an* ceàrd, *a'* cheàird, *na*
 ceàrdan (m.)
tired (adj.)
 sgìth, *nas* sgìthe
tiring (adj.)
 sgìtheil, *nas* sgìtheile
to (a)
 gu (+ acc.); do (+ asp. + dat.)
to (the)
 chun (+ art. + gen.); do (+ art.
 + dat.)

to (as far as)
gu ruige (+ acc.)

to (a) (no movement)
ri (+ dat.)

to (the) (no movement)
ris (+ art. + dat.)

to me, you etc
See dhomh; rium; thugam

toad
losgann: *an* losgann, *na* losgainn, *na* losgannan (f.)

tobacco
tombaca: *an* tombaca, *an* tombaca (m.)

tobacco pouch
spliùchan: *an* spliùchan, *an* spliùchain, *na* spliùchanan (m.)

today
an diugh

together (adv.)
comhla; comhla ri chéile

together with (prep.)
comhla ri (+ dat.); maille ri (+ dat.); cuide ri (+ dat.)

to-morrow
am maireach

tongs
clobha: *an* clobha, *a'* chloba, *na* clobhaichean (m.)

to-night (adv.)
an nochd

tongue
teanga: *an* teanga, *na* teangaidh, *na* teangannan (f.)

too (adv.)
ro (+ asp.)

too much (adv.)
cus

tooth
fiacail: *an* fhiacail, *na* fiacla, *na* fiaclan (f.)

toothache
déideadh: *an* déideadh, *an* déididh (m.)

top
bàrr: *am* bàrr, *a'* bharra, *na* barran (m.); mullach: *am* mullach, *a'* mhullaich, *na* mullaichean (m.);

uachdar: *an* t-uachdar, *an* uachdair, *na* h-uachdaran (m.)

tortoise
sligeanach: *an* sligeanach, *an* t-sligeanaich, *na* sligeanaich (m.)

tossing (adj.)
luasgannach, *nas* luasgannaiche

tourists
luchd-turuis (m.) (See **luchd**)

towards (prep.)
a dh'ionnsaigh (+ gen.)

towards me you etc.
See **ionnsaigh**

towel
searbhadair: *an* searbhadair, *an* t-searbhadair, *na* searbhadairean (m.)

tower
tùr: *an* tùr, *an* tùir, *na* tùir (m.)

town
baile: *am* baile, *a'* bhaile, *na* bailtean (m.)

trace
lorg: *an* lorg, *na* luirge, *na* lorgan (f.)

track
lorg: *an* lorg: *na* luirge, *na* lorgan (f.)

trade
ceàird: *a'* cheàird, *na* ceàirde, *na* ceàirdean (f.)

train
tren: *an* tren, *na* treana, *na* treanachan (f.)

tranquillity (n.)
fois: *an* fhois, *na* foise (f.)

translate (v.)
eadartheangaich, ag eadartheangachadh

transmitter
crann-sgaoilidh (m.) (See **crann**)

transport
giùlan: *an* giùlan, *a'* ghiùlain, *na* giùlanan (m.)

travel (v.)
siubhail, a' siubhal

tread (v.)
saltraich, a' saltairt

treasure
  ulaidh: *an* ulaidh, *na h-*ulaidhe,
  *na h-*ulaidhean (f.)
tree
  craobh: *a'* chraobh, *na* craoibhe,
  na craobhan (f.)
tribe
  treubh: *an* treubh, *na* treubha, *na*
  treubhan (f.)
trick
  foill: *an* fhoill, *na* foille, *na*
  foilltean (f.)
trip (excursion)
  cuairt: *a'* chuairt, *na* cuairte, *na*
  cuairtean (f.); sgrìob: *an* sgrìob,
  na sgrìoba, *na* sgrìoban (f.)
triumphant (adj.)
  buadhmhor, *nas* buadhmhoire
trousers
  briogais, *a'* bhriogais, *na* briogaise,
  na briogaisean (f.)
trout
  breac: *am* breac, *a'* bhric, *na* bric
  (m.)
true (adj.)
  fìor, *nas* fìora; firinneach, *nas*
  firinniche
trustee
  urrasair: *an t-*urrasair, *an*
  urrasair, *na h-*urrasairean (m.)
truth
  fìrinn: *an* fhìrinn, *na* fìrinne (f.)
to tell the truth
  leis an fhìrinn innseadh
try (v.)
  feuch, *a'* feuchainn
Tuesday
  Di Màirt (m.)
tuft
  bad: *am* bad, *a'* bhaid, *na* baid (m.)
tune
  fonn: *am* fonn, *an* fhuinn, *na*
  fuinn (m.); port: *am* port, *a'*
  phuirt, *na* puirt AND *na* portan
  (m.)
tune (an instrument) (v.)
  gleus, *a'* gleusadh
turn (v.)

tionndaidh, *a'* tionndadh
turnip
  sneip: *an t-*sneip, *na* sneipe, *na*
  sneipean (f.)
tweed
  clò: *an* clò, *a'* chlò, *na* clòthan (m.)
twentieth (adj.)
  ficheadamh
twenty (adj.)
  fichead (+ sing. n.)
    e.g. twenty years
           fichead bliadhna
twice
  dà uair
twig
  ògan: *an t-*ògan, *an* ògain, *na*
  *h-*òganan (m.)
twighlight
  camhanaich: *a'* chamhanaich, *na*
  camhanaiche (f.)
twist
  car: *an* car, *a'* chuir, *na* cuir AND
  na caran (m.)
twisting (adj.)
  lùbach, *nas* lùbaiche
two (adj.)
  dà (+ asp. + sing. n.)
two (n.)
  a dhà
two people (n.)
  dithis
    e.g. two of us
           dithis againn
typewriter
  clò-sgrìobhadair (m.) (See
  sgrìobhadair)

U

ugly (adj.)
  grannda, *nas* grannda
uncle (maternal)
  bràthair-màthar (m.) (See brathair)
uncle (paternal)
  bràthair-athar (m.) (See brathair)
uncomfortable (adj.)
  an-shocair, *nas* an-shocraiche;

mi-chomhfhurtail, *nas*
mi-chomhfhurtaile

uncommon (adj.)
neo-chumanta, *nas* neo-chumanta

under (prep.)
fo (+ asp. + dat.)

under (adv.)
fodha

under me you etc.
See **fodham**

understand (v.)
tuig, a' tuigsinn

understanding
tuigse: *an* tuigse, *na* tuigse (f.)

unenterprising (adj.)
lag-chuiseach, *nas* lag-chuisiche

uneven (adj.)
corrach, *nas* corraiche

unfortunate (adj.)
mi-shealbhach, *nas* mi shealbhaiche

ungrateful (adj.)
mi-thaingeil, *nas* mi thaingeile

unhappy (adj.)
mi-thoilichte, *nas* mi-thoilichte

unit
earrann: *an* earrann, *na h-*earrainn,
*na h-*earrannan (f.)

university
oilthigh: *an t-*oilthigh, *an* oilthighe,
*na h-*oilthighean (m.)

unless (conj.)
mur (a) (+ dep. form of v.)

unnatural (adj.)
mi-nàdurrach, *nas* mi-nàdurraiche

untie (v.)
fuasgail, a' fuasgladh; sgaoil, a'
sgaoileadh

until (a) (prep.)
gu

until (the) (prep.)
gus (+ art.)

until (conj.)
gus an (+ dep. form of v.)

unusual (adj.)
neo-àbhaisteach, *nas* neo-
àbhaistiche; neo-chumanta, *nas*
neo-chumanta

up (from below) (adv.) (i.e. motion
upwards)
(a) nios

up (no movement) (adv.)
shuas

up (wards) (adv.)
suas

uproar
ùpraid: *an* ùpraid, *na h-*ùpraide,
*na h-*ùpraidean (f.)

up to
suas ri + dat.

upside down
bun os cionn

us (pron. direct object)
sinn

use
feum: *am* feum, *an* fheuma, *na*
feuman (m.)

use (v.)
cleachd, a' cleachdadh

useful (adj.)
feumail, *nas* feumaile

usual (adj.)
àbhaisteach, *nas* àbhaistiche

as usual (adj.)
mar is àbhaist

usually
mar is trice; See **àbhaist**

utmost (n.)
dichioll: *an* dichioll, *an* dichill (m.)
   e.g. I did my utmost
          Rinn mi mo dhichioll

V

valuable (adj.)
luachmhor, *nas* luachmhoire;
priseil, *nas* priseile

value
luach: *an* luach, *an* luach (m.)

variety (n.)
caochladh: *an* caochladh, *a'*
chaochlaidh, *na* caochlaidhean (m.)
   e.g. variety of people
          caochladh dhaoine

vegetable
lus: *an* lus, *an* luis, *na* lusan (m.)

venison
  sithionn: *an t-*sithionn, *na* sìthne (f.)

verse (of poetry)
  rann: *an* rann, *an* rainn, *na* rannan (m.)

very (adv.)
  glé (+ asp.)
    e.g. very busy
                 glé thrang

very (adv.)
  gu math; uamhasach
    e.g. very busy
                 gu math trang

vessel (i.e. ship)
  soitheach: *an* soitheach, *an t-*soithich, *na* soithichean (m.)

vex (v.)
  sàraich, a' sàrachadh

vicinity
  coimhearsnachd: *a'* choimhearsnachd, *na* coinhearsnachd (f.)

view
  sealladh: *an* sealladh, *an t-*seallaidh, *na* seallaidhean (m.)

village
  baile beag: *am* baile beag, *a'* bhaile bhig, *na* bailtean beaga (m.)

violence
  fòirneart: *am* fòirneart, *an* fhòirneirt (m.)

virtue
  beus: *am* beus, *a'* bheus, *na* beusan (m.); buadh: *a'* bhuadh, *na* buaidh, *na* buadhan (f.)

visit (v.)
  tadhail, a' tadhal (air)

vocabulary
  faclair: *am* faclair, *an* fhaclair, *na* faclairean (m.)

voice
  guth: *an* guth, *a'* ghutha, *na* guthan (m.)

at the top of my voice
  àrd mo chlaiginn

vowel
  fuaimreag: *an* fhuaimreag, *na* fuaimreige, *na* fuaimreagan (f.)

W

wage
  tuarasdal: *an* tuarasdal, *an* tuarasdail, *na* tuarasdail (m.)

waistcoat
  peitean: *am* peitean, *a'* pheitein, *na* peiteanan (m.)

wait (v.)
  feith, a' feitheamh

wait for (v.)
  fuirich, a' fuireach ri; feith, a' feitheamh ri

waiting room
  seòmar-fuirich (m.) (See **seòmar**)

waken (v.)
  dùisg, a' dùsgadh

walk (v.)
  coisich, a' coiseachd

walk
  sgriob: *an* sgriob, *na* sgrioba, *na* sgrioban (f.)

wall
  balla: *am* balla, *a'* bhalla, *na* ballachan (m.)

want (v.)
  iarr, ag iarraidh

war
  cogadh: *an* cogadh, *a'* chogaidh, *na* cogaidhean (m.)

wares
  badhar: *am* badhar, *a'* bhadhair (m.)

warm (adj.)
  blàth, *nas* blàithe

warmth
  blàths: *am* blàths, *a'* bhlàiths (m.)

warning
  rabhadh: *an* rabhadh, *an* rabhaidh, *na* rabhaidh (m.); sanas: *an* sanas, *an t-*sanais, *na* sanasan (m.)

warrior
  laoch: *an* laoch, *an* laoich, *na* laoich (m.)

warship
  long-cogaidh (f.) (See **long**)

was
  bha (p.t. of **tha**)

wash (v.)
nigh, a' nighe

wasp
speach: *an* speach, *na* speacha, *na* speachan (f.)

waste (time) (v.)
cosg, a' cosgadh

watch (timepiece)
uaireadair: *an t*-uaireadair, *an* uaireadair, *na h*-uaireadairean (m.)

water (fresh)
bùrn: *am* bùrn, a' bhùirn (m.)

water
uisge: *an t*-uisge, *an* uisge, *na h*-uisgeachan (m.)

water-cress
biolair: *a'* bhiolair, *na* biolaire, *na* biolairean (f.)

waterfall
eas: *an* eas, *na h*-easa, *na h*-easan (f.)

waterproof (adj.)
dionach, *nas* dionaiche

waulk (cloth) (v.)
luaidh, a' luadhadh

waulking (cloth)
luadhadh: *an* luadhadh, *an* luadhaidh, *na* luadhaidh (m.)

waulking song
òran-luadhaidh (m.) (See òran)

wave
tonn: *an* tonn, *an* tuinn, *na* tuinn (m.)

wave (to) (v.)
smeid, a' smeideadh (ri)

way (method)
dòigh: *an* dòigh, *na* dòighe *na* dòighean (f.)

way (route)
slighe: *an t*-slighe, *na* slighe, *na* slighean (f.)

weak (adj.)
fann, *nas* fainne; lag, *nas* laige

weakness
laigse: *an* laigse, *na* laigse, *na* laigsean (f.)

wealth
beartas: *am* beartas, a' bheartais

(m.); ionmhas: *an t*-ionmhas, *an* ionmhais, *na h*-ionmhasan (m.)

wealthy (adj.)
beartach, *nas* beartaiche

wear away (v.)
bleith, a' bleith

weariness
sgios: *an* sgios, *na* sgios (f.)

weasel
neas: *an* neas, *na* neasa, *na* neasan (f.)

weather
aimsir: *an* aimsir, *na h*-aimsire, *na h*-aimsirean (f.)

weather side: *an t*-side, *na* side (f.)

weatherproof (adj.)
seasgair, *nas* seasgaire

weaver
breabadair: *am* breabadair, a' bhreabadair, *na* breabadairean (m.)

we (pron.)
sinn

wedding
banais: *a'* bhanais, *na* bainnse, *na* bainnsean (f.)

Wednesday
Di-Ciadaoin (m.)

week
seachdain: *an t*-seachdain, *na* seachdaine, *na* seachdainean (f.)

this week (coming)
an t-seachdain seo tighinn

last week
an t-seachdain seo chaidh

weep (v.)
caoin, a' caoineadh

weigh (v.)
tomhais, a' tomhas

welcome
fàilte: *an* fhàilte, *na* fàilte, *na* fàiltean (f.)

you are welcome
'se do bheatha (sing.); 'se ur beatha (pl.)

well
tobar: *an* tobar, *an* tobair, *na* tobraichean (m.)

well (adv.)
  gu math
were
  bha
west
  iar: an iar (f.)
west(ern) (adj.)
  siar
Western Isles (the)
  Na h-Eileanan Siar (m. pl.)
wet
  fliuch, *nas* fliche
whale
  muc-mhara (f.) (See muc)
what? (interog.)
  dé?
What a (crowd)!
  abair (grunn)!
what(so)ever (pron.)
  ge b'e air bith (a) (+ indep. form
    of v.; + rel. fut.)
whatever? (pron.)
  ciod air bith (a) (+ indep. form of
    v.; + rel. fut.)
wheel
  cuibhle: a' chuibhle, na cuibhle, na
    cuibhleachan (f.); roth: an roth, an
    rotha, na rothan (m.)
when? (adv.)
  cuine (a) (+ indep. form of v.; +
    rel. fut.)
    e.g. When were they here?
           Cuine a bha iad an seo?
when (not a question)
  nuair (an uair) a (+ indep. form
    of v.; + rel. fut.)
whenever (adv.)
  ge b'e uair a (+ indep. form of v.;
    + rel. fut.)
where? (adv.)
  càite (an) (+ dep. form of v.)
    e.g. Where were you yesterday?
           Càite an robh thu an dé?
where (not a question)
  far an (+ dep. form of v.)
    e.g. the town where I was born
           am baile far an do rugadh
           mi

which (rel. pron.)
  a
which . . . not
  nach (+ dep. form of v.)
while (n.)
  greis: a' ghreis, na greise, na
    greisean
for a while
  airson greis
whip
  cuip: a' chuip, na cuipe, na
    cuipean (f.)
whisper (n.)
  cagar: an cagar, a' chagair, na
    cagairean (m.)
whisper (v.)
  cagair, a' cagar
whistling
  feadaireachd: an fheadaireachd, an
    fheadaireachd (m.)
white (adj.)
  bàn, *nas* bàine; geal, *nas* gile
whittle (v.)
  slisnich, a' slisneadh
who (rel. pron.)
  a (+ indep. form of v.; + rel.
    fut.)
who? (pron.)
  có (+ indep. form of v.; + rel. fut.)
whoever (pron.)
  có air bith (a) (+ indep. form of v.;
    + rel. fut.)
who(so)ever
  ge b'e có (a) (+ indep. form of v.;
    + rel. fut.)
whose?
  có leis (a) (+ indep. form of v.;
    + rel. fut.)
    e.g. Whose is this book?
           Có leis a tha an leabhar
           seo?
why? (adv.)
  carson (a)? (+ ind. form of v.; +
    rel. fut.)
wicked (adj.)
  aingidh, *nas* aingidhe
wickedness
  olc: an t-olc, an uilc, na h-uilc (m.)

wide (adj.)
farsaing, *nas* farsainge

widow
banntrach: *a'* bhanntrach, *na* banntraiche, *na* banntraichean (f.)

wife
bean: *a'* bhean, *na* mnatha, *a'* mhnaoi (dat. sing.), *na* mnatha, *a'* (nom. pl.), *nam* ban (gen. pl.) (f. irr.); cèile: *a'* chèile, *na* cèile (f.)

wild (adj.)
fiadhaich, *nas* fiadhaiche; greannach, *nas* greannaiche

willing (adj.)
deònach, *nas* deònaiche

willow
seileach: *an* seileach, *an* t-seilich, *na* seilich (m.)

win
buannaich, a' buannachd

wind
gaoth: *a'* ghaoth, *na* gaoithe, *na* gaothan (f.)

wind (v.)
snìomh, a' snìomh

window
uinneag: *an* uinneag, *na* h-uinneige, *na* h-uinneagan (f.)

wine
fìon: *am* fìon, *an* fhìona, *na* fìonan (m.)

wing
sgiath: *an* sgiath, *na* sgeithe, *na* sgiathan (f.)

wink
priobadh: *am* priobadh, *a'* phriobaidh, *na* priobaidhean (m.)

wink (v.)
priob, a' priobadh; caog, a' caogadh

in the wink of an eye
(ann) am priobadh na sùla

winter
geamhradh: *an* geamhradh, *a'* gheamhraidh, *na* geamhraidhean (m.)

wipe (v.)
suath, a' suathadh

wisdom
gliocas: *an* gliocas, *a'* ghliocais (m.)

wise (adj.)
glic, *nas* glice

wish
dùrachd: *an* dùrachd, *na* dùrachd, *na* durachdan (f.); toil: *an* toil, *na* toile (f.)

with every good wish
leis gach deagh dhùrachd (subscription to a letter)

I wish
is miann leam (· n. nom.)

with (a)
le (· dat.)

with (the)
leis (· art. · dat.)

with me, you etc
See leam

with (in company with)
comhla ri; maille ri; cuide ri

wither (trans. & intrans.) (v.)
searg, a' seargadh

without (prep.)
as eughmhais (· gen.); as aonais (· gen.); gun (· asp.)

witness
fianais: *an* fhianais, *na* fianais, *na* fianaisean (f.)

wolf
madadh-allaidh (m.) (See **madadh**)

woman
bean: *a'* bhean, *na* mnà, *a'* mhnaoi (dat. sing.) *na* mnathan (nom. pl.) (f. irr.); boireannach: *am* boireannach, *a'* bhoireannaich, *na* boireannaich (m.)

wonder
iongnadh: *an* t-iongnadh, *an* iongnaidh, *na* h-iongnaidhean (m.)

wool
clòimh: *a'* chlòimh, *na* clòimhe (f.)

word
briathar: *am* briathar, *a'* bhriathair, *na* briathran (m.); facal: *am* facal, *an* fhacail, *na* faclan (m.)

wordy (adj.)

briathrail, *nas* briathraile
work
   obair: *an* obair, *na* h-obrach, *na*
   h-oibrichean (f.); saothair: *an*
   t-saothair, *na* saothrach, *na*
   saothraichean (f.)
work (v.)
   obair, ag obair; oibrich, ag obair;
   saothraich, a' saothrachadh
workers, work force
   luchd-obrach (m.) (See **luchd**)
workman
   oibriche: *an* t-oibriche, *an*
   oibriche, *na* h-oibrichean (m.)
world
   saoghal: *an* saoghal, *an*
   t-saoghail, *na* saoghalan (m.)
wordly (adj.)
   talmhaidh, *nas* talmhaidhe
worry
   iomaguin: *an* iomaguin, *na*
   h-iomaguine, *na* h-iomaguinean (f.);
   uallach: *an* t-uallach, *an* uallaich,
   na h-uallaichean (m.)
worried (adj.)
   fo iomacheist (Lit. under perplexity)
worship
   adhradh: *an* t-adhradh, *an*
   adhraidh, *na* h-adhraidhean (m.)
worthy (of) (adj.)
   airidh, *nas* airidhe (air)
worthy (adj.)
   gasda, *nas* gasda
wound (n.)
   lot: *an* lot, *an* lota, *na* lotan (m.)
wound (v.)
   leòn, a' leòn; lot, a' lotadh
wounded (adj.)
   leònte (p.p.) (See **leòn**)
wrap (v.)
   paisg, a' pasgadh
wrap (with a cord, string etc.) (v.)
   suain, a' suaineadh
wren
   dreathann-donn: *an* dreathann-
   donn, *na* dreathainn-duinn, *na*
   dreathainn donna (f.)
wrinkle

preas: *am* preas, *a'* phreasa, *na*
   preasan (m.)
wrinkled (adj.)
   preasach, *nas* preasaiche
write (v.)
   sgriobh, a' sgriobhadh
writer
   sgriobhaiche: *an* sgriobhaiche, *an*
   sgriobhaiche, *na* sgriobhaichean
   (m.); sgriobhadair: *an*
   sgriobhadair, *an* sgriobhadair, *na*
   sgriobhadairean (m.)
wrong (adj.)
   ceàrr, *nas* ceàrra

Y

yarn (thread)
   snàth: *an* snàth, *an* t-snàith, *na*
   snàithean (m.)
yawl
   geòla: *a'* gheòla, *na* geòla, *na*
   geòlaidhean (f.)
year
   bliadhna: *a'* bhliadhna, *na*
   bliadhna, *na* bliadhnachan (f.)
this year
   am bliadhna
yellow (adj.)
   buidhe, *nas* buidhe
yes! (adv.)
   seadh! (Strictly speaking, there is
   no Gaelic word for "yes")
yesterday
   an dé
the day before yesterday
   air a bho'n dé
yet (adv.)
   f hathast
yield (to) (v.)
   géill, a' géilleadh (do)
yonder (adv.)
   thall; an siud
you (sing.)
   thu
you (pl.), you (sing. polite)
   sibh

young (adj.)
  òg, *nas* òige
young man
  òganach: *an t*-òganach, *an*
  òganaich, *na h*-òganaich (m.)
young people
  òigridh: *an* òigridh, *na h*-òigridhe
  (f.)
your (sing.) (adj.)
  do (+ asp.)

your (pl.) (adj.)
  bh(ur)
youth (coll. n.)
  òige: *an* òige, *na h*-òige (f.)

Z

zoology
  mial-eòlas: *am* mial-eòlas, *a'*
  mhial-eòlais (m.)

APPENDIX

Irregular Verbs

Root	Past Tense	Future Tense	Verbal Noun
Abair, **say**	Indep. Thuirt Dep. Cha tuirt An tuirt?	Indep. Their Dep. Chan abair An abair?	Ag ràdh, **saying**
Beir + air, **catch**	Rug Cha d'rug An d'rug?	Beiridh Cha bheir Am beir?	A'beirsinn, & a'breith **catching**
Cluinn, **hear**	Chuala Cha chuala An cuala?	Cluinnidh Cha chluinn An cluinn?	A'cluinntinn, **hearing**
Dean, **do**	Rinn Cha 'drinn An d'rinn?	Ni Cha dean An dean?	A'deanamh, **doing**
Faic, **see**	Chunnaic Chan fhaca Am faca?	Chi Chan fhaic Am faic?	A'faicinn, **seeing**
Faigh, **get**	Fhuair Cha d'fhuair An d'fhuair?	Gheibh Chan fhaigh Am faigh?	A'faighinn, & a'faotainn **getting**
Rach, **go**	Chaidh Cha deachaidh An deachaidh?	Theid Cha teid An teid?	A'dol, **going**
Ruig, **reach**	Rainig Cha d'rainig An d'rainig?	Ruigidh Cha ruig An ruig?	A'ruigheachd, & a'ruigsinn **reaching**
Thig, **come**	Thainig Cha tainig An tainig?	Thig Cha tig An tig?	A'tighinn, **coming**
Thoir, **come**	Thug Cha tug An tug?	Bheir Cha toir An toir?	A'toirt, **giving**

Related Titles from Hippocrene . . .

Dictionaries
BRETON-ENGLISH/ENGLISH-BRETON
DICTIONARY AND PHRASEBOOK
131pp • 3¾ x 7 • 1500 entries
0-7818-0540-6 • $9.95pb • (627)

BRITISH-AMERICAN/AMERICAN-BRITISH
DICTIONARY AND PHRASEBOOK
160pp • 3¾ x 7 • 1400 entries
0-7818-0450-7 • $11.95pb • (247)

IRISH-ENGLISH/ENGLISH-IRISH
DICTIONARY AND PHRASEBOOK
160pp • 3¾ x 7 • 1400 entries
0-87052-110-1 • $7.95pb • (385)

WELSH-ENGLISH/ENGLISH-WELSH
STANDARD DICTIONARY
612pp • 5 ½ x 8 ½ • 10,000 entries
0-7818-0136-2 • $24.95pb • (116)

Travel

COMPANION GUIDE TO BRITAIN: ENGLAND,
SCOTLAND AND WALES
Henry Weisser
Highlights include: castles, cathedrals, stately homes,
villages, and towns. An essential guide covering history,
geography, politics, culture, economics, climate and language
use.
318pp • 6 ½ x 8 ½ • b/w photos, index
0-7818-0147-8 • $14.95pb • (15)

COMPANION GUIDE TO IRELAND, Second Edition
Henry Weisser
300pp • 5 ½ x 8 ½ • b/w photos, 4 maps, charts, index
0-7 818-0170-2 • $14.95pb • (60)

Literature
CLASSIC ENGLISH LOVE POEMS
130pp • illus • 6 x 9 • 0-7818-0572-4 • $17.50hc • (671)

IRISH LOVE POEMS: DÁNTA GRÁ
146pp • 6 x 9 • illus • 0-7818-0396-9 • $17.50hc • (70)

SCOTTISH LOVE POEMS: A PERSONAL ANTHOLOGY,
Re-issued edition
253pp • 5 ½ x 8 ½ • 0-7818-0406-X • $14.95pb • (482)

Cookbooks

CELTIC COOKBOOK: TRADITIONAL RECIPES FROM
THE SIX CELTIC LANDS

Helen Smith-Twiddy

This collection of over 160 recipes from the Celtic world
presents dishes that are traditional and still in popular use.
They include soups, breads, fish, main courses, game, sweets,
cakes and drinks too. Some are simple like Irish Stew or
Apple Cake; others are more exotic like Rabbit Hoggan and
Gwydd y Dolig (Stuffed Goose in Red Wine). Originally
published in England, this edition has been revised and
expanded for an American audience. There is somethng here
for every occasion.

Helen Smith-Twiddy is an experienced cookng instructor
and author, who has herself tested—and enjoyed—these
recipes. She resides in Wales.

200pp • 5 x 8 ½ • 0-7818-0579-1 • $22.50hc • (679)

TRADITIONAL RECIPES FROM OLD ENGLAND

This charming classic features the favorite dishes and
mealtime customs from across England, Scotland, Wales and
Ireland.

128pp • 5 x 8 ½ • 0-7818-0489-2 • $9.95pb • (157)

THE ART OF IRISH COOKING

Monica Sheridan

Nearly 200 recipes for traditional Irish fare.

166pp • 5 ½ x 8 ½ • 0-7818-0454-X • $12.95pb • (335)

TRADITIONAL FOOD FROM SCOTLAND: THE
EDIDNBURGH BOOK OF PLAIN COOKERY RECIPES
A delightful assortment of Scottish recipes and helpful hints
for the home, this classic volume offers a window into
another era.
336pp • 5 ½ x 8 • 0-7818-0514-7 • $11.95pb • (620)

GOOD FOOD FROM WALES
Bobby Freeman
Welsh food and customs through the centuries. Introductory
chapters trace the evolution of important Welsh foodstufs:
Cereals, Cheese & Butter, Poultry and Eggs, and Fish. Later
chapters give recipes for traditional dishes like *Welsh Salt
Duck* and *Trout with Bacon*. Written in the author's
entertaining, demystifying style, this book combines over 260
authentic, proven recipes with cultural and social history.
When first published in 1980, it was widely and
enthusiastically praised. It has now been revised, redesigned,
and updated with a wealth of new material.
332pp • 5 ½ x 8 ½ • 0-7818-0527-9 • $24.95hc • (638)

**All prices subject to change. TO PURCHASE HIPPOCRENE
BOOKS contact your local bookstore, call (718) 454-2366, or
write to: HIPPOCRENE BOOKS, 171 Madison Avenue, New
York, NY 10016. Please enclose check or money order, adding
$5.00 shipping (UPS) for the first book and $.50 for each
additional book.**